Genezen, genieten & g
Het beste uit 25 jaar Onkruid

De artikelen werden geschreven door, in alfabetische volgorde:
Kees Beentjes, Herman Pieter de Boer, Hans van den Bosch, Paul Breekveldt, Anouk Breeman, Diane Broeckhoven, Jogchum Dijkstra, Renate Dorrestein, Roel van Duijn, Frank Flippo, Frits Groenestein, Karen Hamaker-Zondag, Thich Nhat Hanh, Peter den Haring, Peter Kampschuur, Herman Labruyère, Yoeke Nagel, Jacqueline Sinnige, Bob Snoijink, Lisette Thooft en Fiel van der Veen.

Tevens zijn, verspreid door de tekst, vele citaten opgenomen uit interviews, artikelen en columns die in Onkruid werden gepubliceerd. Bij elk citaat staat de bron vermeld met daarachter, tussen haakjes, de naam van degene die het interview heeft afgenomen en het nummer van Onkruid waarin het betreffende artikel is geplaatst. De citaten komen uit het werk van, in alfabetische volgorde:
Kees Beentjes, Kevin en Todd Berger, Johanna Bijlsma, Jan Boelens, Hans van den Bosch, Paul Breekveldt, Anouk Breeman, Diane Broeckhoven, Erik Bruyn, Greet Büchner, Jojanneke Claassen, Elisabeth Cools, Satyo Cornelis, Da Free John, Paul van Dijk, Renate Dorrestein, Frank Flippo, Jan Foudraine, Alexandra Gabrielli, Bram Gieter, Sherman Goldman, Surya green, Akshaya de Groot, Peter den Haring, Robert Hartzema, Thor Heijerdahl, George Hulskramer, Pico Iyer, Alex Jack, Eugène Jacobs, Eva Jansen, Arjeh Kalman, Ton van der Kroon, Herman Labruyère, Peter Lichtenauer, Irene van Lippe-Biesterfeld, Loesje, Jaap Loohuis, Monique Martens, Rolf de Meijer, Belinda Meuldijk, Wouter Middelkoop, Yoeke Nagel, Adelbert Nelissen, Joh.M. Pameijer, Annelies de Reus, Toine Rongen, Luc Sala, George Saladin, Jim Schilder, Gerard Smit, Bob Snoijink, Sri Ramana Maharshi, Cri Stellweg, Sun Bear, Swami Sri Rama, Lisette Thooft, Tarthang Tulku, Corien Unger, Mellie Uyldert, Bram Vermeulen, Judith Vinkevleugel, Ad Visser, Ria Visser, Tini Visser, Albert Vondeling, Hans Wierenga, Job Wijngaarden en Marjolein Wolf.

Genezen, genieten & geloven

Het beste uit 25 jaar ONKRUID

SAMENSTELLING: YOEKE NAGEL

DE KERN

De inhoud valt onder de verantwoordelijkheid van de Stichting Onkruid
Omslagontwerp: Wil Immink
Zetwerk: V3-Services, Baarn
ISBN 90 325 0900 4
NUR 720 / 740 / 860

Inhoud

Inleiding 9
Yoeke Nagel

Een keerpunt in de geschiedenis 13
Paul Breekveldt

Onkruidjaren 1978 – 1979 – 1980 – 1981 – 1982 16
Goedendag, dit is Onkruid 19
Paul Breekveldt (Onkruid nr. 1, maart 1978)
Wie is in Godsnaam Bhagwan? 20
Herman Labruyère (Onkruid nr. 2, mei/juni 1978)
Yoga met Jogchum 27
Jogchum Dijkstra (Onkruid nr. 8, mei/juni 1979)
Zo'n tiep ben ik nou 30
Fiel van der Veen (Onkruid nr. 10, september/oktober 1979)
Hoe kun je gezonder koken zonder ruzie in het gezin? 32
Renate Dorrestein (Onkruid nr. 19, maart/april 1981)
Als je eenmaal geiten hebt, wil je er nooit meer vanaf! 40
Frits Groenestein (Onkruid nr. 22, september/oktober 1981)
Bewaar en bespaar – Nieuwe ideeën over het Tweede Gebruik 46
Diverse auteurs (Onkruid nr. 23, november/december 1981)

Onkruidjaren 1983 – 1984 – 1985 – 1986 – 1987 52
Onkruid en Mellie Uyldert gaan uit elkaar 54
Paul Breekveldt (Onkruid nr. 39, juli/augustus 1984)
Ligt alles al vast in de sterren? – Wat astrologie wel en vooral niet is... 57
Karen Hamaker-Zondag (Onkruid nr. 48, januari/februari 1986)

Tien verboden voor een woongroep en andere aanwijzingen voor gelukkig wonen met meer dan één gezin 72
Bob Snoijink (Onkruid nr. 53, november/december 1986)
Elementaire wezens, hier en daar 78
Roel van Duijn (Onkruid nr. 57, juli/augustus 1987)

Onkruidjaren 1988 – 1989 – 1990 – 1991 – 1992 82
Magnetiseren, kun je dat leren? – Buitengewoon alledaagse kracht van mensenhanden 84
Kees Beentjes (Onkruid nr. 61, maart/april 1988)
Kwis – Hoever ben je op het spirituele pad? 94
Lisette Thooft (Onkruid nr. 80, mei/juni 1991)
Ondanks Karin Spainks 'Strafbare lichaam' – 'Orenmaffia': geest en lichaam zijn niet te scheiden 98
Lisette Thooft (Onkruid nr. 87, juli/augustus 1992)
Rubriek Meesterstukjes 109
Thich Nhat Hanh (Onkruid nr. 88, september/oktober 1992)

Onkruidjaren 1993 – 1994 – 1995 – 1996 – 1997 112
Meditatief mopperen 114
Peter Kampschuur (Onkruid nr. 94, september/oktober 1993)
Feestmaal met overtuiging 116
Jacqueline Sinnige (Onkruid nr. 96, januari/februari 1994)
Plantekarakters – Met de paardebloem naar de hemel 133
Hans van den Bosch (Onkruid nr. 97, maart/april 1994)
Loflied op de grote onverstoorbare 136
Herman Pieter de Boer (Onkruid nr. 100, september/oktober 1994)
Amerikaanse bestseller 'De Celestijnse Belofte' binnenkort ook hier 139
Bob Snoijink (Onkruid nr. 101, november/december 1994)
Wat & Hoe op z'n Onkruids 144
Anouk Breeman (Onkruid nr. 104, mei/juni 1995)
Kleur in Nederland... en breng gerust je goden mee 152
Yoeke Nagel (Onkruid nr. 108, januari/februari 1996)
Het dobbelsteen-orakel 161
Peter den Haring (Onkruid nr. 109, maart/april 1996)

Kus de heks in je wakker – Intuïtie, natuur en een snufje magie geven je innerlijke kracht 164
Yoeke Nagel (Onkruid nr. 112, september/oktober 1996)
Vaccinatie – Is het middel erger dan de kwaaltjes? 177
Diane Broeckhoven (Onkruid nr. 117, juli/augustus 1997)

Onkruidjaren 1998 – 1999 – 2000 – 2001 – 2002 186
Toen en nu – Twintig jaar Onkruid 188
Yoeke Nagel (Onkruid nr. 120, januari 1998)
Het voelt gewoon zo... 198
Yoeke Nagel (Onkruid nr. 123, mei/juni 1998)
Welke therapie past bij jou? – Door het woud van alternatieve geneeswijzen 200
Jacqueline Sinnige (Onkruid nr. 124, juli/augustus 1998)
Hoe vind je de steen die bij je past? 205
Yoeke Nagel (Onkruid nr. 126, november/december 1998)
Is er nog toekomst voor de macrobiotiek? – Na negatieve radio- en tv-uitzendingen, publicaties in alle kranten 210
Lisette Thooft (Onkruid nr. 127, januari/februari 1999)
De komst van het boeddhisme in de lage landen 217
Frank Flippo (Onkruid nr. 131, september/oktober 1999)
Tantra 224
Yoeke Nagel (Onkruid nr. 138, november/december 2000)
Wetenschap 232
Lisette Thooft (Onkruid nr. 145, januari/februari 2002)
Indigo-kinderen – Hoe spiritueel mag je zijn op aarde? 234
Lisette Thooft (Onkruid nr. 150, november/december 2002)

Inleiding

Dit is een boek met oud nieuws uit het tijdschrift Onkruid. Oud omdat het berichten zijn uit onze samenleving van vijfentwintig jaar geleden tot nu. Nieuw omdat er zoveel vernieuwende gedachten in worden beschreven. Al zijn sommige van die ideeën inmiddels heel normaal geworden.

Onkruid, goed voor aarde, lichaam en geest, is vijfentwintig jaar geleden begonnen als rebels tijdschrift. Terwijl de samenleving voortraasde van kerk naar supermarkt, van kantoor naar rijtjeshuis, hield Onkruid zich bezig met wat er in de berm gebeurde. Alternatief Nederland en België bleef via Onkruid op de hoogte van wat gelijkgestemde geesten ondernamen, en liet zich erdoor inspireren.

De biologisch-dynamische boerderijtjes die werden opgezet door idealistische stadsmensen, de alternatieve leefschool, de commune, Bhagwan, zelf gas winnen in je achtertuintje en de Zonnegroet, het werd allemaal op de voet gevolgd door Onkruidlezers.

In periodes van vijf jaar onderverdeeld ligt hier een klein bermboeket Onkruid.

We namen alle jaargangen door en plukten overal wat uit. Dat is lastig: een boek is als een vaas, je weet dat je boeketje altijd kleiner zal zijn dan je zou willen, anders past het domweg niet in de vaas.

Zit die mooie distel erin, dan past de zonnebloem er niet meer bij. En het boeket moet alles in zich hebben wat Onkruid in zich heeft: genezen, genieten en geloven.

We hebben dus gekozen voor artikelen die een zekere eeuwigheidswaarde bleken te hebben. Onderwerpen waarvan je 'Oh ja!' zegt als je ze ziet. Van Bhagwan en geiten houden tot de Celestijnse belofte, van hekserij tot uiteindelijk, in Onkruid 150, vijfentwintig jaar later dus, de Indigo-kinderen die smachten naar een nieuwe wereld.

Nou ja, die eeuwigheidswaarde gaat eerlijk gezegd niet voor alles op hoor; er zitten ook artikelen in dit boek die gewoon te mooi, te leuk, of te aangrijpend waren om ze te laten liggen. Neem nou de kleine reisgids: *Wat & Hoe in het Onkruids*, waarin je eindelijk kunt lezen hoe je in het Fries, Russisch en Japans vraagt: 'Is het water hier ingestraald?' of 'Kunnen wij hier onze lachmeditatie doen?'

De boeiende kwis *Hoever ben je op het spirituele pad?* heeft ongetwijfeld wel eeuwigheidswaarde omdat zelfonderzoek nooit verveelt, al zijn de vragen misschien af en toe een beetje gedateerd.

Een aantal malen moest Onkruid zelf drastisch aan het zelfonderzoek en terugkomen op eerdere berichten. De macrobiotiek bijvoorbeeld, ooit de meest populaire eet- en leefwijze van 'alternatief', kwam later in zo'n akelig daglicht te staan, dat in dit boek geen ruimte is voor de enthousiaste verhalen uit de begintijd. Wel een kritisch verhaal over de latere ontwikkelingen rond die levensvisie. Artikelen van Mellie Uyldert, ooit vaste medewerkster van Onkruid, staan niet in dit boek. Wel een uitleg over de definitieve breuk tussen haar en het tijdschrift vanwege haar racistische mensbeeld. We plaatsten een technische handleiding om regenwater op te vangen voor consumptie, omdat op de redactie nog niemand had gehoord van 'zure regen'. Er waren meer gelegenheden waarbij Onkruid fors de hand in eigen boezem moest steken. Geen reden om de moed op te geven! Veranderingen horen erbij. Al was het maar in schrijfwijze. We weten echt wel dat het nu niet meer 'kommunikaatsie' is, maar uit sentimentele overwegingen laten we het toch lekker staan. Net als 'miljeu' en zo.

Dit boek gaat over geloven, genieten en genezen.

Artikelen over seks, lekkere recepten, orakels: we genieten graag.

Spirituele meesters als Bhagwan, maar we geloven niet alles. Uit veel artikelen blijkt een kritische houding en niet zelden vallen er rake klappen in de Onkruidwereld om kaf van koren te scheiden.

Eindeloos veel manieren om van goed naar nog beter te worden: we genezen graag onszelf, maar laten ook graag een ernstige ziekte over aan 'de regulieren'.

En omdat we mensen altijd nog het interessantste vinden, staan door het hele boek heen citaten van alle indrukwekkende, lachwekkende, opgewekte en opwekkende mensen die in de loop van vijfentwintig jaar door Onkruid werden geïnterviewd. Daar zitten werkelijk niet de minsten bij, controleer het vooral zelf even.

De meeste informatie in dit boek is nog steeds goed te gebruiken. De recepten zijn beslist de moeite waard om eens uit te proberen en de ingrediënten (tofu, seitan) haal je tegenwoordig gewoon bij de supermarkt.

Want er is veel veranderd in die vijfentwintig jaar. Per vijf jaar geven we een kort overzichtje van 'de kleur van de tijd'. Het voegt beslist iets toe aan je leesplezier als je even wegmijmert bij je eigen belevenissen in die periodes. Wat deed je tussen 1978 en 1983? Werd je misschien net geboren? Zat je in dienst, zoals men dat toen nog had? Woonde je in een commune? Had je een kantoorbaan? Net je eerste grote liefde ontmoet? Een boerderijtje gekocht in Drenthe om het echt helemaal anders te gaan doen? De bakfiets in de biologische jachtlak gezet? Je eerste auto gekocht? Het laatste kind het huis uit zien gaan, in knaloranje jurk?

Die tijden, weet je nog wel? Toen.

Die tijden die nu eigenlijk overal zijn. Je ziektekostenverzekeraar zal het niet gek vinden dat je je acupuncturist vergoed wilt hebben. Yogales kan best achter in het kerkzaaltje gegeven worden. En wil je je huis opleuken met een Boeddhabeeld in de met Feng Shui bepaalde relatiehoek, dan kun je gewoon bij het tuincentrum terecht. Want milieubewustzijn, spiritualiteit, natuurlijke gezondheid en goede voeding is eigenlijk voor iedereen belangrijk. Nu.

Je hoeft je geen zorgen te maken. Je bent niet direct een Onkruidlezer als je dit boek leest, al kun je het zeker nog steeds worden. Je krijgt wel een uitstekende indruk van wat er zich in de afgelopen vijfentwintig jaar in de berm van onze samenleving heeft afgespeeld.

Onbeschrijfelijk veel dank zijn we verschuldigd aan alle medewerkers van Onkruid die in die vijfentwintig jaar met bloed, zweet en tranen het tijdschrift zo boeiend en verrassend hebben weten te maken. Zij hebben allemaal belangeloos meegewerkt aan dit boek.* Veel auteursnamen zul je herkennen, want kwaliteit staat nog steeds voorop bij Onkruid, zoals ook uitgever Paul Breekveldt in zijn intro benadrukt.

Wil je weten hoe het verder gaat met Onkruid? Je hoeft niet te wachten op het volgende jubileumboek. Met een briefje naar het redactieadres (Onkruid, West 32, 1633 JC Avenhorn) kun je gewoon een abonnement nemen op dit kostelijke blad, waarvan je nu het beste toen in handen hebt.

De samenstelster,
Yoeke Nagel, eindredacteur Onkruid

* hoewel we moeten toegeven dat we een heel klein aantal, vier of vijf van hen, niet meer konden terugvinden om hen daar om te vragen. Bij deze: onze verontschuldigingen, we hebben het echt hard geprobeerd en hopen dat ook jij alsnog, om niet, je werk wilt laten hergebruiken.

Een keerpunt in de geschiedenis

Op de eerste Memobeurs mocht Onkruid niet staan. De Vereniging 'Mens- en Milieuvriendelijk Ondernemen' vond een tijdschrift van een commercieel bedrijf dat ook Libelle en Panorama uitgaf, niet toelaatbaar op zijn presentatie aan de buitenwereld. Ongeacht de inhoud. Ongeacht de diepgekwetste redacteuren.

'Maar ja, je begrijpt... De beweging moet zuiver blijven, weet je wel.'

Het was ook wel vreemd dat zich tussen de bladen van goedwillende verenigingen opeens een tijdschrift nestelde, afkomstig uit een 'gewoon' uitgeversbedrijf. Zag de VNU, zoals de grootste gekleurd-papier-bedrukker van Nederland toen heette, opeens winstkansen in de wereld van geitenhouders, worteltaartenbakkers, kruidengenezers en goeroes? Het is me vaak gevraagd.

'Winst niet,' was mijn antwoord. 'Wel informatie. Ze zijn bij zo'n bedrijf ook niet gek, ze voelen heel goed dat er andere tijden aanbreken, en wat is een betere manier om je daarvan op de hoogte te stellen dan erin te duiken? En wat onze motivatie betreft,' voer ik dan in één moeite voort, 'Herman (Labruyère) en ik vinden dat we een pracht kans hebben gekregen om wat wij bij Panorama en Libelle aan kommunikaatsietechnieken hebben geleerd, nu te kunnen inzetten voor Onkruid. Beter dan mensen van verenigingen en clubs kunnen wij de boodschap van de Nieuwe Tijd overbrengen aan een breder publiek, hopen we.'

Wij bevredigden in de tijd van een rijke baas onze journalistieke nieuwsgierigheid, onze egootjes groeiden tot tevredenheid, het waren, kortom, interessante tijden. Herman was een fervent aanhanger van Chögyam Trungpa, een in de VS neergestreken Tibetaans boeddhist met een somber karakter – ik woonde net op een boerderij waar ik broodbakte, geiten en kippen hield en leerde in de geur van oude stalmest het parfum van Moeder Aarde te herkennen. En zo werd Onkruid een afspiegeling van de Nieuwe Tijd, die zich ontwikkelde met goeroes en persoonlijke groei enerzijds en kweeperenjam en kuikens opfokken anderzijds. Een brede formule, zeg maar. We hebben wat afgestreden op onze redactievergaderingen.

Waarover we het altijd eens waren, was de hoogte van de honoraria aan freelance-medewerkers. Journalisten moesten behoorlijk betaald worden. Het resultaat van die zienswijze en de geldbronnen van de baas was, dat we geoefende mensen konden aantrekken – waardoor vijfentwintig jaar later de artikelen in dit jubileumboek nog zo leesbaar zijn.

Dat honorarium-standpunt hebben we aangehouden toen Onkruid na vijf jaar VNU door de grote uitgeverij boven de prullenmand werd gehouden en wij – op hun kosten! – de Stichting Onkruid oprichtten. Vrijwilligers en amateurs waren toen erg welkom bij Onkruid, maar nadrukkelijk niet in het blad zelf. Een hooghartig-professionele houding, waar ik nog altijd achter sta.

Daarbij ondersteund door een in de loop der jaren steeds groeiende advertentiebezetting. Op Onkruid nummer 1 stond weliswaar 'geen advertenties', maar dat bleek toch geen goed idee: ook tussen de weefgetouwen ontstond behoefte aan zachtgetoonzette handelspromotie, zodat we al spoedig 'kleintjes' voor *f* 25,– (kom daar nou eens om!) begonnen te plaatsen. Net als andere bladen zou Onkruid nu niet meer buiten advertentieopbrengsten kunnen. Gelukkig heeft de New Age zich ook gemanifesteerd in het tastbare en in opleidingen.

Na vijfentwintig jaar kunnen we zien dat de ideeën waarover wij schrijven, hun weg door de pers en de tv vinden. Aangepast aan de toonhoogte van het betreffende blad (Margriet: 'Richt nu uw slaapkamer in met de kleuren van de chakra's'), ('Panorama ging naar 7 verschillende paragnosten – allemaal nep') waardoor wij van Onkruid ons wel eens wat overbodig gaan voelen. Ook aan universiteiten weet men tegenwoordig van meridianen en de helende krachten van edelstenen. Op ministeries confereert men over 'duurzame energie' – ja werkelijk, de *paradigma*-wisseling waarover Fritjof Capra zo aanstekelijk kon spreken, voltrekt zich allerwege.

Hier dus een boek dat die eerste vijfentwintig jaar voor je samenvat. Je staat op een keerpunt in de geschiedenis en met Onkruid of met dit inhaalboek ben je er zelf bij geweest.

Paul Breekveldt, redacteur en uitgever van Onkruid

In de beginjaren van Onkruid, eind jaren zeventig, was 'alternatief' eigenlijk nog gewoon een ander woord voor 'gek'. Geen moeder wilde haar dochter thuis zien komen met 'zo'n alternatieveling' met geitenwollen sokken en lang haar. Het geinige is dat die omschrijving destijds als buitengewoon kwetsend werd ervaren door de 'alternatievelingen' zelf, terwijl de zwartwitfoto's in Onkruid achter elkaar lieden tonen die tamelijk nauwkeurig aan dat beeld voldoen. De mannen vrijwel zonder uitzondering met stevige of pluizige baard en haardracht op schouderlengte of daar voorbij. De vrouwen met lange losse lokken om het onopgemaakte gezicht.

Het was de tijd dat menig links intellectueel zich 'in Bhagwan' begaf. Ook binnen de redactie van Onkruid verscheen de een na de ander met een nieuwe naam en in het oranje gestoken ter vergadering.

Sannyasins, de vrolijke volgelingen van Bhagwan, togen naar het Indiase Poona en brachten totaal nieuwe argumenten in bij discussies over verantwoordelijkheid voor de wereld.

Waar in de vroege jaren zeventig hevig meegeleden werd met derdewereldproblemen, verklaarden sannyasins na hun verblijf in India doodleuk dat de armoede in India te wijten was aan die mensen hun eigen karma en dat je er niks aan moest proberen te doen omdat je ze dan een groeimogelijkheid ontnam. Zei de Meester...

Een heel ander geluid dan wat te horen was in de andere heersende stroming van dat moment, de Transcendente Meditatie, TM. TM richtte zich juist enorm op de 'wereldvredesgedachte' en probeerde die te bereiken door grote groepen mensen aan het mediteren te krijgen. 'Hoppen', het in meditatiezit in beweging loskomen van de grond, was daar een zo nieuw fenomeen bij, dat ook de reguliere media er ruimschoots aandacht aan besteedden.

Er werd in deze periode duidelijk gezocht naar een evenwicht tussen alle tegenstellingen die in de jaren zestig waren benadrukt.

Stad of platteland? Die keuze was gemakkelijk: menig Onkruidlezer trok in een bouwvallige boerderij om er (soms met meer idealisme dan kennis van zaken) eigen, 'onbespoten' groenten te gaan telen en geiten, eenden en allerlei ander vee te gaan houden. Arm of rijk? Kom nou, het 'tweede gebruik' was niet populair omdat het goedkoop was, maar omdat je er creatief van werd! Rijkdom zit immers van binnen? Geld was toen nog een vies woord. Net als 'arm' trouwens. Arm was je zonder idealen!

Keus te over om die idealen vorm te geven, aan de rand van, of liever nog buiten 'de burgerlijke maatschappij'.

Yoga of een kantoorbaan. Thuis bij je ouders, of in een woongroep. Fabrieksbrood of zelf bakken. Rijtjeshuis of boerderij met geiten. Eeuwig verdoemd tot burgerlijkheid of hoopvol op de komst van de Maitreya wachten. Yin of yang, zoals ze in de macrobiotiek, de populairste voedingsleer van dat moment stelden. En voeding was feitelijk het eerste echte speerpunt van de alternatieve beweging: eerst komt het vreten... Al waren er natuurlijk ook die vonden dat energievoorziening het belangrijkste was. Of nee, gezondheid. Of toch...

Over één ding was vrijwel iedereen het eens: grootschaligheid was de dood in de pot. Wat er ook ondernomen werd, het moest op een 'mens- en milieuvriendelijke' manier en dat betekende in de praktijk vooral kleinschaligheid. Weinig machines, niet streven naar winst of een hogere productie. En dat betekende eigenlijk vooral: stevig aanpoten. Er werd bikkelhard gewerkt aan een nieuwe samenleving, die naast de oude moest ontstaan, en die overbodig zou maken met alle normen en waarden die er zo beknellend heersten. Daarnaast werd er veel tijd besteed aan het bedenken van wilde of soms juist heel logische oplossingen voor wereldproblemen als milieu-(miljeu)verontreiniging, het schoolsysteem, de gezondheidszorg en al die andere zaken waar politici niet aan toe kwamen. De redactie van Onkruid werd overstelpt met de prachtigste oplossingen die, eh... niet allemaal even uitvoerbaar waren.

De nuanceringen, de serieuze invloed van 'alternatief' op 'gewoon', dat moest nog op gang komen. Er was een enkele voorloper, zoals de plantsoenendienst van Drachten die geen gif meer wilde spuiten. De zelfspot was er gelukkig al wel. Fiel van der Veen, tegenwoordig zeer gerespecteerd illustrator, schopte tegen menig zeer alternatief been, met zijn scherpe kantjestekeningen van de Onkruidlezer en zijn of haar kornuiten. Scherpe kantjes die medewerkers als Renate Dorrestein, fel en vakkundig journaliste, met hun pen beschreven in Onkruid.

Onkruid nr. 1, maart 1978

Goedendag, dit is ONKRUID

PAUL BREEKVELDT

Een blad voor mensen die zoeken naar een nieuwe manier van leven. Een natuurlijker manier. Een bestaan met een beetje meer evenwicht. Meer en meer mensen voelen zich onrustig in de plastic wereld waarin we leven. Waarin je bijna alles voor geld kan kopen, behalve die dingen die wezenlijk zijn voor je bestaan. En langzamerhand ontwaakt het besef dat we een aantal heel belangrijke dingen zijn vergeten, toen we met z'n allen de maatschappij zo maakten als-ie nu is. Je kunt twintig soorten tv's kopen en tien soorten whisky, maar de variatie in appelrassen is met meer dan de helft verminderd sinds 1950. En ze smaken ook niet meer als vroeger. Zoutjes en dipjes en krokkeltjes nemen vijf meter supermarktschap in beslag, maar voor een echt goed, ambachtelijk gebakken brood van onbespoten gewas loop je je benen uit je lijf. De dokter heeft eindeloos veel middeltjes voor je, maar tijd en aandacht om echt achter de oorzaak van je kwalen te komen komt-ie tekort. Je zou waarachtig een hele klaagzang kunnen houden, maar daar is Onkruid niet voor. Onkruid wil een blad zijn voor mensen die naar andere wegen en andere oplossingen zoeken. Onkruid wil zijn wat de naam Onkruid al zegt: iets kleins, maar iets belangrijks voor wie het aandachtig wil bekijken. In de natuur is onkruid ook geneeskruid, voor mens, dier en grond. Voor lichaam en voor geest. Ons Onkruid heeft niet de pretentie alle kwalen van de maatschappij uit de weg te ruimen, maar wel de vaste wil om te proberen naar alternatieven te zoeken. Onkruid wil mogelijkheden aangeven waarmee je zelf weer aan het bestaan kunt deelnemen, in plaats van alle wezenlijke dingen over te dragen aan specialisten. Onkruid geeft aanwijzingen voor een eerlijk gewas, eerlijke voeding, echte gezondheid, verlicht denken, eerlijk omgaan met de wereld waarop wij leven. Dat is toch nog heel wat voor een klein blaadje. Maar alle planten beginnen met kleine blaadjes. Het is lente. We hebben goede hoop.

ONKRUID

Onkruid nr. 2, mei/juni 1978

Wie is in Godsnaam Bhagwan?

HERMAN LABRUYÈRE

Een nieuwe ster schittert aan het geestelijk firmament van goeroes. Zijn naam luidt: Bhagwan Shree Rajneesh en hij verblijft in het Indiase Poona. In enkele jaren tijds verzamelde hij zo'n 70.000 volgelingen om zich heen en hij noemt zichzelf in één adem met figuren als Jezus, Boeddha en Lau Tze. Zijn boeken vliegen in ons land de winkels uit. Wie is deze Bhagwan, hetgeen God betekent? Herman Labruyère stelde deze vraag aan een aantal van zijn volgelingen, de zogenaamde sannyasins.

Het is alweer een aardig tijdje terug – ik schat zo'n half uur – dat het licht uitfloepte; vreemde, onaardse muziek de ruimte ging vullen en we er lustig op los begonnen te zoemen. Er klinken inmiddels rondom mij allerlei nijvere zoemertoontjes. Ook ik heb er nu echt lol in gekregen en uit me, naar m'n gevoel, in gewaagde toonaarden. Maar ik kan niet tippen aan het improvisatietalent van iemand ergens schuin voor me. Na iedere inademing laat hij aan zijn gezoem een kort, maar krachtig bbbllpaaa voorafgaan. Een geluid dat me doet denken aan kleine, groene marsmannetjes en me meer en meer de kosmos instuwt.

Plotseling verandert de muziek. Hoge, ijle tonen schieten boven het gegons uit en plonzen de ruimte in als druppels in een plas. Volgens de instructies moet ik nu met m'n handen, waarvan de palmen haar boven zijn gericht, heel langzaam een cirkelvormige beweging gaan maken. Na een poosje lijken die armbewegingen vanzelf te gebeuren en zweven m'n handen zomaar ergens heen. Dan schrik ik. Ofschoon het in de meditatiekamer vrijwel donker is en m'n ogen stevig gesloten zijn, realiseer ik me ineens dat ik omgeven word door een helder, goudachtig licht. Het schijnsel vervaagt en hoewel ik me erop concentreer, keert het niet meer terug.

Korte tijd later strekken we ons uit op de grond. Het licht gaat aan en het oranjekleurige interieur van het Amitabh Rajneesh Meditatiecentrum aan de Amsterdamse Pieter Pauwstraat zuigt zich weer vast op m'n netvlies. De Nadabrahma, een oude Tibetaanse vorm van meditatie, die door de Indiase meester Bhagwan Shree Rajneesh nieuw leven werd ingeblazen, is afgelopen. Om mij heen liggen zo'n twintig mannen en vrouwen naar het plafond te staren of met gesloten ogen nog wat na te gonzen. Van enkelen weet ik hun beroep: een marketingman, een bankemployé, een stewardess, een pianiste, een huisvrouw. Geen hippe vogels. Sommige meditators hebben oranje kleren aan en op hun borst een zogeheten mala hangen, waarin zich het portretje van een baardig man bevindt. Dit betekent dat deze mensen naar het Indiase Poona zijn geweest, waar zij van de wijze Bhagwan Shree Rajneesh hun inwijding kregen. Vanaf dat moment waren zij sannyasin en verwisselden zij hun oorspronkelijke naam voor een Sanskrietnaam die zij van Bhagwan ontvingen. ('Vanaf nu bestaat je verleden niet meer, je bent niet meer wie je was.') Een van Bhagwans in oranje gehulde volgelingen, die vroeger Pieter Meeuwsen heette maar nu naar de welluidende naam van Deva Nisagam luistert, komt op zijn knieën, tussen lichamen door laverend, naar me toe gekropen. Hij blijkt een kersverse sannyasin te zijn. Een kleine drie maanden terug ging hij in Poona op darshan: had hij een persoonlijke ontmoeting met Bhagwan. Sinds die tijd voelt hij zich geroepen om in ons land meer bekendheid te geven aan het werk van zijn meester. Volgens Deva Nisagam is het naar Bhagwan gaan en in oranje kleren lopen zo'n beetje de enige kans om je ziel te redden.

'Het lijkt me dat jij voor de dingen openstaat,' stelt hij, terwijl hij me met schitterende ogen aankijkt en ook zijn baard een oranje tint aanneemt in het vage schijnsel van een altaarlamp. 'Als jij naar Bhagwan zou zijn gegaan, was je nu een stuk verder.' 'Verder dan wat?' vraag ik hem verwonderd. Hij draait wat onzeker met zijn hoofd. 'Je zou in geestelijk opzicht meer vorderingen hebben gemaakt. Bhagwan is de enige die dit kan bewerkstelligen.'

> *De nieuwe drijfveer van een alternatieve ekonomie is liefde.*
> Otto Munters *(Surya green, 1)*

Jammer toch. Hoe goed bedoeld blijkt ook hij zich weer op te werpen als een heilsprofeet. Zoals zoveel anderen, die een goeroe hebben gevonden. En zegt zijn meester Bhagwan, die in enkele jaren 70.000 volgelingen om zich heen verzamelde en zichzelf in één adem noemt met Jezus, Boeddha, Lau Tze en Zoroaster, niet dat niets zo agressief is als iemand anders van jouw goede zaak te willen overtuigen? Nisagams weg is kennelijk nog identiek aan streven, van je moet van dit naar dat; er is blijkbaar nog iets te verwerven en daarmee moeten we nou juist ophouden, stelt alweer zijn meester Bhagwan. We moeten er alleen maar zijn, in volledige overgave. Anders wordt het weer een ambitietrip.

Swami Anand Niketana, die heel ontspannen op een bed in een hoek van het ruime vertrek ligt, is duidelijk van ander kaliber. Hij wekt de indruk onmiddellijk zijn oranje kleren te kunnen uittrekken indien hij dit nodig acht, er niet aan vast te zitten. De 30-jarige sannyasin uit zich niet in slogans en kreten verworven door (aangeleerde) kennis, maar praat uit inzicht, gebaseerd dus op (innerlijke) ervaring. Samen met zijn Britse vriendin Ma Prem Dharna leidt hij het Amsterdamse Amitabhcentrum, waar mensen in de gelegenheid worden gesteld te mediteren en naar tapes van Bhagwan Shree Rajneesh te luisteren. Niketana wil slechts, zoals hij zegt, fungeren als een verkeersagent, die belangstellenden de weg naar Bhagwan wijst, maar dringt zich aan niemand op. Na het verschijnen van Bhagwans eerste boek in een Nederlandse vertaling, 'Tantra, het allerhoogste inzicht', een uitgave van Ankh-Hermes Deventer, melden zich aan de lopende band mensen bij Niketana met de vraag: 'Ik wil naar Bhagwan. Hoe moet ik dat aanpakken?'

Wie is in hemelsnaam deze Bhagwan Shree Rajneesh die – indien je je gewone denkpatroon volgt – je als een ijdele filmster met koddige hoedjes op van talloze in zijn boeken verwerkte foto's aanstaart, in ons land al honderden volgelingen heeft en in West-Duitsland maar liefst ruim drieduizend? Wie is deze Bhagwan, die bij duizenden mensen, onder wie veel intellectuelen, een dusdanige psychische doorbraak teweegbrengt, dat zij na hun inwijding in zijn ashram op hun werk in

> *Pijn is een alarmlampje en het is niet voldoende om dat lichtje alleen maar uit te draaien.*
>
> Cees Eenhoorn, homeopathisch arts *(Bob Snoijink, 2)*

De natuur is net als wanneer jij een meisje zoekt en vindt, dan krijgt dat meisje waarde voor jou.

PROPHITIUS GIES UIT HIERDEN, BOER *(Arjeh Kalman, 3)*

oranje kleding verschijnen, zoals bijvoorbeeld een Nederlandse ziekenhuisarts dat doet? Het oranje waarover Bhagwan in 'Tantra, het allerhoogste inzicht' zegt: 'Dit is de grootste test voor sannyasins. Als je het oranje in het Oosten draagt, is dat geen probleem, maar in het Westen loop je ermee voor gek. En dat is ook wat je bent in de markt,' zoals hij de wereld van geld, status, ambities en competities noemt. 'Als je niet jezelf kunt blijven, weet je dat jij er nog steeds bent en is je overgave geen totale overgave aan het leven geweest.'

'In ieder geval is hij een groot psycholoog,' stelt psycholoog Swami Anand Dheeresh (vroeger heette hij dr. Herman Cohen) in een keurige oranje outfit, terwijl zijn bureau in het Amsterdamse Instituut voor Sociale Geneeskunde langzaam verloren gaat in kruidig geurende nevelen afkomstig van een Indiaas sigaretje. 'Ik verkeer nu zo'n 20 jaar in de psychologenwereld en weet wat er te koop is,' meent Dheeresh, die zojuist is teruggekeerd van zijn tweede bezoek aan Bhagwans ashram in Poona. 'Wat hij doet, is groots, zondermeer. Hij is de beste psycholoog in de wereld. Ik ken geen betere. Daarnaast is hij – en dat is het meest essentiële – naar mijn mening een verlicht meester in de orde van een Jezus, een Boeddha, een Lau Tze.'

Dheeresh die als Herman Cohen het boek 'De vrije mens' schreef, waarin hij zo'n beetje alles belichtte wat er aan geestelijke stromingen te koop is, daar doodmoe van werd, waarna hem een soort déjà vu-gevoel bekroop en hij van nieuwe geestelijke kost bijna moest kokhalzen, totdat hij een boek van Bhagwan onder ogen kreeg en zich ijlings naar Poona begaf, vervolgt:

'Kijk, een psychotherapeut is in staat bij een patiënt kleine knoopjes te ontwarren; zo'n man of vrouw een klein beetje lucht te geven. Een verlicht meester maakt duidelijk dat het niet om die kleine knoopjes gaat maar om die ene gigantische knoop die jezelf bent. Jij bent zelf een probleem, je hele ego, dat hele verstandelijk emotionele apparaat waardoor je je identificeert met gedachten en emoties en de rol die je hebt in de maatschappij. Daardoor ben je vergeten dat je meer bent dan dat alleen. Bhagwan is in staat je dat te laten inzien, je te

> *Ik zie mijn beroep ook als een gewoon ambacht. De een is schilder, ander musicus. U bent journalist, dus u hebt een gave om te schrijven. Nou, waar komt díe gave dan vandaan? Vraagt u zich dat wel eens af?*
>
> WARNER THOLEN, PARAGNOST *(Arjeh Kalman, 4)*

helpen die gigantische knoop te ontwarren. Hij heeft een situatie rond zich geschapen waarin dit kan gebeuren. Een situatie die psychologisch razendknap in elkaar zit en waarbij je inderdaad moet gaan denken aan geheel andere dimensies.'

Adembenemende reeks meditatietechnieken

Bhagwan verklaart verlichting te hebben bereikt, een te zijn geworden met zijn universele natuur, in maart 1953, ruim 22 jaar nadat hij werd geboren in het Indiase Kuchwade. Zelf noemt hij zich niet Bhagwan, hetgeen God betekent, maar zijn volgelingen spreken hem zo aan. Vanaf 1957 doceerde hij filosofie aan de Sanskrit Universiteit in Jabalpur, maar zijn revolutionaire controversiële inzichten over seks, politiek en religie leidden tot zijn ontslag in 1966.

Hij ging rondreizen en hield toespraken tot wie maar luisteren wilde, zoals ook Boeddha en Jezus dit deden. Nu leeft hij teruggetrokken in zijn huis naast de ashram in Poona, verzonken in meditatie. Hij treedt alleen naar buiten voor de lezing 's morgens van acht tot half tien en 's avonds voor darshan, de ontmoeting tussen hem en zijn volgelingen en zoekenden uit de hele wereld. Bhagwan Shree Rajneesh volgt geen bestaande traditie. Hij beschouwt elke zoekende als een individu met individuele behoeften en hij maakt gebruik van een adembenemende reeks meditatietechnieken, afkomstig uit verschillende tradities zoals het Soefisme, het Zenboeddhisme, het Taoïsme. Hij heeft een groot inzicht in alle moderne psychotherapeutische ontwikkelingen, waarvan hij vele aanpast om zijn sannyasins naar een groeiend bewustzijn te brengen.

Een grote sprong in het onbekende

Een goede vriend van me, die nu als Swami Anand Ragen door het leven gaat, schrijft me vanuit Poona: 'Als je voor Bhagwan verschijnt, is de grote sprong een feit geworden. Want dat is het, een grote sprong in het onbekende.'

Geen fanatiek gehang aan een verlicht meester die op veilige afstand zijn teksten en energie spuit, maar een zeer bewust en keihard werken aan wat wij voor het gemak maar 'jezelf' noemen. De geconditioneerdheid van ons aller leven wordt hier beetje bij beetje aan stukken gereten, blootgelegd, omgebogen en lachend geaccepteerd. Bhagwan zei: 'Ik ben hier niet om je op je gemak te stellen, maar om je van al die rommel in jezelf te bevrijden. Dat is pijnlijk, maar er is geen andere mogelijkheid als je de grote sprong aan mijn hand wilt maken. Je krijgt er iets voor terug.'

Afgoderij en toch een ander mens

Toen Niketana van het Amsterdamse Amitabh Meditatiecentrum in India voor het eerst in oranje gewaden gehulde westerlingen met mala's van Bhagwan op hun borst tegenkwam, riep dat nogal wat irritaties bij hem op. Hij vond het een circusnummer, verafgoderij van een of andere nieuwe goeroe. Enkele maanden later verscheen hij voor Bhagwan Shree Rajneesh, die naar Niketana's mening een enorme bevrijding bij hem teweegbracht en een ander mens van hem maakte.

Toen Niketana nog Bert Beckers was, een Amsterdamse student, worstelde hij met een groeiende onvrede, die overigens al in zijn vroege jeugd wortel had geschoten. Hoewel de naam universiteit erop duidt dat je je als student over een breed front gaat ontwikkelen, universeel dus, kreeg hij meer en meer het gevoel dat zijn ontwikkeling zich verengde en hij in een vakje werd gestopt door een steeds verder gaande specialisatie. Hij brak zijn studie af en trok naar het Oosten, de hemel op aarde in de flower power-tijd. Maar in de paradijselijke omgeving van Goa en Nepal merkte hij de disharmonie in zichzelf nog scherper op. Hij realiseerde zich dat hij zijn onvrede met zich had meegevoerd, dat het een deel van zijn denken was en hij die niet kon ontvluchten. Bij Bhagwan werd hij van die onvrede verlost.

> *De mensen moeten nu met creatieve ideeën komen, niet met vaandels en geweren.*
>
> Ronald G. Beesley, kleurentherapeut (*Surya green, 8*)

'Gewoon omdat je met een enorme schok op jezelf wordt geworpen,' zegt Niketana nu enkele jaren later. 'Ik ben nu in staat mijn eigen weg te gaan zonder van de mening van iemand anders afhankelijk te zijn. Ik weet nu dat wat je bent essentieel is. Bhagwan legt je geen regels op, geen voorschriften. Hij houdt je alleen een spiegel voor. Toen ik daar voor hem zat, voelde ik een enorme energie in me stromen. Die energie kan ik niet anders omschrijven dan met het woord liefde. Ik leek een vat dat zich maar vulde en vulde. Op het laatst kon ik het haast niet meer aan en werd tegen de grond gedrukt.'

De lezingen die Bhagwan iedere morgen in zijn ashram houdt, worden verwerkt in boeken, waarvan er nu al zo'n veertig in het Engels verschenen zijn. Deze boeken zijn voor Indiase begrippen zeer prijzig; de meeste variëren in prijzen van dertig tot veertig gulden, hetgeen voor een deel te wijten zal zijn aan de dure vormgeving. Ondanks deze stevige prijzen vliegen Bhagwans boeken de deur uit bij Au Bout du Monde in Amsterdam, de grootste boekenzaak in ons land op het gebied van oosterse religie, parapsychologie, westerse mystiek enzovoort. Maar ook in gewone boekenzaken, waar bijvoorbeeld de romans van Konsalik het goed doen, wordt de eerste Nederlandse vertaling van een Bhagwan-boek, 'Tantra, het allerhoogste inzicht', uitstekend verkocht.

'We krijgen ze hier met containers tegelijk aangevoerd,' zegt George Hulskramer, werkzaam bij Au Bout du Monde, waar de klant vaak een 'kenner' is. 'In iedere container zitten er zeshonderd. Binnen enkele weken zijn ze weg. Volgens mij lopen de boeken van Bhagwan zo goed omdat hij een typisch westerse aanpak heeft, niet moraliseert en alle aspecten van de mens belicht, ook de negatieve zaken en daar kan je van leren. Het bijzondere is dat hij laat zien dat je langs diverse wegen hetzelfde doel kan bereiken. Hij kent de problemen die er in de westerse psychologie en filosofie zijn ontstaan en vanuit die impasse wijst hij de weg. Daarom komen hier ook zoveel psychologen zijn boeken kopen.' George Hulskramer loopt naar een tafel in het voorste deel van de zaak. 'Er komen zoveel boeken van Bhagwan binnen dat we er maar een speciale tafel voor hebben ingericht, een Rajneesh-altaar.' Hij glimlacht fijntjes.

> *Als baby waren we allemaal helderziend. Alleen zijn we dat vergeten.*
>
> LINDA KEEN, PSYCHOTHERAPEUTE EN AURALEZER *(Herman Labruyère, 10)*

ONKRUID

Onkruid nr. 8, mei/juni 1979

Yoga met Jogchum

JOGCHUM DIJKSTRA

Jogchum Dijkstra was eerst predikant voordat hij yogaleraar werd. Hij werkt met vele groepen in Friesland en schreef het 'Hatha-Yoga-Werkboek'. Hij probeert de yoga te benaderen vanuit de oorspronkelijke bronnen en te plaatsen in onze tijd. Naast de praktiese beoefening van de hatha-yoga bestudeert en vertaalt hij de klassieke yogaliteratuur samen met Salvatore Cantore. Dit om op een gefundeerde en verantwoorde wijze met yoga bezig te zijn.

De zonnegroet

De zonnegroet is een reeks van eenvoudige houdingen, die door iedereen kunnen worden uitgevoerd. In tegenstelling tot de yogahoudingen (asana's) vraagt de uitvoering van de zonnegroet niet veel tijd. De oefening is oorspronkelijk een eerbetoon aan de zon: surya = zon; namas = buiging; namaskara = buiging-maken, eerbetoon. Hij wordt dan ook 's morgens uitgevoerd met het gezicht in de richting van de opkomende zon. De zon is de schenker van licht en leven, en evenzo is deze zonnegroet een bron van nieuwe levenskracht en schenkt gezondheid aan het lichaam en de geest.

De oefening bestaat uit twaalf houdingen, die vloeiend na elkaar worden uitgevoerd op het ritme van de ademhaling. Hierdoor is de oefening dan ook een unieke kombinatie van lichaamshoudingen (asana's) en de adembeheersing (pranayama), die lichaam en geest gezond en ontspannen maken. De ruggegraat wordt door de opeenvolgende buiging soepel gemaakt en de zenuwen worden ontladen. De veranderende positie van de buik werkt stimulerend in op de buikorganen, zodat de spijsvertering wordt bevorderd. Alle spieren en gewrichten worden bewogen, het hart wordt versterkt en voelbaar is de werking in de bloedsomloop en de adem. De ademhaling zal weer diep en natuurlijk worden. Bij elke buiging naar voren wordt namelijk uitgeademd en bij elke buiging naar achteren ingeademend, waardoor het lichaam weer leert om spontaan en ontspannen te ademen. Hoewel de zonnegroet altijd en overal kan worden uitgevoerd, gaat de voorkeur uit naar de vroege morgen. Doe hem na het opstaan met een lege maag. Neem eerst rustig de tijd om de houdingen te leren. Probeer ze daarna vloeiend in elkaar over te laten gaan. Let daarna wat meer op de adem totdat de hele zonnegroet als vanzelf gaat en een harmonieus geheel wordt van bewegen en ademen. Breng de groet minimaal twaalf keer achtereen en ontspan na afloop altijd in een ligging op de rug (savasana) en ervaar hoe de werking door je heen gaat. Geniet daarvan en geef heel je lichaam en geest eraan over.

De uitvoering van de zonnegroet

1. Ga rechtop staan met de voeten bijeen. Breng de handen samen voor de borst. Concentreer alle aandacht op de houding.
2. Adem in. Haak hierbij de duimen ineen en til de armen gestrekt omhoog en buig dan zover mogelijk naar achteren. Maak de spanning in de rug zo groot mogelijk en voel de open buik.
3. Adem uit. Buig hierbij voorover. Plaats de beide handen naast de voeten met de handpalmen op de grond zonder de knieën te buigen. Raak dan met het hoofd de knieën aan. Voel de ineengedrukte buik en de achterkant van het lichaam die wordt uitgerekt. Vanaf nu blijven de handen op de plaats waar ze nu zijn! (Is deze buiging in het begin te moeilijk, buig dan de knieën een klein beetje. Na enige tijd van oefenen kunnen ze dan misschien gestrekt blijven.)
4. Adem in. Stap hierbij met de rechtervoet zover mogelijk naar achteren terwijl de linkerknie wordt gebogen. Strek het rechterbeen tot het één lijn vormt met de rug, waarbij het rust op de tenen en de knie. De handen en de linkervoet blijven stevig op de grond, de linkerknie is tussen de armen en het hoofd wordt zover mogelijk naar achteren gebogen.
5. Adem niet en zet bij het inhouden van de adem de linkervoet naast de rechter. Blijf steunen op de gestrekte armen en maak het hele lichaam recht. Alleen handen en tenen raken de grond.
6. Adem uit. Zak hierbij naar de grond en laat de tenen, de knieën, de handen, de borst en het voorhoofd op de grond rusten en trek de buik

> *Als al de spirituele krachten in de wereld ons te hulp komen, zal dat meer uithalen dan straaljagers en bommen.*
> BRUNO MERTENS, GEESTELIJK LEIDER TIDORP (*Surya green, 9*)

en het zitvlak zover mogelijk omhoog. Probeer ook als het kan de neus van de grond te houden, zodat alleen het voorhoofd de grond raakt. Deze houding wordt de sastanga-namaskara genoemd, de begroeting waarbij het lichaam de grond raakt met (sa) acht (asta) delen van het lichaam (anga).

7. Adem in. Laat hierbij het bekken naar de grond zakken en buig de rug zover mogelijk naar achteren. De voeten mogen hierbij op de wreef rusten of op de tenen. Probeer zo weinig mogelijk met de armen te drukken, ze ondersteunen slechts het lichaam, terwijl de rugspieren zorgen voor de buiging. Deze houding kennen we ook als de bhujangasana, de cobra.

8. Adem uit. Til nu het zitvlak zo hoog mogelijk op zonder de handen en voeten te verplaatsen. Maak van het lichaam een driehoek. De benen zijn gestrekt en de armen en de rug vormen één rechte lijn. Probeer in deze houding de voeten plat op de grond te krijgen. (Is dit in het begin te moeilijk ga dan op de tenen staan. Na enige tijd van oefenen komen dan misschien ook de hakken bij de grond.)

9. Adem in. Zet hierbij met een grote stap de rechtervoet tussen de handen en buig de rechterknie die tussen de armen komt. Zak met het gestrekte linkerbeen naar de grond, zodat het rust op de knie en de tenen, en één lijn vormt met de rug. Buig het hoofd zover mogelijk naar achteren. De houding is gelijk aan 4, alleen de benen zijn verwisseld.

10. Adem uit. Zet hierbij de linkervoet naast de rechter. Ga weer staan met gestrekte benen, het hoofd tegen de knieën en de handen nog steeds op de grond. De houding is gelijk aan 3.

11. Adem in. En nu pas komen de handen weer van de grond. Strek de armen weer hoven het hoofd met de duimen ineen en buig zo ver mogelijk naar achteren. De houding is gelijk aan 2.

12. Adem uit. Ga weer in de beginhouding staan met de handen bijeen tegen de borst als bij 1. De eerste zonnegroet is nu voltooid. Ga bij de volgende inademing weer verder met houding 2 enzovoort. Maak minimaal twaalf zonnegroeten, en rust daarna in de dodemanshouding (savasana) en observeer de werking.

ONKRUID

Onkruid nr. 10, september/oktober 1979

Zo'n tiep ben ik nou

FIEL VAN DER VEEN

In beddegoed over straat
gelopen, kaal met belletje
en bespot door volk.
Zo verantwoord geleefd
dat dokter moest
komen.

Nu eindelijk
verlossing.
Eenvoudige
boerenkapel waar het
Pom, pom klinkt als enige
juiste vertolking van de
'Oerschreeuw'. Hoor
hoe lucht uit mijn long
zich harmonies
vermengt met
atmosfeer om mij
heen. Eén
met het
Al. Dit
is zen!

Fiel van der Veen

ONKRUID

Onkruid nr. 19, maart/april 1981

Hoe kun je gezonder koken zonder ruzie in het gezin?

RENATE DORRESTEIN

Zelf wil je wel van de aardappelen-vlees-en-groente af, maar je huisgenoten moeten er niet aan denken om van dat rare voedsel te gaan eten, waarbij je op iedere hap honderd keer moet kauwen. Anderen met geweld je alternatieve schotels opdringen? Voortaan maar twee verschillende maaltijden koken? Nu eens gewoon, dan weer anders eten? Hoe los je die eetproblemen in het gezin op? Renate Dorrestein vond het antwoord boven dampende pannen.

Vroeger, toen deed ik het ook hoor. Als ik vrienden te eten kreeg, haalde ik bij de slager een groot stuk malse, veelbelovende ossehaas. Of ik snoerde eigenhandig sappige tournedos in hartige speklapjes. Of ik marineerde subtiel een droom van een runderlap die sissend en geurig in de hete boter gleed. Maar steeds vaker gebeurde het dat een van mijn gasten mijn volmaakte Boeuf Stroganoff walgend terzijde schoof en koeltjes vroeg: 'Eet jij dooie beesten?' Waarna zo iemand, terwijl de rest van de disgenoten nog slechts steels wat in het voedsel durfde rond te vorken, uitvoerig ging zitten vertellen over de bio-industrie met al die bleke kalveren in veel te nauwe hokken en die verzenuwde kippen die elkaar van de stress de ogen uitpikken. En dan had-ie het nog niet eens over het feit dat het produceren van vlees in het licht van de zorgwekkende wereldvoedselsituatie gewoon niet verantwoord is, aangezien het vee tien kilo volwaardig menseneten nodig heeft om zelf één kilo konsumptievlees te leveren. En het probleem van de conserveringsmiddelen natuurlijk, en de emulgatoren en niet te vergeten nitriet en nikotinezuur. En een onsje of wat hormoonpreparaten en tranquillizers, want dat komt ook allemaal via dat gemartelde varken op je bord. En we moesten niet denken dat wij, vleeseters, er met een incidentele spijsverteringsstoornis vanaf zouden komen. Nee, nieraandoeningen, blaaskwalen, hartafwijkingen, maar ook tuberculose, reuma, jicht, astma, kanker en multiple sclerose zouden ons lot wel eens kunnen zijn, om nog maar te zwijgen van de geestelijke verduffing en verturving waaraan wij allen leden ten gevolge van onze gehaktballenvreterij. Zo'n gast was heel slecht voor de eetlust en de stemming. Maar net als ik me had voorgenomen, me nooit meer met die voedselwaanzinnige in te laten, bleek een andere kennis het vlees ook te hebben afgezworen. En mijn beste vriendin hield er ook mee op. En in restaurants ontdekte ik op de kaart steeds vaker het rubriekje 'vegetarische schotels'. En zelfs het vertrouwde receptje in mijn ochtendblad bleek ineens regelmatig uit instrukties voor vleesloze maaltijden te bestaan. Om mij heen rukten de vegetariërs op. Heldere oogjes hadden ze, mooie platte buikjes en veel meer energie dan ik. Dus besloot ik mee te doen. Niet van dat genuanceerde, nee, ik stopte meteen drastisch voor de volle honderd procent met vlees eten. En lekker dat ik het vond joh, en goed dat ik me voelde. Fluitend roerde ik in mijn kikkererwten, glimlachend keerde ik de temp in de koekepan. Maar mijn lief, die hongerig achter zijn bordje schoof, sprak vol afschuw: 'Wat zijn dat voor plankjes? Getverdemme zeg.' En als-ie nog één keer peulvruchten geserveerd kreeg, deelde hij op een avond beheerst mede, dan stond hij niet voor de gevolgen in. Dat ik toch mooi niet voor hem naar de slager ging, schreeuwde ik, lang niet zo beheerst, terug. Met kwaaie koppen beloerden we elkaar. Als hij kookte, kreeg ik gewoon eten zonder vlees, als ik kookte kreeg hij eng, anders eten, obskure prutjes.

Een echtgenoot die zijn biefstuk eist

Het leek onmogelijk een kompromis te vinden. Waarom hadden ze me dat nooit verteld, al die andersetende maatjes van me? Waarom had niemand me gezegd dat zoiets simpels als het veranderen van dieet tot woeste konflicten kon leiden? Waarom deed iedereen zo luchtig, alsof men almaar met komplete gezinnen zingend reformhuizen en kruiderijen be-

> *Mensen missen een stuk elementaire opvoeding doordat ze hun belangrijkste bezit – de geest – niet kennen. Op die manier is het ontzettend moeilijk een tevreden en vol bestaan te vinden.*
> ZENMONNIK THUBTEN PÁLGYE *(Hans Wierenga, 5)*

zocht, harmonieus met z'n allen onbespoten groenten beknijpend en het roerend eens zijn over de keuze van het Demeterbroodje? Je hoort eigenlijk altijd alleen maar over de leuke, zegenrijke kanten van het anders eten. De bonje met huisgenoten wordt zelden besproken. Maar wat dacht je van de vrouw die anders wil, maar die toevallig een echtgenoot heeft die z'n biefstuk eist? Of de man die anders wil, maar getrouwd is met een vrouw die de baas is in de keuken en niet mee doet? Of pa en moe die allebei anders willen, maar met een stel kinderen zitten die 'gewoon' willen blijven eten? Of jonge mensen die anders willen, maar nog thuis wonen bij hun ouders, die niets voor nieuwe eetgewoontes voelen?

Een hele rij potten peulen en granen

Ingrid (18) behoort bijvoorbeeld tot die laatste groep. Zit op school, woont thuis en heeft op haar eigen kamer een hele rij potten peulen en granen staan. Want Ingrid kookt voor zichzelf, al ruim twee jaar. 'Er had iemand op school een praatje gehouden over macrobiotiek,' vertelt ze, 'en vanaf dat moment zat ik thuis niet meer zo lekker te eten. Ik realiseerde me, dat alles stijf stond van de konserveringsmiddelen en dat vlees ook niet zo goed voor je is. Vooral het natuurlijke van de macrobiotiek sprak me erg aan. Het eerste wat ik toen gedaan heb, is het kookboek "Bruine rijst met liefde" kopen en vanaf dat moment ben ik voor mezelf gaan koken. Mijn ouders waren het er helemaal niet mee eens, maar omdat ze dachten dat het een bevlieging van voorbijgaande aard was, lieten ze me maar begaan. Nog steeds zien ze er de noodzaak niet van in. Zij hebben hun hele leven normaal gegeten en ze voelen zich toch gezond, is hun redenering. Waarom moet ik dan zo raar doen? En ze vinden mijn eten ook eenzijdig. Nou, toevallig vind ik aardappels net zo goed eenzijdig. Een enkele keer gebeurt het wel, dat mijn vader zich per ongeluk uit een van mijn bakjes opschept, maar in feite willen ze geen van tweeën met me meedoen. Bijna iedere

Bij verkoudheid smeer je katoenen sokjes aan de binnenkant van de zool royaal in met groene zeep. Deze sokken worden aangetrokken en dan gaan er nog stevige dikke wollen sokken overheen. Fluks het bed in zodat de zeep het werk kan doen.

Jet, kruidenvrouwtje in De Kempen (Greet Büchner, 6)

dag wordt er onder het eten aan me gevraagd of ik niet toch een klein stukje vlees wil. En als ik eens ziek ben, roepen ze ook steevast: "Maar eet dan toch weer eens gewoon! Probeer het nou weer eens een maandje." Gelukkig is mijn moeder wel zo lief, dat ze op zo'n moment mijn rijst voor me klaarmaakt.' De praktische kant van het dubbele-etenprobleem is bij Ingrid thuis goed geregeld. Ze doet zelf haar boodschappen, die haar ouders betalen, mits ze maar geen peperdure luxe lekkernijen voor zichzelf aanschaft. Wat het koken betreft, probeert Ingrid haar moeder zo min mogelijk voor de voeten te lopen. 'Met z'n tweeën in de keuken bezig zijn, geeft maar irritaties,' zegt ze. 'En ik heb ook altijd zo'n hoop pitten nodig! Dus eet ik heel vaak ovenschotels, die ik van tevoren klaar kan maken. En mijn rijst zet ik meestal op mijn kamer op het kookplaatje op, dat scheelt ook weer.' Een hoop gedoe is het wel, moet Ingrid toegeven. Vooral in haar beginenthousiasme, toen ze erg streng en orthodox macrobiotisch at, kwam ze om vier uur uit school en was dan 's avonds om zeven uur pas uitgeklungeld in de keuken. Toch vindt ze al die extra moeite niet de vervelendste konsequentie van haar keuze. 'Het lastigste is, dat ik nu eenmaal in een huishouden leef waar allerlei niet-macrobiotische spullen aanwezig zijn,' zegt ze. 'Als je moe bent of je niet lekker voelt, dan kom je wel eens in de verleiding om te snoepen. En je kunt als je wilt ook iedere dag gewoon met de pot mee-eten. Dat maakt het wel eens moeilijker hoor.' Mensen van haar eigen leeftijd, zegt ze, vinden het vaak gek dat ze zo voor zichzelf kookt. Maar ze laat ze rustig lachen, want aan zielenwinnerij doet Ingrid niet. Men beschouwt alternatieve stromingen nu eenmaal als buiten de maatschappij staand, meent ze, en dat past niet. En al vindt ze de voortdurende kritiek van haar ouders vervelend, tegelijkertijd zegt ze waarderend: 'Ik ben allang blij dat ik dit toch maar allemaal gewoon mag. Anderen moeten van hun ouders gewoon eten wat de pot schaft.'

Ik pleit voortdurend voor kontra-informatie tegenover de belangen-informaties en manipulaties van staatswege en de grote bedrijven die meer geïnteresseerd zijn in financiële machtsvorming dan in de belangen van het natuurlijk welzijn van de mens.

Fritjof Capra, kernfysicus, auteur van 'Het Keerpunt' (Jan Boelens, Alex Jack en Peter Lichtenauer, 41)

De oosterse stromingen kunnen ons teruggeven wat wij vroeger al hadden.

Harvey Cox, hoogleraar geschiedenis en wijsbegeerte, Harvard (Sherman Goldman, 6)

Even doorzetten om het te leren waarderen

Bij Irma (19) daarentegen, verloopt het anders eten niet zo vlekkeloos. 'Wij kregen moeilijkheden in het gezin,' vertelt ze. 'Mijn moeder en ik waren echt gemotiveerd om macrobiotisch te eten, mijn vader was zo'n beetje een middenfiguur en mijn broer en zus vonden er niks aan. We hadden op een gegeven moment voortdurend gemopper over het eten. Er zaten telkens een paar lelijke gezichten aan tafel. Of er werd geroepen: "Ik eet wel ergens anders." Vooral mijn broer vond het allemaal maar overdreven. Nu viel het mij in het begin ook niet mee. Als je nog maar net anders eet, lijkt je voedsel echt smakeloos. Rare rotzooi waar je honderd keer per hap op moet kauwen. Pas na verloop van tijd ga je de smaak proeven. Je moet echt even doorzetten om het te leren waarderen.' Omdat ze het bij Irma thuis nu eenmaal gezellig vinden om met z'n allen één en dezelfde maaltijd te gebruiken, is er gekozen voor het kompromis van af en toe gewoon en af en toe anders eten. Irma vindt het jammer dat ze haar gezonde dieet zo vaak doorbroken ziet. 'Lichamelijk ga je je echt stukken beter voelen door goed voedsel. Je kunt uren wandelen, je bent fitter, je voelt je alsof je iedereen aankan. Ik wil altijd zoveel en als ik goed eet, doe ik ook ineens van alles moeiteloos. Mijn gedachten zijn helderder, ik kan me beter koncentreren, ik heb ook minder het idee dat ik op m'n tenen loop. Het is niet te geloven dat dat allemaal door eten veroorzaakt werd. Het enige wat ik vroeger van eten wist, was dat je er dik van kon worden. Nu weet ik zelfs, dat voedsel je karakter kan veranderen. Zie je bijvoorbeeld ooit een agressieve macrobioot die eens flink tekeergaat? Door dat neutraal smakende voedsel word je zelf ook neutraal. Rustig en evenwichtig word je ervan. Zo rustig dat ik soms denk: vroeger was ik veel spontaner en gekker. Daar schrik ik wel eens van hoor. Volgens mij is dat ook een van de problemen bij het macrobiotisch eten in een gezin. Degenen die er toch al niet zo voor zijn, zien hoe jij door het voedsel verandert. Dat schrikt ze misschien zo af, dat ze maar in hun gewone eetpatroon blijven. En daarnaast zien ze er de noodzaak niet van in. De schijf van vijf, met melk en vlees, dat is hen geleerd. En als je een moe gevoel hebt, dan heb je kennelijk bloedarmoede en daar kun je staalpillen voor halen. Ze hebben er geen flauw idee van, hoe goed ze zich eigenlijk zouden kunnen voelen.' Als ze straks op kamers woont, is Irma vast van plan om voor zichzelf macrobiotisch te gaan koken. Toch hebben de weerstanden in haar eigen omgeving haar wel te denken gegeven. 'Het is allemaal zo zuiver en zo rein,' zegt ze, 'en daar loop je dan als zuiver mens zonder uitspattingen in onze verrotte maatschappij. Je leeft nu eenmaal in een wereld vol auto's en verkeersborden, een wereld waarin je nuchter om acht uur naar je werk moet en waarin iedereen koffie drinkt. Het is erg moeilijk om anderen duidelijk te maken waarmee je bezig bent. Je loopt vaak tegen een muur op. Met kleine kinderen lijkt het me trouwens helemaal een klus om macrobiotisch eten door te zetten. Kinderen trekken nou eenmaal met andere kinderen op, die wel allerlei foute lekkernijen krijgen. Een kind heeft nu eenmaal niet de wil om voor z'n gezondheid goed te eten en kun je hem dan tot zo'n streng dieet dwingen?

Dat laatste probleem wordt inderdaad vaker ervaren. Een macrobiotische moeder zijn, dat lijkt me een hele opgave. In mijn verlangen, thuis de strijd over voedsel zoveel mogelijk te beperken, heb ik mij op een gegeven moment geworpen op een vegetarische kookcursus in een alternatief centrum. Daar zou ik, meende ik hoopvol, listige happen leren bereiden die niet alleen uitgebalanceerd zouden zijn, maar bovendien gevarieerd en niet zo heel nadrukkelijk vleesloos. In de warme, geurige keuken trof ik een stuk of twaalf vrouwen met dezelfde wens. De gemiddelde man en het doorsnee kind in Nederland moeten vreselijk stugge aardappeleters zijn, want iedereen klaagde over huisgenoten die bedankten voor de gezonde schotels en maar een zakje patat-mét gingen halen. Toen ik mijn krisis over de peulvruchten opbiechtte, werd er meelevend geknikt. Ja, die bonen, daar bleven ze allemaal in steken. 'Ze kunnen me wel vernielen als ik weer met linzen kom aanzetten,' zei iemand broeierig. 'Als ik nou maar wist wat ik op

> *De oude Grieken constateerden dat melancholieke vrouwen eerder borstkanker krijgen dan anderen.*
>
> Lawrence LeShan, kankertherapeut *(Renate Dorrestein, 14)*

> *De grootste overwinning op je egoïsme is als je je geliefde kunt delen met een ander.*
> NICOLAAS HARTMAN, GEESTELIJK LEIDER COMMUNE DE ARK *(Albert Vondeling, 16)*

hun brood moest doen behalve die eeuwige kaas,' zei een ander ook nog, 'dan zouden ze het misschien al leuker vinden.' We hingen boven de dampende pannen met hun geheimzinnige geuren en keken elkaar aan. Dat was het natuurlijk. We wisten er gewoon geen fluit van, van dat andere eten. We rotzooiden maar wat aan en dreven anderen tot onherroepelijke gekte met ons geklungel. Geen wonder dat ze niet te porren waren voor onze amateuristische keuken!

Toon vooral niet te veel zendingsdrang

'Anders koken moet je echt leren, net zoals iedere andere keukenspecialiteit,' zei onze lerares. 'Zonder een kursus of ten minste een paar goede kookboeken blijf je inderdaad ten eeuwige dagen in de rijst-met-linzen steken. En verder verdwijnt er al een hoop weerstand thuis, als je niet te veel zendingsdrang hebt. Je kunt beter met behulp van lekkere hapjes omschakelen, dan met ruzie en dreigementen. Vooral kinderen zijn vaak moeilijk mee te krijgen. Maar één keer per week kunnen ze best een maaltijd als rijst met kaassaus en groente aan. Pannekoeken van volkorenmeel en boekweitmeel zullen ze zelfs heerlijk vinden. Verwacht niet dat ze na jaren slap wittebrood ineens dol zijn op zuurdesembrood. Stap geleidelijk over via fabrieksvolkoren. Geef kinderen die niet meer mogen snoepen wél vrije toegang tot de fruitschaal. Blijf nog een tijd lang regelmatig vlees eten, minstens één keer per week. En praat vooral niet te veel over anders eten. Zet de nieuwe schotels gewoon zonder kommentaar voor hun neus. Voordat je het weet, heb je je onwillige gezinsleden plat.' Wijze woorden, eerlijk waar. De geleidelijkheid is echt de weg van de minste weerstand. En toen ik eindelijk ophield te kakelen over Gezond en Natuurlijk, begon mijn lief in zijn onwetendheid te smikkelen van de door hem verafschuwde bonenschotels. Tegenwoordig zie ik hem, als hij kookt, zelfs vaak eigenhandig naar de fles tamari grijpen, zo gewoon zijn alternatieve produkten onopgemerkt voor hem geworden. De strijd is gestreden, zonder dat er iemand verloren heeft.

Hoe je het anders kan aanpakken

Hoe nu te koken zonder afwijzende huisgenoten in de gordijnen te jagen? Ingrid, die in het 'gewoon' etende gezin dagelijks haar eigen maaltijd klaarmaakt, wist een uitstekend recept waarmee ze haar moeder tijdens het spitsuur in de keuken niet in het vaarwater zat. En Irma, wier broer en zus niets van dat rare alternatieve gedoe moeten weten, stelde een macrobiotische maaltijd samen waar ook verstokte aardappeleters van genieten.

Ingrids pizza

Op ieder moment van de dag klaar te maken, dus geen botsingen in de keuken.

Neem een half pond volkorenmeel, gemengd met wat rijstmeel. Kook water, sla er wat olie doorheen en doe het bij het meel. Bekleed een taartvorm met dit deeg en vul die bodem met een restje bonen van gisteren, wat tomaat, ui, paprika en champignons, bestrooid met oregano, thijm en lavas. Meng wat boerenkaas met eigeel en laat dan drie kwartier op stand 4-5 in de oven bakken. Vlak voor de maaltijd opwarmen. Lekker met couscous en een rauwkostschoteltje van de groente-van-het-moment ('Soms heeft m'n moeder iets over,' zegt Ingrid), aangemaakt met een sausje van kwark, kruidenazijn, stukjes ui en tuinkers.

Irma's maaltijd

Als Irma het voor het zeggen heeft, bestaat de maaltijd uit een aantal verschillende schoteltjes. Vooraf stelt ze brandnetelsoep voor, liefst van zelfgeplukte netels die een uur in ruim water hebben gesudderd. Op het laatst gefruite uitjes toevoegen. Bij de bruine rijst geeft Irma vervolgens een bonenpat van gekookte linzen, gestampt met wat water, rauwe ui, knoflook en thijm; in de wadjang gestoofde prei; gebakken pompoen met uitjes; gefrituurde zeewier; plakjes tofu, gebakken met ui en tamari. Toe serveert ze havervlokkenpap: in tien minuten gaar gekookte vlokken, op smaak gebracht met appeldiksap en een handje krenten en rozijnen.

ONKRUID

Onkruid nr. 22, september/oktober 1981

Als je eenmaal geiten hebt, wil je er nooit meer vanaf!

FRITS GROENESTEIN

Vijf redenen waarom ik iedereen geiten houden afraad:
1. Geen afrastering is geiten te hoog.
2. Je weet nooit waar je met de bokjes heen moet.
3. Wat hebben die beesten een eigenzinnig karakter!
4. Met een melkgeit ben je erg aan huis gebonden.
5. Als je eenmaal geiten hebt, wil je er nooit meer vanaf.

Frits Groenestein (34) is naast journalist en auteur ook een verwoed geitenhouder, die samen met Irma, vier kinderen en verschillende dieren een boerderij in het Limburgse Geulle bewoont. Onwetend begon hij zo'n jaar of vijf geleden met het houden van geiten. De raad van veel mensen om er niet mee verder te gaan sloeg hij in de wind, iets waarvan hij nog steeds geen spijt heeft. 'Geiten houden is haast onmogelijk,' zeiden ze hem en misschien ging hij er juist daarom (maar hij is dan ook een Schorpioen) mee door.

Waarom ik ooit aan het houden van geiten ben begonnen, weet ik eigenlijk zelf niet. Misschien ben ik er wel een beetje toe gedwongen. Een vriendin van ons woonde in die tijd op een geitenfarm met een paar honderd dieren in Zeeland. Omdat we achter ons huis nog een stukje grond hadden liggen dat toch niet werd gebruikt, hadden we haar in een gekke bui eens gevraagd of we niet een geitje konden kopen. Maandenlang hoorden we toen niets meer van haar, totdat ze opbelde met de mededeling dat ze twee jonge diertjes voor ons had: een bokje en een geitje. Ze waren niet helemaal raszuiver en daarom moesten die dieren óf direkt verkocht, óf direkt afgemaakt worden; een houding die ik nooit helemaal heb kunnen begrijpen. Tijd om me te bedenken had ik eigenlijk niet en ik wilde het gewoon niet op m'n

De wens om absoluut veilig te zijn kweekt oorlog. Ekonomische oorlog, sociale oorlog, gewelddadige oorlog. De klemtoon op alleen fysieke veiligheid is kennelijk niet genoeg. Er moet veiligheid zijn, van binnen en van buiten.
Jiddu Krishnamurti (Bob Snoijink, 7)

geweten hebben dat die diertjes zouden worden afgemaakt. Dus stouwde ik een dag later de auto vol met vrouw, kinders en baby en reden we naar Zeeland. Toen ik die kleine lammetjes voor de eerste keer zag, raakte ik er meteen verliefd op. We kochten ze, twee dagen oud. Met goede raad en een doos vol geiten reden we terug naar Geulle. De eerste dagen moesten we dag en nacht doorvoeden, maar het ging allemaal goed en 't duurde geen 14 dagen, of het bokje brak voor de eerste – en bepaald niet de laatste – keer uit. Limburgers hebben altijd al veel met geiten te maken gehad. Deze provincie was vroeger bepaald geen welvarende streek en juist in zo'n gebied kon je veel geiten vinden. Ze zijn niet moeilijk met hun voeding en geven goede en veel melk. Vlakbij ons huis hebben de Bokkenrijders, zoals een groep geheimzinnige rovers zich eeuwen geleden noemde, lange tijd huisgehouden. Ze roofden en plunderden als het donker was, terwijl ze, zo wil de historie, op bokken rondreden. De eerste die op onze nieuwkomers reageerde was de buurman. Hij waarschuwde me dat een oud Limburgs gezegde nog altijd opgeld deed: 'Wie met z'n buren wil krijten (huilen), die neemt doeve (duiven) of geiten.' Op zo'n moment lach je om zoiets, later kom je erachter dat er toch wel een hele kern van waarheid in zo'n gezegde zit. Onze dorpssmid lachte toen ik nieuw afrasteringsgaas kwam halen. Hij gaf me twee jaar, en dan zou ik de geiten vast en zeker opgeruimd hebben. Ik twijfelde er niet aan of hij had ongelijk. Dat twijfelen begon pas later, toen ik de afrastering van de wei steeds hoger en steviger moest maken en één keer zelfs in een vlierstruik moest klimmen om de bok eruit te trekken. Hij hing daar op twee-en-een-halve meter hoogte. Want geiten blijven geiten en het gras van de buurvrouw is dus altijd veel lekkerder dan het gras in de eigen wei.

Een vuile darm is de oorzaak van veel chronische ziekten.
Dr. H. van der Upwich (82) (Jojanneke Claassen, 24)

Binnen een jaar gezinsuitbreiding

In die tijd was ik op die moeilijkheden toch al wel een beetje ingesteld. Al snel nadat we de beesten hadden gekocht, raadden heel wat mensen ons af om ermee door te gaan. Ze schilderden me het houden van geiten als iets onmogelijks en dat was voor mij nou net de stimulans om ermee door te gaan. Want ik hou wel van wat avontuur en van het mogelijk maken van het onmogelijke. Ondertussen ging de natuur zijn gang. Vijf maanden oud had de bok zich al voldoende geoefend in het verwekken van nageslacht, zodat we binnen een jaar gezinsuitbreiding hadden. Omdat bok en geit bijbelse namen hadden, Izaak en Rebecca, noemden we het jonge geitje nu maar Mekka. Moeder en dochter hebben inmiddels alweer heel wat nageslacht gekregen en de meeste geitjes daarvan hebben we gehouden. Of we nu wel of niet geiten zouden gaan fokken, was iets waar Irma en ik lang over gesproken hebben. Want naast geitjes, die je dan zelf wel kunt houden, worden er natuurlijk ook bokjes geboren en wat moet je nu daarmee. Veel bokken komen in de vleespot terecht en dat was, omdat we zelf eigenlijk niet of nauwelijks vlees eten, toch wel een groot probleem. Je eigen dieren opeten is voor ons iets ondenkbaars en de jonge bokjes direkt na de geboorte doden, stond ons ook al niet aan. De mensen hier in het dorp lachen daar wel eens om. Vooral omdat velen van hen zelf slachten of dat vroeger bij hen thuis ook gebeurde. Krikkie, ons plezier- en knuffelvarken, is dan ook een geliefd onderwerp en menigeen vraagt regelmatig wanneer zij nu eens de pan ingaat. Ze zullen lang kunnen wachten. Het bokkenprobleem hebben we opgelost door ze alleen te verkopen aan echt streng geselekteerde mensen. Zodra ik in de gaten krijg dat zo'n bokje misschien toch in de pan terechtkomt, gaat de koop niet door. We hebben nu elf dieren: een 'gesneden' bok en tien geiten, waarvan een aantal jaarlingen. Drie geiten worden op het ogenblik twee keer per dag gemolken en het volgend jaar hoop ik ze allemaal 'aan de melk' te hebben. Dit jaar zijn de geiten niet gedekt, omdat de verbouwing van de stal nog niet klaar is. Er moeten nog wat kraamhokken worden gemaakt, want een geit met lammeren kun je het beste de eerste dagen apart zetten. Ze vechten anders urenlang door met andere geiten; ze verwonden elkaar dan niet, maar ze putten zich zo uit, dat ze haast geen melk meer geven. Omdat de lammetjes de eerste dagen toch voldoende biest moeten krijgen, kun je dat vechten het beste

Ik kan me voorstellen dat iemand die in de stad woont en nooit buiten komt, misschien behoefte heeft aan make-up, maar gezondheid is toch altijd nog het meest effektieve schoonheidsmiddel.

HEIN PETERSEN (84), NATUURLIJKE COSMETICA POSTORDERBEDRIJF (Renate Dorrestein, 11)

vermijden. De tijd dat de geiten moeten lammeren is toch wel erg spannend. Om de paar uur gaan kijken in de stal; ook 's nachts moet ik dan wel een keer of twee m'n bed uit. Ik heb eigenlijk nooit veel moeite gehad met die bevallingen, al heb ik wel eens de dierenarts moeten roepen om een dood lam te laten 'halen'. Meestal gaat die geboorte wel vanzelf en ik help daarbij zo min mogelijk. Want geiten hebben de vervelende neiging om een lam te verstoten als je er bij de bevalling aankomt. Ze ruiken dan de vreemde mensenlucht en zelfs het lam insmeren met mest van de moeder helpt dan vaak niet. Is een lam eenmaal verstoten, dan haal ik het bij de moeder weg, want na verloop van tijd hakt ze er met haar horens op in. Heb je zo'n verstoten lam, dan betekent het dat je wekenlang met de zuigfles in de weer moet zijn en dat is de eerste tijd, als je dag en nacht om de drie uur voeding moet geven, bepaald geen pretje. Vorig jaar kreeg Rebecca, de oudste geit, nog een vierling en ook toen heb ik één van haar lammeren met de fles groot moeten 'trekken'.

De bok is de baas

Geiten zijn leuk en niet leuk. Het zijn echte wezens, met een eigen zinnetje, met hun gewoontetjes en hun nukken. Rachel, die drie jaar oud is, is één van m'n beste melkgeiten, maar zoals veel herkauwers is ze erg schichtig. Als ik haar aan het melken ben en er opeens iemand de stal binnenkomt, springt ze steevast met haar achterpoten in de melkpan. Dat 'pootje baden' krijg je haar niet afgeleerd en aan straffen hoef je niet te denken. Want straffen heeft bij een geit maar weinig effekt. Ook Izaak hoef je helemaal niet te straffen, hij is een echte masochist; als je 'm een tik geeft begint hij te kwispelen en te springen om nog meer te kunnen krijgen. Vroeger reed ik op zijn rug nog wel eens een rondje door de stal. Daar hield hij wel van, al was hij dan wel wat erg

Vooruitgang wordt gemeten naar de afstand van het natuurlijke milieu, waarin wij tot het bestaan gekomen zijn.
THOR HEIJERDAHL, ONTDEKKINGSREIZIGER (*Eigen tekst, 22*)

wild. Ik ben daarmee gestopt toen hij me eens tegen de hoek van een gemetseld muurtje gooide, wat me bijna op een kaakfraktuur kwam te staan. Geiten zijn onderling erg autoritair, soms denk ik dat ze erg onaardig tegenover elkaar zijn. Maar ja, het zijn kuddedieren. De bok is de baas en hoe jonger de geit is, hoe minder hij bij een oudere in de melk te brokkelen heeft. Is er gevaar, dan verdedigen ze zich in een bepaalde slagorde. De bok voorop met achter hem de oudste geiten.

Als iemand me vertelt dat hij geiten wil gaan houden, raad ik hem dat in eerste instantie altijd af. Want heb je eenmaal een geit aan de melk, dan ben je net zo aan huis gebonden als de boer die koeien houdt. Als je met vakantie wilt gaan, en dat ben ik de laatste 10 jaar zonder spijt toch al niet geweest, dan kun je de zorg voor de geiten wel aan een ander opdragen. Dat moet dan wel iemand zijn die iets van geiten afweet. Want naar geiten moet je, vind ik, kijken. Al ze zich niet lekker voelen, zie ik dat; ze doen anders. Laat je een ander voor de geiten zorgen, dan loop je gevaar dat 'iets' niet wordt gezien. Mijn dieren zijn weinig ziek, maar als het toch eens gebeurde, was de dierenarts er altijd op tijd bij. Ik vind dat je de dierenarts beter voor niets, dan te laat kunt roepen. Als je moet bezuinigen op de gezondheid van je dieren, moet je ze niet houden. Dat is ook zo als het om de voerkosten gaat. Geiten stellen niet zoveel eisen aan hun voer, maar ze hebben toch wel hun dagelijkse portie gras of hooi nodig. Als je dat allemaal moet kopen, kosten een paar geiten je toch algauw meer dan vijfhonderd gulden per jaar. Daarnaast geef ik de geiten kuilmais en voordrooggras, dat ik van een vriend betrek die zelf, naast koeien en varkens, schapen en geiten heeft. Hij heeft me ook heel wat geleerd over de voeding van die dieren. Want je kunt dan wel in verschillende boekjes lezen dat geiten die en die stoffen en mineralen naar binnen moeten krijgen, hoe je dat precies moet doseren en aan een dier aanpassen, is meestal een slag in de lucht. Daarom is het goed om eens naar een ervaren boer te luisteren.

Zelf de melk verkazen

Van die boer heb ik ook geleerd hoe je met herkauwers om moet gaan. Het zijn beste brave dieren, maar je moet wel laten merken dat jij de baas bent. Er heeft een tijdje een meisje bij ons op de boerderij gewoond, dat ook meehielp bij het verzorgen van de geiten. Als een geit eens 'dwars ligt', geef ik dat beest een grote mond en dat helpt uitstekend. Dat meisje 'verzocht' de geiten om dit of dat te doen, zonder effekt natuurlijk. Ze is trouwens met het geiten hoeden opgehouden en Guus, die tegenwoordig bij ons woont, heeft die moeilijkheden niet. De geiten luisteren naar hem en als ze dat eens een keer niet doen, dan krijgen ze dat ook te horen. Als je meer geiten hebt, is het belangrijk om iemand in de buurt te hebben die bij de verzorging af en toe eens in kan vallen. Ik heb een paar maanden last gehad van de spieren in m'n arm en hand. Melken was er voor mij een tijdje niet bij en Guus heeft dat toen heel goed overgenomen. Maar ook op een andere manier is het belangrijk om hulp te hebben. Soms hebben Irma en ik het zo druk met ander werk, dat de geiten eigenlijk even zouden moeten wachten op hun verzorging. Dat mag en kan natuurlijk niet. Als je, zoals mij overkwam, de geiten een tijd niet kunt verzorgen, merk je dat je dat mist. Het hoort bij m'n dagelijkse ritme en dat vind ik heel goed. Ik hoop het volgend jaar de geitenstapel nog wat uit te kunnen breiden. We gaan de melk dan zelf verkazen en er kruidenboter van 'stoten'. Ik zou m'n geiten niet meer willen en kunnen missen, al heb je er niet altijd plezier van. Zoals een paar maanden geleden, toen ik een jaarling, mijn lievelingsgeitje, moest laten afmaken omdat ze haar poot op drie plaatsen had gebroken. Daar was niets meer aan te doen en ik kan zo'n dier dan niet langer laten lijden. Als je dan op je hurken zit bij zo'n lief dier en je ziet het langzaam inslapen, snijdt er wel wat door je heen. Ik heb toen samen met m'n dochtertje Angle een tijdje zitten snotteren. En al vergeet je zoiets niet gauw, je kunt er niet aldoor aan blijven denken. Want de andere geiten laten horen dat ze er ook nog zijn.

Bewustwording is puinruimen

Rama Polderman, yogaleraar, arts, homeopaat, acupuncturist, kruidenspecialist, helderziende, goochelaar, tuinier, zeezeiler, goeroe (Bram Gieter, 27)

ONKRUID

Onkruid nr. 23, november/december 1981

Bewaar en bespaar
Nieuwe ideeën over het Tweede Gebruik

DIVERSE AUTEURS

Heel wat zaken die een ander zou weggooien, zou jij best nog voor iets anders kunnen gebruiken. Het valt niet altijd mee om aan goeie ideeën te komen; daarom krijg je ze hier.

Kijk altijd in een puinbak

Mensen gooien de gekste dingen weg: complete deuren, ramen, goed timmerhout, bakstenen, hout voor je kachel, prima vloerbedekking, lampen en tl-armaturen, stoelen – en dat kun je allemaal in een puinbak vinden. Let vooral op bij verbouwingen van kantoren. Daar heb je de rijkste oogst.

Gratis verband

Verband maak je snel van een versleten laken door de goede stukken in 5, 8 en 10 cm brede stukken te knippen, met behulp van een kartelschaar.

Kleine trui uit grote trui

Uit een oude grote trui kun je een nieuwe kleine trui verkrijgen, niet door de hele zaak te gaan uithalen, maar door de kleine trui er simpelweg uit te knippen. Zorg voor een zogenaamd raglanmodel en laat de boorden intact.

> *Als je vijf minuten stil bent, niet denkt, dan manifesteert zich het andere.*
>
> RITA BEINTEMA, YOGADOCENTE EN AUTEUR VAN 'ECHT ZIJN' (*Bram Gieter, 32*)

Stralende bloempot

Dat is wel heel simpel: zoek een niet te kleine bloempot op of koop die en boor in de bodem met behulp van een steenboor drie of vier extra gaten, verf de buitenkant bijvoorbeeld matzwart, monteer er een fitting in en hang het geval boven de tafel op: een perfecte, kunstzinnige hanglamp die warmrood uitstraalt.

Het wonder van het T-shirt

T-shirts die lubberen krijgen hoedenelastiek in de zoom en heten dan bloeson. Verschoten T-shirts kun je keren. De naden omstikken en met een sierbandje afwerken. Je kunt er ook tricot baby- en peuterkleren van maken. Patroon opleggen, naknippen en met een zigzagsteek aan elkaar zetten. Tot slot leveren T-shirts prima rekverband voor elleboog-, pols- en knieblessures als je er stroken van 10 cm breed van knipt.

Laken als zonwering

Oude lakens zijn prachtige poetslappen natuurlijk. Maar er is nog iets veel edelers mee te doen: knoop aan elke punt een steen als verzwaring en hang het laken bij felle zonneschijn over de groentekas. Een uitstekende zonwering!

Conserveren met afgewerkte olie

Afgewerkte olie, in het bijzonder de afgewerkte olie van dieselmotoren, is een voortreffelijk conserveringsmiddel. Voor hout zowel als ijzer. Haal bij de garage (bij voorkeur dus een Mercedes-garage!) gratis en voor niks een jerrycan afgewerkte olie weg en smeer alle in aanmerking komende buitenwerk ermee in: hekken, paaltjes van omrasteringen, houten schuurtjes, kruiwagens, kortom alles wat roesten of rotten wil. In het begin is het bewerkte oppervlak moddervet natuurlijk, maar dat vette verdwijnt wel, bij hout eerder dan bij ijzer. Hout wordt prachtig diepzwart, met behoud van de nerf, die zichtbaar blijft. Na een jaar moet de behandeling worden herhaald, daarna nooit meer. Een goedkopere, effectievere conserveringsmethode is niet denkbaar!

Bewaar breiwol

Resten breiwol worden altijd bewaard, nieuw en uitgehaald. Ze leveren het materiaal voor streepjestruien, gemêleerde truien (van meerdere dunne draden in verschillende kleuren), lappedekens, lappetruien, sjaals en mutsen. Dezelfde kleur van verschillende verfbaden kun je gebruiken door om en om een naald met het ene en met het andere verfbad te breien. Zo kun je ook nieuwe (dus dikkere) wol samen gebruiken met uitgehaalde wol van dezelfde kleur. Kan óók met sokken. Sokken slijten aan de voet, nimmer aan de boord. Die gebruik je afhankelijk van maat en kleur, als manchet voor truien en T-shirts met versleten manchetten of als poetshand. Hiervoor aan één kant dichtstikken en gebruiken bij het stoffen van luxaflex, het poetsen van koper en zilver en van open schoenen.

Hoe je wol uithaalt

Wol uithalen gebeurt met behulp van een kruik waar je de wol omheen windt. Is de laag wol redelijk dik, dan vul je de kruik met kokend water. Na afkoelen kun je de wol 'als nieuw' opbollen. Ook kun je de wol rond de leuning van een stoel winden en de strengen wassen of alleen door water halen om de wol weer glad te krijgen.

Koop bij slopers

Veel dingen kun je op twee manieren kopen: nieuw of tweedehands. Je kunt ook zeggen: ecologisch verantwoord of niet. Er zijn mensen die nog nooit een nieuwe wasmachine hebben gekocht. Zij kopen tweedehandsjes (advertentie in de krant) of vinden er een bij de vuilnisbak. Gemiddelde prijs *f* 50,00, gemiddelde levensduur 2 jaar, nooit repa-

> *Op het platteland doen de mensen maar. De ruilverkaveling heeft het landschap verwoest. Bomen zijn omgezaagd, landerijen geëgaliseerd en zandwegen verhard. Dat is toch ontzettend...*
>
> JAN, DIE NA EEN PAAR JAAR OP HET PLATTELAND TE HEBBEN GEWOOND, GRAAG WEER TERUG WIL NAAR DE STAD (Hans van den Bosch, 23)

Twintig procent vindt het nog altijd belachelijk wat wij doen. Zevenenzeventig procent zegt: inderdaad, wat we tot nu toe hebben gedaan zal ons tenslotte catastrofaal worden, maar ja, wat wilt u? Maar ja, wat moet ik? De resterende drie procent werkt nu volgens biologisch-dynamische methoden. In uw land, Holland, 164 bedrijven.

MARIA THUN, SAMENSTELSTER ZAAIKALENDER *(Cri Stellweg, 36)*

ratiekosten. Een paar aangevers: auto-onderdelen van sloper, tweedehands fiets- en brommeronderdelen, sloophout (vaak verbluffend goed van kwaliteit), alle soorten metaal (ook bij slopers en oud-metaalhandel), tweedehands kleding (markten en speciale winkels), tweedehands meubelen (grof vuil, speciale winkels), afgedankte fornuizen, koelkasten, t.v.'s (grof vuil). Tenslotte ben je ook niet vies van een huis waar al tien gezinnen voor je woonden.

Beschermd lampje

Neem een glazen pot, een jampot of een grotere uitvoering, en zorg dat er twee dezelfde deksels bij zijn. Twéé potten leegeten dus. Schroef de twee deksels met de vlakke kant tegen elkaar (gaatjes boren en MS-schroefjes gebruiken). Boor in het midden een gat met een doorsnee van 10 mm en bevestig daar een lampfitting tegenaan. Boor in de zijkant van het dekseldeel, waar het snoer uitkomt, een gat waar dat snoer doorheen kan. Zorg voor twee extra gaatjes in het dekselpakket, zodat dit pakket met twee houtschroeven ergens tegenaan kan worden geschroefd. Lamp erin, jampot eroverheen – licht in de duisternis! En de gloeilamp is keurig beschermd, daar gaat het om.

Ik werd bij Gandhi toegelaten, die zwijgend zat te spinnen (...) De Mahatma knikte mij vriendelijk toe, maar bleef een uur lang zwijgen. Wat kun je nu over een uur stilte in woorden neerleggen? (...) Niets heeft zoveel indruk gemaakt als dat ene uur meditatie. Daarin is meer gezegd dan woorden ooit kunnen doen. Mijn vraag was zijn antwoord.

CAROLUS VERHULST, UITGEVER MIRANANDA *(Bob Snoijink, 31)*

Degeen die in een grot zit te mediteren is niet beter of slechter dan degeen die drugsverslaafden helpt. Iedereen moet doen wat overeenstemt met kansen, kapaciteiten, kundigheden, roeping, krachten, mogelijkheden.

RAM DASS, AMERIKAANS GURU *(Surya green, 21)*

Conservenblikken

Conservenblikken worden door zinnige mensen niet zomaar weggegooid. Allereerst worden ze gebruikt om er spijkers in te bewaren. Of om te vullen met petroleum waarin gebruikte verfkwasten worden bewaard. Maar zo'n blik kan ook worden geverfd. Mooi groen bijvoorbeeld, met daaroverheen kleurrijke bloemmotieven. Met waarachtige olieverf. Kinderen kun je geen groter plezier doen dan met deze creatieve daad. Dat prachtige busje kan worden voorzien van een houten deksel (twee vierkante of zeshoekige plankjes, waarvan de kleinste precies in de blikopening past, op elkaar geschroefd en fraai geverfd of gelakt), of van een fitting waardoor een leuk lampekapje wordt verkregen. Als je rondom met een spijker wat gaatjes in het blik slaat, stralen er allemaal heldere sterretjes naar buiten. En wie het helemaal feestelijk wil maken (maar nu dwalen we van de besparingsgedachte af), slaat twee gaatjes tegenover elkaar langs de rand van het blik en knoopt daar een touwtje door. Geef op een kinderfeestje elk kind twee van zulke blikken en men kan gaan bliklopen. Een spelletje uit de oude doos, waarvoor altijd weer verrassend veel belangstelling blijkt te bestaan. Evenals trouwens voor blikwerpen met zachte textielballen!

Niet te geloven, 't is een panty

Panty's kunnen dienst doen als: zeef voor kruidenaftreksels, brandnetelgier, in twee lagen voor hangop en kwark en op een pot gespannen voor de kiemen, als het water ververst moet worden. Als bindmateriaal voor bomen. Als vulling voor wasbare speelgoedbeesten en kussens en voor een 'donsdeken', die gemaakt wordt door panty's zonder voet in drie lagen op de onderste laag te rijgen. Na bekleding met de bovenkant heeft men een isolerende en wasbare stikdeken.

Enveloppen retour

Papier vreet niet alleen bomen, het vreet ook nog eens energie om van hout papier te maken. Als je enveloppen netjes opensnijdt kun je ze twee, drie of soms wel vier maal gebruiken. Plak de open kant dicht met een strookje papier en knip uit een stukje blanco papier een etiket.

Op elk van deze drie nivo's van relatie, zijn er drie mogelijkheden. Je kunt zwijgen 'voor de lieve vrede'. Daarmee schiet niemand iets op. Je kunt willen leren van de relatie en hoe erger je opponent, of partner, of ex is, hoe waardevoller de relatie. Tot je daarmee klaar bent. Of je kunt beiden bewust de relatie gebruiken om samen te groeien. In dat geval ontstaat die derde factor. Niet alleen de beide partners, maar de relatie zelf. Of, misschien, God. De relatie beweegt ons en brengt ons als een rivier naar de zee, naar de oneindige ruimte, om uiteindelijk de relatie met God zelf te worden. En dat is ook niet altijd een roze wolk.

Hal en Sidra Stone, therapeuten, ontwikkelden de Voice Dialogue-methode, auteurs van o.a. 'Van elkaar houden zonder jezelf te verliezen'
(Yoeke Nagel, 142)

1983 – 1984 – 1985 – 1986 – 1987

Kernwoord van deze tijd is discussie. In deze vijf jaar leek een soort pas op de plaats te worden gemaakt. Zelfonderzoek vond op alle fronten plaats. De alternatieve eet-, leef- en denkvormen waren geworteld en nu moest er uitgedund worden, gewied. Want met alle mooie nieuwe ideeën waren ook wat vervelende bijwerkingen te constateren.

Hand in eigen boezem dus. De strikte visies rond bijvoorbeeld voeding, maar ook astrologie, die tot dan toe met aan fanatisme grenzend (een enkeling ruimschoots over die grens heen denderend) waren gevolgd, gingen op de helling. Dat was zichtbaar in 'de etalage van alternatief': de natuurvoedingswinkels. Ook daar waaide een frisse wind. De haren werden geknipt, de winkels schoongeveegd en in een enkel geval zelfs de ruiten gelapt.

De wortels van 'alternatief' waren nu stevig genoeg om in elk geval de oogst ervan te delen met iedereen die wat minder drastisch koos. De strakke regeltjes die zo kenmerkend zijn voor nieuwe stromingen, waarbij nog veel behoefte aan maatstaven en houvast is, konden voorzichtig aan wat worden genuanceerd. Wat meer afgaan op je eigen intuïtie waar het om eten ging. De bijna verplichte woonvorm: samen met anderen, in een woongroep, bleef uiteraard heel populair, maar er was nu ook wat meer aandacht voor de problemen die dat oplevert. Natuurlijk ontstonden in die tijd ook juist de nieuwe problemen die te maken hadden met groepen die al langer bij elkaar woonden. Nou ja, problemen... Heel simpel gegeven was al dat in veel woongroepen langzaamaan kinderen geboren werden. Dat vereiste vaak al wat water bij de ideologische wijn uit puur praktische overwegingen. Een rokende allesbrander op de woondeel is prima te doen met volwassenen die lekker wegkruipen in hun dikke zelfgeverfde truien, maar voor een rondkruipend peutertje is een gevelkacheltje op gas toch wel zo handig op den duur.

Aan hand in eigen boezem ontkwam natuurlijk ook Onkruid zelf niet. VNU, de uitgever van het blad, had liefdevol verklaard dat het experiment Onkruid maar moest worden gestopt. Hoofdredacteur Paul Breekveldt had een beter plan, nam het hele blad mee van VNU weg en werd zelf de nieuwe uitgever, 'Stichting Onkruid' de bedrijfsnaam. Nu moest Onkruid bewijzen dat het op eigen benen kon staan en ook nog eens de ideeën over kleinschaligheid waar kon maken. Grappig is dat zelfs terugbladerend in oude Onkruidnummers niet te zien is wanneer die overstap nu precies gemaakt is. Alles ging gewoon door, maar nu zelfstandig.

In diezelfde tijd speelde nog een drama voor Onkruid. Vaste medewerkster Mellie Uyldert, die werkelijk alles wist van kruiden, edelstenen, planeten en alles wat nog meer invloed kan hebben op de menselijke geest, werd ontmaskerd als een vrouw met buitengewoon racistische ideeën. Een actiegroep uit de sfeer van milieucentrum De Kleine Aarde attendeerde de redactie erop en een indringend gesprek tussen hoofdredacteur en Mellie volgde. Haar visie op mensen bleek uiteindelijk totaal onverenigbaar met alles waar Onkruid voor stond. In alle openheid kondigde Onkruid aan dat en vooral waarom Mellie in het vervolg niet meer terug te vinden was in de Onkruidkolommen. Er volgden tientallen opzeggingen.

Dit voorval stond niet op zichzelf. Dit was de periode waarin 'alternatief' zich had ontwikkeld tot een beweging die steeds meer invloed kreeg op de rest van de samenleving. En een bedreiging van een bestaande cultuur dient natuurlijk altijd te worden getest. De aantijgingen over 'bruin gedachtegoed' waren legio, maar konden vaak gemakkelijk weerlegd worden. Waar werkelijk sprake was van ontoelaatbare ideeën, rassenhaat bijvoorbeeld, werd alert ingegrepen.

Onkruid nr. 39, juli/augustus 1984

Onkruid en Mellie Uyldert gaan uit elkaar

PAUL BREEKVELDT

In deze Onkruid zul je tevergeefs zoeken naar de rubriek van Mellie Uyldert. En ook in de volgende nummers zullen geen bijdragen meer van haar verschijnen. Dat komt omdat de redaktie van Onkruid, na diepgaand overleg, het contact met mevrouw Uyldert heeft verbroken. Waarom? Vanwege aspecten in haar ideeënwereld, die vreemdelingenhaat en racisme zouden kunnen aanwakkeren.

1. Mellie Uyldert vindt dat 'gastarbeiders' voor hun eigen bestwil het land uit moeten. Nederland moet dat vertrek voor hen aanlokkelijk maken, maar uiteindelijk mogen zij, in haar zienswijze, niet zelf kiezen: zij móeten gaan.
2. Mellie Uyldert vindt dat blanke en gekleurde kinderen niet op één school zouden moeten gaan en dat 'de rassen' afzonderlijk van elkaar zouden moeten leven. Ze is dan ook tegen gemengde huwelijken.

Het eerste standpunt leidt, in zijn meest verstrekkende gevolg, tot deportatie van mensen of groepen mensen. Het tweede tot rassenwetten zoals Zuid-Afrika die kent en zoals de Verenigde Staten die in het zuiden tot in de jaren '60 had.

Voor de redaktie van Onkruid zijn deze standpunten onaanvaardbaar. Vastgesteld is dat Onkruid op geen enkele wijze aan de verbreiding van deze zienswijzen kan meewerken. De consequentie hiervan is een breuk met Mellie Uyldert.

Hoe zijn die standpunten van mevrouw Uyldert nu naar voren gekomen? Stonden ze in het artikel dat ze voor dit nummer had geschreven? Nee, de waarschuwing kwam van buitenaf. In de vorm van artikelen die op onverzoenlijke toon, met voorbijzien aan het waardevolle dat er ook is in de gedachtewereld van Mellie Uyldert, wezen op de ongewenste kanten in haar denken. Zowel 't Kan Anders (radikaal-pacifistisch tijdschrift) als het Nieuwsblad van het Noorden (dagblad in Groningen, Friesland en Drente) wezen niet alleen op racistische tendensen bij Mellie Uyldert, maar stelden en passant elke geestelijke bewustwording in een kwaad daglicht ('t Kan Anders) of zagen zelfs in het verzet tegen kernenergie al fascistische aangrijpingspunten (Nieuwsblad van het Noorden). Maar deze ongenuanceerde artikelen bevatten toch wel zoveel alarmerends, dat de redaktie van Onkruid besloot met Mellie Uyldert te gaan praten over haar zienswijzen op maatschappelijk gebied. Tijdens dit gesprek, dat twee redaktieleden met mevrouw Uyldert voerden, kwamen de standpunten die in het begin van dit artikel zijn weergegeven, op tafel. De redaktie van Onkruid heeft zich vervolgens beraden over welke consequenties er getrokken moesten worden.

Aan de ene kant waren er aspecten van wijsheid en verrassende zienswijzen in het werk van Mellie Uyldert. Het besef bij de redaktie, vooral bij degenen die in persoonlijk kontakt stonden met deze medewerkster, dat achter de gewraakte zienswijzen geen kwaadaardigheid schuilt, maar meer een gebrek aan besef van de maatschappelijke werkelijkheid van nu. De wetenschap dat niemand óf helemaal slecht óf helemaal goed is, de waardering voor de positieve kanten ...

Aan de andere kant de zienswijzen waarop de wereld en zeker de groene, milieuvriendelijke, alternatieve wereld kan en mag worden gebouwd. Er was maar één keuzemogelijkheid. Die voor de mens, voor de gelijkwaardigheid en de gelijkberechtiging, tégen onderdrukking en onderscheid op grond van landsaard of huidskleur.

Juist een blad als Onkruid, dat zich niet aan een standpunt of ideologie bindt, maar een wegwijzerfunctie heeft en mensen verder wil helpen bij het bepalen van hun eigen weg, kan niet op een of andere

> *Veel grote bedrijven zullen failliet gaan en verdwijnen doordat het publiek er geen belangstelling meer voor toont. Telepathisch kontakt gaat allengs het telefoonverkeer en de post vervangen. Allengs gaat de politie meer helderzienden inschakelen. Dat zijn mijn verwachtingen voor de jaren tachtig.*
>
> Mellie Uyldert *(Column, 12)*

> *Ik wil een brug slaan tussen de alternatieve genezers onderling en van hen naar de reguliere geneeskunde, zodat we uiteindelijk met z'n allen met de patient bezig zijn. Dat is pas holistisch.*
>
> AD VAN HEERTUM, VOORZITTER NEDERLANDSE ORGANISATIE VOOR VERENIGINGEN VAN ALTERNATIEVE GENEZERS (*Bram Gieter, 37*)

manier denkbeelden laten horen, die in hun maatschappelijke consequentie onvrijheid en onderdrukking tot gevolg kunnen hebben.

Nu blijft natuurlijk de vraag over, hoe het komt dat Onkruid nu breekt met Mellie Uyldert, terwijl zij al jaren in het blad schrijft. Dat heeft iets te maken met de ontwikkeling in onze maatschappij. En met het groeiend inzicht in wat met een vaag maar toch duidelijk woord de 'alternatieve wereld' kan worden genoemd. En met de ontwikkeling van mensen binnen de redaktie.

Racisme is altijd aanwezig geweest, maar heeft pas de laatste tijd in Nederland zulke grimmige, openlijke vormen aangenomen als we nu om ons heen zien. De mogelijke neveneffecten van wat, als je je erin wilde verdiepen, ook toen al tot de denkwereld van Mellie Uyldert behoorde, waren of leken ver weg van de maatschappij. In Nederland leek geen voedingsbodem voor racisme aanwezig. Het is nu niet mogelijk te constateren dat Onkruid toen de gevaren heeft onderschat. De redaktie is er ook niet trots op dat de signalen die hebben geleid tot het besluit van nu, van buitenaf moesten komen. Maar beter dan daarover te blijven blozen is het nu de knoop door te hakken.

Want wie niet beseft dat rassenscheiding, gettovorming en verplichte terugkeer naar thuislanden onverenigbaar zijn met de vrije ontplooiing van de mens, diens stem mag in Onkruid niet gehoord worden.

> *Wij leven in een tijd van duisternis, waarin wij op het punt staan wakker te worden.*
>
> JEAN HOUSTON, PSYCHOLOGE (*Alexandra Gabrielli, 17*)

ONKRUID

Onkruid nr. 48, januari/februari 1986

Ligt alles al vast in de sterren? Wat astrologie wel en vooral niet is...

Karen Hamaker-Zondag

De donkere man die de komende week een grote verandering in je leven zal brengen, komt niet voor rekening van de astrologie, maar van de schrijver van de horoskoop in je weekblad. Is een horoskoop 'dus' onzin? Nee, integendeel! Karen Hamaker zet in dit artikel uiteen wat een horoskoop zegt over je eigen mogelijkheden en drijfveren, hoe astrologie kan helpen bij het oplossen van moeilijkheden en vooral dat de sterren je eigen verantwoordelijkheid niet wegnemen.

Karen Hamaker-Zondag is bekend als auteur van een zevental boeken over astrologie, als spreekster op congressen en vergaderingen en als voorzitter van de Stichting Achernar, school voor astrologie, parapsychologie en aanverwante esoterische wetenschappen.

Je hoeft maar een krant of tijdschrift op te slaan of je wordt gekonfronteerd met de rubriek 'Uw horoskoop'. Helaas denken veel mensen dat die onzin door astrologen wordt gemaakt en erger nog, dat dit dan astrologie is. Veel serieuze astrologen zijn deze rubrieken een doorn in het oog. Nee, astrologie is iets heel anders. In de astrologie bestuderen we verschijnselen aan de hemel én gebeurtenissen op aarde, met de bedoeling te zoeken naar samenhangen en verbanden tussen die twee. Met andere woorden: de astrologie tracht wetmatigheden, cycli en overeenkomsten te ontdekken tussen dat wat er aan de hemel gebeurt en wat er zich gelijktijdig op aarde afspeelt. Daarin maakt de astrologie gebruik van een groot aantal astronomische faktoren. Zo gebruiken we bijvoorbeeld de Zon, de Maan, de planeten van ons zonnestelsel, de dierenriem en de vaste sterren. Sommige mensen spreken lyrisch over de eeuwenoude wijsheid van DE astrologie, waarmee ze de indruk wekken dat de astrologie niet alleen erg oud is, maar ook nimmer is veranderd.

Inderdaad is de astrologie al erg oud, maar zoals we de astrologie nu gebruiken, lijkt ze in de verste verte niet meer op wat ze vijfentwintig eeuwen geleden was. De astrologie ontwikkelt zich nog steeds; we ontdekken nog steeds nieuwe verbanden en samenhangen en het komt ook wel voor dat recent onderzoek uitwijst dat bepaalde al of niet oude astrologische stellingen of overtuigingen gewoon niet of niet meer kloppen. Dat is geen schande. Vernieuwt de wetenschap zich ook niet steeds? De natuurkunde van drie eeuwen terug is immers ook volslagen anders dan de quantummechanika van vandaag. Astrologie is een dynamisch kennisgebied, dat volop in beweging is. Ook in deze eeuw heeft de astrologie een belangrijke ontwikkeling doorgemaakt.

Er is echter één ding onveranderd gebleven en dat is de wijsgerige gedachte achter de astrologie, een gedachte die misschien het beste wordt weergegeven door de uitspraak 'zo boven – zo beneden'.

Met andere woorden: wat er aan de hemel gebeurt, vertoont een opmerkelijke parallel met gebeurtenissen op aarde. Al kunnen we dat astrologische ervaringsfeit nog lang niet verklaren.

In 1600 voor Christus beschreven astrologen de planeet Venus al – en het klopt!

Onze geschiedenisboeken zwijgen in alle talen over belangrijke vondsten die de astrologie betreffen. Wie weet bijvoorbeeld van de grote astrologische bibliotheek van koning Assurbanipal, die leefde van 669-626 voor Christus? In 1847 werden bij ruïnes in de buurt van Ninevé zo'n 25.000 kleitabletten in spijkerschrift gevonden. Niet minder dan 4000 daarvan vormden de Enuma Anu Eniil, een enorme verzameling astrologische teksten en verslagen van onderzoekingen uit het oude Babylonië. Bij astrologen is ook het zogenaamde 'Tablet van Venus van Amisaduqua' bekend, dat moet stammen van rond 1600 voor Christus. Op dat tablet worden al kenmerken van de planeet Venus beschreven die tot op de dag van vandaag hun geldigheid hebben behouden! Er zijn nog zoveel meer van deze belangrijke vondsten te melden,

> *Meditatie is een toestand van hogere vreugde dan slaap, maar de slaap staat boven de andere vreugden.*
>
> SWAMI RAMA, GEESTELIJK LEIDER VAN HET HIMALAYA-INSTITUUT VOOR YOGAWETENSCHAP EN FILOSOFIE IN HONESDALE, PENNSYLVANIA *(Herman Labruyère, 13)*

maar zoals ik al konstateerde: onze geschiedenisboeken maken er geen melding van.

Ook astronomen, wetenschappers die alleen de verschijnselen aan de hemel bestuderen en die geen enkel verband willen leggen met gebeurtenissen op aarde, doen ons geloven dat astronomiebeoefenaren door alle eeuwen heen de astrologie verworpen hebben. Dat kan overtuigend weerlegd worden. Veel kopstukken in de astronomie waren ook astroloog. Tot in de zeventiende eeuw gingen astronomie en astrologie veelal hand in hand, pas daarna scheidden zich de wegen.

Verreweg de meeste vertegenwoordigers van de westerse wetenschap hebben zich negatief opgesteld tegenover de astrologie. Vooroordelen hebben hierin een belangrijke rol gespeeld, maar ook emotionele faktoren. De angst dat je lot vooraf bepaald zou zijn (een misverstand overigens) heeft menig wetenschapper doen grijpen naar onwetenschappelijke argumenten (als het daar al van kwam) of naar een botte afwijzing zonder meer van de astrologie. En dat terwijl de astrologie in feite een kennisgebied is dat, net als de gewone wetenschap, gegroeid is uit vele, vele eeuwen van onderzoek.

In dit geval dan dus het onderzoek naar de samenhang tussen hemelverschijnselen en gebeurtenissen op aarde. De astrologie gebruikt die onderzoeksresultaten als grondslag voor de interpretatie van horoskopen. Nog steeds wordt er onderzoek gedaan, en in dat opzicht verschilt de astrologie niet van de gewone wetenschapsbeoefening. In andere opzichten echter wel. Zo is de gedachte achter de astrologie van een andere aard dan die van een materialistisch georiënteerde wetenschap. Maar de astrologische gedachte komt in de nieuwste stromingen van de wetenschap opeens weer duidelijker naar voren, zij het niet met name genoemd. Ik hoef maar te wijzen op de pogingen om kosmos en natuurkunde te verbinden (Capra: Tao van de Fysika; Zukav: Dansende Woe-Li Meesters; Wilber: Het Holografisch Paradigma enzovoort; zie Onkruid 41). De kans is daarom ook groot dat de astrologie in de komende decennia aan betekenis gaat winnen.

Het manco in dit wereldje is dat alles eigenlijk te sober wordt opgezet. 't Mag vooral niks kosten en niet behaaglijk lijken.

Bert Meijer, eigenaar alternatief eethuisje Het Spijshuis,
(Renate Dorrestein, 15)

De horoskoop

Daarnet noemde ik al het woord 'horoskoop' in verband met bekende dag- en weekbladrubrieken. Wat we daar zien is géén horoskoop in de ware astrologische betekenis. Maar wat is dan wel een horoskoop? Een horoskoop is niets anders dan een tekening en in die tekening wordt een getrouwe afspiegeling van de hemel gegeven voor het moment waarvoor we die horoskoop willen berekenen. In veel gevallen is dat het moment van geboorte, maar we kunnen ook van andere momenten horoskopen maken. Ook de plaats op aarde waar de geboorte plaatsvond (of een andere gebeurtenis waarvoor we een horoskoop willen maken) speelt in die weergave een rol. Kortom: in een horoskoop zien we in tekening gebracht wat er aan de hemel stond en hóe een en ander aan de hemel stond op het moment waarvoor we die horoskoop maken. In die tekening staan de planeten van ons zonnestelsel, namelijk Mercurius, Venus, Mars, Jupiter, Saturnus, Uranus, Neptunus en Pluto. Ook de Zon en de Maan zetten we in die tekening. De Aarde zelf staat er niet in als planeet. Dat komt omdat we een horoskoop niet vanuit de Zon opstellen, maar vanuit de Aarde gezien. De planeten staan er dus niet heliocentrisch in, maar geocentrisch. Dat is vaak een punt van kritiek van astronomen geweest, maar astrologen stellen dat het leven zich hier op aarde voltrekt en we in een horoskoop dan ook deze planeet als uitgangspunt moeten nemen. Al die planeten en de Zon en de Maan staan dus in de horoskoop. Maar voor iedereen zijn ze weer anders gegroepeerd. Alles aan de hemel is in beweging, geen moment is hetzelfde. Zon, Maan en planeten komen dan ook onder steeds weer andere hoeken ten opzichte van elkaar te staan. Die hoeken noemen we aspekten en er zijn een aantal van die aspekten door de eeuwen heen van belang gebleken. Elke hoek heeft weer zijn eigen betekenis en geeft aan dat de planeten die in zo'n hoek ten opzichte van elkaar staan ook op een specifieke manier op elkaar inwerken.

Heel veel mensen kennen hun Ascendant, ze hebben hem zelf uitgerekend aan de hand van vereenvoudigde tabellen die regelmatig op-

In het concentratiekamp had ik al mijn energie om in leven te blijven. De strijd om te overleven maakte mij vrij.

Josia Rijks c.q. Saswitha (80) (Surya green, 18)

> *Wat in jezelf is, zie je bevestigd buiten jezelf en als het in jezelf niet bestaat, herken je het nergens buiten je.*
> PIETER DIRK TORENSMA, HOLISTISCH KUNSTENAAR *(Alexandra Gabrielli, 19)*

duiken, of laten uitrekenen. Die Ascendant is ook een onderdeel van de horoskooptekening. Maar wat is nu een Ascendant? We weten dat elke morgen de Zon in het oosten opkomt. Net zoals de Zon daar opkomt, rijzen daar ook de tekens van de dierenriem, de hele dag door.

Om precies te zijn: alle twaalf tekens van de dierenriem zijn één keer rond geweest in 23 uur, 56 minuten en 4,2 sekonden. Dat betekent dat wanneer je 's ochtends om elf uur geboren bent, er een ander teken aan die oostelijke horizon staat dan wanneer je diezelfde dag om drie uur in de middag bent geboren. En dat teken, dat noemen we nu de Ascendant. Als je rond zonsopkomst geboren bent, dan is het teken dat je 'bent' hetzelfde als het teken van je Ascendant, een heel enkel grensgeval uitgezonderd. Maar in verreweg de meeste gevallen hebben we een ander teken op de Ascendant dan het teken dat we zijn. De Ascendant is een belangrijk onderdeel in de duiding van de horoskoop.

We hebben tot nu toe dus al die planeten en de Zon en de Maan, de Ascendant en de aspekten in de horoskoop. Maar er zijn nog meer onderdelen. Een astroloog verdeelt de hemel ook nog in stukjes, twaalf stukken om precies te zijn. Die stukjes noemt hij de 'huizen' van de horoskoop. Ook die huizen hebben elk weer een betekenis. Wat een astroloog nu doet, is die tekening maken met planeten. Zon en Maan, Ascendant en de huizen en de aspekten er in. Hij kent al hun afzonderlijke betekenissen en hij kent de regels die gelden voor het kombineren van die betekenissen. Op grond van die onderdelen en die regels bouwt hij zijn analyse, zijn duiding op.

Mogelijkheden en grenzen van de geboortehoroskoop

Een geboortehoroskoop kan een goed inzicht geven in het karakter van de betreffende persoon, in zijn wensen en verlangens en in zijn behoeftepatronen, ongeacht de vraag of hij zich daarvan nu wel of niet bewust is. Een goed astroloog kan op grond van die horoskoop een uitgebreid verhaal houden en kan je verbaasd doen staan van de veel-

> *Wie voor die 1 miljard gulden opruimingskosten opdraait, voor 300 stortplaatsen die akuut gevaar opleveren? Dat is nog niet rond...*
>
> MINISTER GINJAAR, BEDENKER WET CHEMISCHE AFVALSTOFFEN IN 1979
> *(Renate Dorrestein, 20)*

heid aan informatie die hij of zij uit zo'n horoskoop weet te halen. Maar ligt dan alles vast? Nee, zelf ervaar ik een duidelijke speelruimte in de horoskoop.

Ruimte genoeg om vaak voor keuzeproblemen te staan. In de eerste plaats geeft een horoskoop al niet aan of het om de geboorte van een mens gaat, of dat het een celdeling in een laboratorium, het te water laten van een schip, het kopen van een huis of welk ander ding ook gaat. We kunnen aan een door celdeling ontstane nieuwe cel geen muzikale eigenschappen toekennen, maar wel aan een kind dat op exakt hetzelfde moment van de celdeling ter wereld is gekomen in dezelfde plaats.

We moeten eerst weten of de horoskoop van een mens is of van wat anders, voordat we kunnen gaan duiden. Het duiden van gebeurtenishoroskopen (als het kopen van een auto) kent geheel andere regels dan het duiden van geboortehoroskopen.

We hebben, ondanks een grote verscheidenheid aan duidingsgegevens, toch maar een beperkt arsenaal tot onze beschikking om uitspraken mee te doen. Op basis van twaalf tekens, twaalf huizen. Zon, Maan en planeten en de aspekten kunnen niet die grote verscheidenheid aan uiterlijkheden dekken die het leven biedt. Maar wat een horoskoop wel kan is grondpatronen aangeven, reaktiepatronen die een oneindig skala aan uitwerkingsmogelijkheden hebben. Zo'n grondpatroon is heel goed te duiden.

Welke mogelijkheid we kiezen, is niet of nauwelijks aan te geven. Ik zal daar zo een voorbeeld van geven.

Mijn persoonlijke ervaring is dat je een geboortehoroskoop beter kunt beschouwen als het potentieel dat je hebt, zowel je mogelijkheden als je moeilijkheden, en dat een fatalistische visie in de trant van 'ik ben nu eenmaal ...' onjuist is. Misschien denken sommige astrologiebeoefenaren daar anders over, maar naar mijn ervaring is wel steeds duide-

> *Start zelf een cursus 'Gezondheidsbesef', dan leer je van en aan elkaar welke middeltjes je gebruikt voor welke kwaaltjes. Neem vooral de hele inhoud van je medicijnkastje mee.*
> PAUL VAN DIJK, HUISARTS *(Column, 25)*

lijk aan te geven wat je grondpatronen en drijfveren zijn, maar niet wat jij ermee gaat doen. Ze liggen er als een soort werkpakket.

Nu een voorbeeld. In de astrologie symboliseert de planeet Mars onze dadendrang, de manier waarop we onze energie besteden, de manier ook waarop we voor onszelf opkomen. Mars geeft ook aan wat we doen om ons van anderen te onderscheiden, zowel in positieve zin als in negatieve zin en verder is het dat stukje van onze totale psyche dat IK zegt en assertief, vaak zelfs agressief is. Ook heeft Mars te maken met een bepaalde ambitie en geldingsdrang, niet om boven aan de maatschappelijke ladder te komen, maar meer vanuit de behoefte met alles en iedereen een soort wedstrijd aan te gaan, inklusief met zichzelf. Mars heeft als voordeel een grote hoeveelheid energie waarmee hij bergen kan verzetten, maar als nadeel neigt hij ernaar 'eerst te doen, en dan pas te denken'. Hij loopt dus het gevaar te hard van stapel te lopen en de dingen die hij onderneemt niet af te maken. Het is een planeet die bruist van leven en energie.

Er is nog veel meer van die planeet te vertellen, maar dit is voor ons voorbeeld genoeg. Een van de regels in de astrologie is dat het teken waarin zo'n planeet bij de geboorte staat, bepalend is voor de manier waarop we die planeet gebruiken. Iedereen heeft in meer of mindere mate energie te besteden en de behoefte zijn mannetje te staan. Maar ieder mens drukt dat weer op een andere manier uit. De achtergrond van de tekens is één faktor om de verschillende vormen die mensen aan deze inhoud geven te bepalen. Elk teken van de dierenriem heeft óók een betekenis. Zo staat het teken Ram bekend als een impulsief, van leven bruisend teken. Een Ram is graag haantje de voorste, stuift graag overal op af en reageert graag op allerlei zaken die op hem afkomen, om maar enkele van zijn vele kenmerken te noemen. Een Maagd daarentegen staat bekend als bedachtzaam, sekundair reagerend, wikkend en wegend, uitgebreid analyserend en allerminst impulsief. Wanneer Mars als planeet gekleurd wordt door Ram als tekenachtergrond, dan verleent dat Ram-gegeven aan die toch al impulsieve Mars nog meer impulsiviteit en stormachtigheid. Met Maagd als achtergrond echter zal Mars zich wat meer intomen en, ook al kan Mars zelf dat niet waarderen, toch wat bedachtzamer reageren, waardoor hij bijvoorbeeld minder gauw het risiko loopt zijn hoofd te stoten.

In welk teken Mars ook staat, hij blijft steeds aangeven op welke manier we onze energie besteden en hoe we voor onszelf opkomen. Dan zijn ook nog huizenpositie en aspektering van belang, maar omwille van de eenvoud laat ik die hier achterwege. Je ziet: er kunnen grote verschillen ontstaan rond een planeet.

Stel je nu voor dat je Mars in het teken Ram hebt staan. Vooral de oudere, veelal zwart-witte en in mijn ogen vaak veel te veel ongenuanceerde trefwoordenboeken, zeggen van deze stand nog wel eens dat het de persoon in kwestie agressief, destruktief en afbrekend maakt. Ook lees je dan dingen als: vatbaar voor ongelukken, ondoordacht, egoïstisch en meer van dit soort zaken. Voor je het weet heb je een psychische deuk te pakken en dat is toch zeker niet de bedoeling van de serieuze astrologie. Wat kunnen we dan wel doen? De achtergrond geven. Een astroloog kan laten zien wat de kombinatie Ram/Mars betekent en dat dit inhoudt dat de persoon in kwestie gewoon veel energie heeft, vaak zelfs een overmaat aan energie, en dat hij ook veel invallen en nieuwe ideeën heeft en graag overal op af zal stormen om het nieuwe te beleven en mee te maken. Daarnaast kan de astroloog ook zeggen dat een zo op mogelijkheden gerichte planeet in zo'n ondernemend teken ook een grote behoefte aan vrijheid kan geven. Deze dingen kan hij heel stellig zeggen, omdat die echt duidelijk naar voren zullen komen. Wat de astroloog echter onmogelijk uit een horoskoop kan halen, is wat je met die energie zelf doet. Het is heel goed mogelijk dat je met zo'n planeetstand vooral de bravourkant zoekt en dat je inderdaad roekeloos of egoïstisch bent. Een ander zal misschien heel agressief zijn en zich uitleven in straatgevechten, maar weer iemand anders kan deze planeetstand weer prima leren ontladen in een aktieve (vecht)sport. Nummer vier richt met die stand een trimklub op, nummer vijf zal met die stand juist heel veel energie willen stoppen in het bevechten van vrijheid voor iedereen, bijvoorbeeld door zich echt in te zetten voor een evenwichtige man/vrouw-maatschappij. En er zijn nog zo ontzettend veel andere uitwerkingsmogelijkheden, meer dan we ter plekke kunnen verzinnen. Het is ook heel goed mogelijk dat je in het ene deel van je leven meer de ene uitwerkingsmogelijkheid gebruikt, en in een ander deel van je leven een andere kant van deze kombinatie tot uitdrukking brengt. Je kunt te allen tijde de vorm waarin je de kombinatie uitdrukt veranderen. Ik heb al eerder gezegd dat een horoskoop beslist speelruimte bevat. Als we alleen al een keuze hebben uit bovenstaande mogelijkheden, en er nog veel meer keuzemogelijkheden voor diezelfde stand zijn, dan kun je toch niet zeggen dat een horoskoop je blind vastlegt op een bepaalde manier van handelen. Integendeel, er is duidelijk ruimte om zelf dingen in te vullen. Dat betekent ook dat de sterren ons onze verantwoordelijkheid voor ons leven en onze daden beslist niet uit handen nemen. We blijven (vaak pijnlijk) verantwoordelijk voor alles wat we doen, want we hadden met diezelfde planeetstanden ook andere dingen kunnen doen.

Wat echter wel blijft, is dat we Mars in Ram hebben (om maar bij ons voorbeeld te blijven) en dus over die impulsieve energie beschikken. Dat is niet te veranderen. Daar ligt dus wel een stukje karakter vast. Misschien is het beter om hier niet van karakter te spreken, maar van een behoefte. Want al die planeetstanden weerspiegelen behoeftepatronen. Mars in Ram heeft de behoefte om zijn energie regelmatig onstuimig aan te wenden, om vol enthousiasme in iets te duiken. Ontneem je nu iemand met Mars in Ram al die uitingsmogelijkheden, dan zul je merken dat zo iemand ziek wordt, of psychosomatische klachten gaat vertonen, of depressief wordt. Alles wat we in onze horoskoop hebben, wil zich uiten, op welke manier ook. Kunnen we met onze energie niet uit de voeten, dan slaat die naar binnen. Je geboortehoroskoop geeft dus je onderliggende behoeftepatronen, maar nogmaals: niet wat je ermee doet of hebt gedaan. Dat staat er eenvoudig niet in.

Wel kun je zien waar je mogelijkheden liggen en waar er gevaren schuilen, welke moeilijkheden zich kunnen voordoen en waar kansen liggen. Je kunt je horoskoop dan gebruiken als een gids die je helpt de weg te wijzen die bij je hoort, waardoor je horoskoop een hulpmiddel wordt om jezelf te verwerkelijken.

> *Als je je hart opent, dan kun je niet echt gekwetst worden.*
>
> Gail Raborn, energietherapeute *(Bram Gieter, 34)*

Over voorspellen

Veel astrologen struikelen al meteen over het woord 'voorspellen'. Het wekt de indruk of alles al vastligt, en dat is maar zeer de vraag. We kennen in de astrologie inmiddels een indrukwekkende reeks technieken met behulp waarvan we tot prognoses proberen te komen, maar die prognoses beperken zich tot globale ontwikkelingen en tendensen, en betreffen echt geen precieze gebeurtenissen. Dus niet iets in de trant van 'over drie weken gaat je opa dood' of zo. Er is tot op heden nog geen enkele afzonderlijke techniek waar werkelijk al het voorspelbare in ligt en misschien wordt die wel nimmer gevonden. Al die technieken waar we het nu over hebben, zijn technieken die de geboortehoroskoop als uitgangspunt hebben en die bepaalde periodieke verschuivingen binnen de horoskoop betreffen. Aan de hand van de geboortehoroskoop voorspellingen doen is dus nog steeds hachelijk. Maar inzicht in die algemene tendensen die er wel uit te halen zijn, kan je toch enorm helpen. Je leert je eigen perioden van toe- en afname zien en je kunt daar zonder fatalisme fijn op inspelen. Er is echter nog een andere vorm van voorspellen in de astrologie, een heel oude vorm, waarbij we geen gebruik maken van een persoonlijke horoskoop, maar een horoskoop maken voor een bepaald moment, zoals het moment waarop een vraag wordt gesteld of iets bepaalds gebeurt. Die vorm is heel anders dan de karakterastrologie en luistert naar heel eigen regels: de uurhoekastrologie. Zo genuanceerd en voorzichtig als we moeten zijn met de geboortehoroskoop, zo zwart-wit is de ouderwetse, maar zeer werkzame uurhoekastrologie. Het is echter een vorm die zich beperkt tot kleine vragen en die geldigheidstermijn van een uurhoek is evenzeer beperkt. Maar toch: stel je zit met de dringende vraag of je nu wel of niet wordt aangenomen bij een bepaalde baan. In zo'n geval kun je die vraag stellen aan een astroloog en als die bedreven is in de uurhoekastrologie, dan kan hij voor het moment dat hem de vraag is gesteld een horoskoop maken. Die horoskoop kent weinig

> *Een monnik die veertig jaar lang alleen maar zit te mediteren, heeft misschien duizend keer meer ervaren van wat er zich op deze wereld afspeelt dan ik, die de halve wereld afreist.*
>
> MR. HANS NEININGER, DIRECTEUR *(Hans Wierenga, 26)*

> *Wij van de Bear Tribe willen mensen leren de wet in hun eigen hart te dragen, zodat er geen politie op elke straathoek nodig is.*
> SUN BEAR, MEDICIJNMAN VAN DE CHIPPEWA INDIANEN (*Eigen tekst, 35*)

speling en weinig nuances door de geheel andere regels die er voor de duiding gelden, en hij kan in die horoskoop gewoon zien of het ja of nee wordt. Ik heb aanvankelijk moeite gehad met het idee dat uurhoeken zo stellig ja of nee konden zeggen, omdat dat de indruk wekt alsof hier weer wel alles vastligt. Want uurhoeken zeggen niet alleen ja of nee, het antwoord blijkt praktisch altijd te kloppen (mits we de techniek goed hanteren, natuurlijk). Toegegeven, er zijn enkele lakunes ook bij deze vorm van astrologie, maar het is een vorm die ons in staat stelt heel wat duidelijke uitspraken te doen.

Jarenlang heb ik deze vorm bestudeerd om te kijken of alles dan wel zo vast ligt bij uurhoeken. Daarbij zijn nieuwe ervaringen en inzichten naar boven gekomen die eigenlijk een beetje boven het probleem zijn uitgestegen. Dat uurhoeken niet liegen, dat staat voor mij vast. Maar wat ik ook merkte, was dat mensen vragen stellen op wat ik dan maar het juiste moment noem, ook al is het antwoord nog zo negatief. En dat juiste moment hangt weer sterk samen met de geboortehoroskoop.

Een voorbeeld. Iemand had in zijn geboortehoroskoop een tijdelijke samenstand van planeten, die als mogelijke uitwerking onder meer het volgende hadden: het gevoel in je werk met je rug tegen de muur te staan, ten aanzien van werk in de keuzeproblemen komen, niet goed raad weten met je maatschappelijke positie maar ook niet direkt weten hoe een en ander te veranderen. Overigens, deze tijdelijke aspekten met moeilijkheden geven, zodra de aspekten aflopend zijn, al veel meer zicht op de situatie, zodat je altijd kunt zeggen dat het tijdelijk lastig is, maar je wel toegroeit naar een oplossing. Wat gebeurde er?

De man kreeg een baan met meer mogelijkheden aangeboden, waarin hij zich meer thuis zou voelen, maar met een aantal vervelende sekundaire zaken, zoals minder bij zijn gezin kunnen zijn, veel inspannender met veel meer reizen terwijl hij niet meer tot de jongsten behoort, en nog wat lastige dingen. De baan die hij had was financieel komfortabel en vlak bij huis, alleen had hij het gevoel zich er niet in kwijt te kunnen, sterker, hij voelde zich erin geblokkeerd en beloften van de direktie waren na jaren nog niet nagekomen. Juist toen die moeilijke aspekten bij hem begonnen te spelen, kreeg hij die nieuwe baan aangeboden, maar hij kwam daardoor geweldig in de keuzeproblemen. Op grond van de verschuivingen in zijn horoskoop had ik nooit konkreet kunnen zeggen 'je krijgt een nieuwe baan aangeboden', maar wel de algemene tendens die ik hierboven al gaf. Hij en zijn vrouw wikten en wogen en kwamen er niet uit, dus lieten ze een uurhoek maken met de vraag welke baan beter zou zijn. De uurhoek gaf als antwoord: er is voor allebei wat te zeggen en bij allebei liggen problemen, maar je hart ligt bij de nieuwe baan, al is de oude makkelijker. De uurhoek gaf hier dus geen harde aanwijzing in de zin van deze wel en die niet. De uurhoek bood daarmee geen ja of nee en de man bleef met het keuzeprobleem zitten. Hij had de vraag gesteld toen zijn eigen ritme in zijn eigen geboortehoroskoop aangaf dat het nog een periode van twijfel was. De uurhoek kon hem dan ook niet uit zijn twijfel helpen; het was nog niet zo ver voor de man. Later wel, nu niet. En dat ritme, dat kun je met de voorspellende astrologie wel aflezen. Maar nu een stap verder: een uurhoek maken we voor het moment van een vraag. Het maakt echt heel veel uit of je die vraag nu op dit moment stelt, of pas over een kwartier. Waarom stelde de man de vraag op zo'n moment dat precies dat moment ook geen echt antwoord gaf? Talloze malen heb ik gemerkt dat er verbluffende parallellen zijn tussen je ritmen in de geboortehoroskoop en de dingen die je gebeuren, de vragen die je stelt, en dergelijke.

Zoals we net zagen, geeft de horoskoop van het moment waarop je een vraag stelt, veelal een antwoord dat in overeenstemming is met jouw tijdelijke ritme, zoals we dat kunnen aflezen uit tijdelijke verschuivingen in de horoskoop. Ook horoskopen van gebeurtenissen die je overkomen, passen opmerkelijk goed in dat tijdelijke beeld. Sterker nog, vaak blijken gebeurtenissen op momenten plaats te vinden waarop nét voor dat ogenblik een belangrijk punt in je horoskoop geaktiveerd blijkt te zijn. En dat punt is vrijwel altijd heel toepasselijk voor de situatie. Om een voorbeeld te noemen: je krijgt een afwijzend

> *De mensen blijven rennen uit gebrek aan energie.*
>
> ALEXANDER LOWEN, GEESTELIJK VADER VAN BIO-ENERGETICA
> *(Alexandra Gabrielli, 38)*

bericht van het een of ander net op het moment dat in jouw horoskoop voor dat moment de planeet Saturnus is geaktiveerd. Saturnus is de planeet van het wachten, het einde, de grens en de beperking, om maar enkele van zijn vele betekenissen te noemen.

Wanneer je vele jaren bezig bent met het bestuderen en beoefenen van de astrologie, dan vallen eigenlijk steeds weer twee dingen op. In de eerste plaats dat de astrologie ons ruimte biedt en de verantwoordelijkheid voor ons leven geheel bij onszelf ligt. We hebben dat hiervoor ook kunnen zien aan de hand van de gegeven voorbeelden. Precieze voorspellingen doen aan de hand van je geboortehoroskoop is vooralsnog ook niet mogelijk, wat heel goed verband kan houden met de keuzeruimte die de geboortehoroskoop biedt. Algemene ritmen van jezelf zijn echter heel goed te bepalen en die kunnen een grote hulp zijn. Maar dan komt het merkwaardige dat een andere vorm van astrologie, namelijk de uurhoekastrologie, ons met de neus op het feit drukt dat kennelijk de dingen gebeuren op het 'juiste moment', dat we ook onze vragen stellen op het daarvoor 'juiste moment' en dat er dus naast de gesignaleerde ruimte kennelijk ook een ander ritme werkzaam is, misschien een soort astrologische of psychologische klok in ons die 'weet' hoe laat we de dingen moeten vragen c.q. ons moeten laten overkomen. En wanneer dan óók nog eens blijkt dat de verschuivingen in onze gebeurtenis- en vragenhoroskopen parallel lopen met de ritmen van onze eigen horoskoop, met andere woorden, dat de tendensen in uurhoeken en de horoskoop van de persoon die ermee te maken heeft over langere termijn in dezelfde richting wijzen, dan moet er meer aan de hand zijn dan 'louter toeval'. Misschien draagt elk gebeuren wel een bepaalde 'zin' in zich, een bepaalde betekenis, al kunnen we die niet altijd direkt even gemakkelijk ontdekken. Op grond van de ervaringen die ik, hoe kort ook, in het voorgaande heb trachten te schetsen, krijg ik sterk de indruk dat belevenissen, gebeurtenissen en de volgorde daarvan als een zinvolle en zinverlenende draad door ons leven lopen, hoewel die ons menselijk bevattingsver-

> *Wat heb je eigenlijk aan het recht tot demonstreren als er geen plicht tot luisteren is?*
>
> BINGEL, AKTIVIST *(Hans van den Bosch, 43)*

mogen misschien wel te boven gaat. Het is juist dit zinvolle en oorzaakloze samengaan dat de oude Chinezen al kenden – 'zo boven, zo beneden' – en dat door Carl G. Jung in het Westen opnieuw werd geformuleerd in diens principe van de synchroniciteit. Zowel aan de hand van geschriften en brieven van Jung over dit onderwerp als aan de hand van latere bestudeerders ervan, zoals Michael Fordham, Ira Progoff en anderen, kunnen we de volgende opbouw in het verklaringsprincipe van de synchroniciteit zien:

a. er is een objektief verschijnsel, namelijk het oorzaakloos gerangschikt zijn van gebeurtenissen in een relatieve gelijktijdigheid en
b. een subjektief verschijnsel, waarbij het de mens is die de gebeurtenissen ervaart als zeer zinvol, in plaats van als louter toeval zonder enige zin.

We kunnen synchroniciteit zien als een soort dwarsverbinding door ruimte en tijd, die op zich onafhankelijke kausale tekens op een niet-kausale doch zinvolle manier verbindt.

Al zijn ervaringen met synchronische verschijnselen brachten Jung nog verder. Hij gaf aan dat hij het weinig zinvol vond dat er her en der verspreid zich in een mensenleven steeds sychronistische verschijnselen kunnen voordoen, die elk op zich een bepaalde zin hebben, maar dat die verschijnselen dan verder zelf zinloos geordend zouden zijn. Na tientallen jaren konkludeerde hij tenslotte dat alle synchronistische verschijnselen slechts kleine onderdelen zijn van een grote zinvolle ordening. Die ordening, die latente zinvolheid, is dan de overkoepeling van alle synchronistische gebeurtenissen. Jungs uitspraken grenzen hier aan het religieuze. In ons leven gebeuren dingen die gelijke tred houden met ons innerlijk, onze horoskoop. Een horoskoop gemaakt van die gebeurtenissen toont ons een ontwikkeling die ook weer in onze eigen horoskoop terug te vinden is. Op elk moment van elke dag liggen verleden, heden en toekomst naast elkaar, vervat in het

> *Indien door twee mensen een mooie gedachte-energie via de handen wordt samengebracht, ontstaat er een hoofdcel, een energiekern die zeer harmonisch is en als het ware in dat hele energieveld voor een evenwicht zorgt.*
>
> WIM GMELIG MEYLING, PARAGNOST *(Herman Labruyère, 33)*

Eeuwige Nu. Er gebeuren zoveel dingen volgens de innerlijke wet van de mens (weerspiegeld door zijn horoskoop), er passen zoveel zaken als een legpuzzel in elkaar, dat ik voor mijzelf moeilijk de hypothese van de latente zinvolheid kan ontkennen. We zijn als mens slechts een klein onderdeel van dat grote zinvolle geheel, en toch uniek en op zichzelf staand, waarbij we de zinvolheid telkenmale weer kunnen ervaren in de astrologie, omdat die ons laat zien hoezeer alles in en om ons gebeurt op het tijdstip dat door onze onbewuste innerlijke klok wordt aangegeven. Maar we zijn zelf óók van invloed op die klok. Willen we ervaringen verwerken, dan zullen bepaalde tendensen in ons anders uitwerken dan wanneer we de kop in het zand steken. En hier zien we weer de 'ruimte' in onze horoskoop optreden. Een paradoxale situatie dus, die de astrologie ons geeft. Enerzijds de konfrontatie met gebeurtenissen die qua timing ongelooflijk nauwkeurig op elkaar ingrijpen, en anderzijds die ruimte die ons op onze verantwoordelijkheid drukt, een ruimte die maakt dat we toch niet goed vooruit kunnen voorspellen. Maar is niet het hele leven een paradox?

Er zijn in de astrologie heel veel stromingen, heel veel systemen en veel verschillende opvattingen (zoals dat overigens ook in de erkende wetenschappen het geval is). Ikzelf geloof niet dat er één vorm is die de enige en allerbeste is. Wanneer we naar de psychologie kijken, blijkt er ook niet één stroming te zijn die veel meer genezingen oplevert dan andere, zoals recente studies hebben uitgewezen. Daarom, als je wilt beginnen aan het bestuderen van de astrologie, laat je dan niet in verwarring brengen door de verschillende stromingen. Kies de vorm en richting die bij jou past en bij jouw patroon aansluit. Dan zul je in een fascinerende wereld terechtkomen, een astrologische denkwereld die je een nieuwe, meer holistische kijk op de dingen kan geven en je keer op keer zal doen verbazen over de ongelooflijke samenhangen die je ontdekt. Maar laat je er niet door leven. Jouw leven behoort aan jou, en niet aan de sterren!

> *Feit is dat het lot van de mensheid afhangt van de synthese tussen oost en west, de synthese en zelfs het overstijgen van deze synthese.*
>
> Swami Deva Amrito c.q. Jan Foudraine (*Eigen tekst, 28*)

ONKRUID

Onkruid nr. 53, november/december 1986

Tien verboden voor een woongroep

en andere aanwijzingen voor gelukkig wonen met meer dan één gezin

BOB SNOIJINK

Woongroepen zijn zo gewoon, dat je in de rubriek 'woonruimte gevraagd/aangeboden' van kranten vaak het woord woongroep aantreft. Woongroepen zijn zo vreemd, dat heel wat mensen zich afvragen: 'Hoe kom je erin?' In dit artikel vertelt Bob Snoijink uit eigen, bittere ervaring wat mensen die samen een woongroep vormen beslist niet moeten doen. Maar gelukkig zijn er ook voorbeelden van voortreffelijk draaiende groepen. Als voorbeeld kozen we een heel bijzondere: de Refter in Ubbergen.

Tien tegen één dat een woongroep mislukt als:

1. relaties door elkaar heenlopen;
2. er geen sprake is van een gemeenschappelijk werkprojekt;
3. er geen kinderen zijn in een gelijke leeftijdsgroep;
4. er geen sprake is van een geleide demokratie, waarin één persoon het laatste woord heeft;
5. onderlinge problemen niet stelselmatig worden gewied;
6. de leden geen komfortabele eigen ruimte hebben;
7. er leden tussen zitten, die via een woongroep alleen willen ontkomen aan eenzaamheid;
8. de leden elkaar voor de start niet goed kennen;
9. het bad zwarte randen heeft, de douche verstopt is met plukken haar en de keuken vies is;
10. inkomens grotendeels verdwijnen in gemeenschappelijke belangen.

1. Relaties

Nog voordat onze woongroep in Bergen (N.H.) een feit was, werd ik hopeloos verliefd op de vriendin van m'n beste vriend. Erger nog: zij ook op mij. Het zou misschien allemaal nog wel losgelopen zijn, als die vriend en ik niet samen het plan voor die woongroep hadden uitgebroed tijdens een vrolijke vakantiewandeling door de bergen van een ander continent. We zouden een taoïstische leefgemeenschap bouwen in Bergen, samen met vrienden. We hadden veel plezier met z'n tweeën. Het huis moest Huize Hedonia heten.

Het leek ideaal in januari 1982. Ik heb me er al vaker over verbaasd dat de werkelijkheid zo nauwkeurig de blauwdruk volgde van het luchtkasteel dat we in die vakantie bouwden. Zonder een cent op zak kregen we de beschikking over precies het juiste pand, precies op de plek waar we wilden wonen, precies met de groep mensen die we ervoor zagen zitten: vrienden met ervaring in groepswonen, leuke kinderen. Maar als we ook de pandoradoos vol frustraties hadden kunnen overwegen, dan hadden de meeste leden van de woongroep schielijk een andere levensroute gekozen. Er was niet veel taoïstisch aan de groep en het is maar goed dat de naam Huize Hedonia ook niet doorgegaan is. Huize Neurosia was beter op z'n plaats geweest.

Hoewel de vrouw op wie ik verliefd werd en ik nog steeds bijeen zijn, heb ik nog nooit zo'n rampzalige verliefdheid meegemaakt. De vriendschap met haar ex was in een wip over, al wilde ik dat niet direkt inzien. Ik was er gauw achter dat ik alles – wasmachine, keuken, woonkamer, auto en geld – kon delen, behalve haar. Zij dacht er gelukkig net zo over. Dat prachtige pand in de schaduw van een vijftiental oude beuken stond het eerste jaar bol van de spanning, terwijl buitenstaanders soms jaloers werden op dat vrolijke groepje vrijbuiters, dat, zonder geld, een bank zover had gekregen om 130% van de aankoop en de verbouwing te financieren.

Wekelijkse vergaderingen, waarbij we geacht werden zakelijke én persoonlijke problemen uit de weg te ruimen, veranderden al snel in bijeenkomsten waar niemand naar uitkeek. Wekelijkse meditatiedagen brachten wel rust, maar losten niets op. De dagelijkse maaltijden verloren allengs hun gezelligheid en het idealisme verdween als sneeuw voor de zon.

> *Het maakt niet zoveel uit wat je probleem is, maar wat je erover voelt. Je moet leren om je gevoelens te accepteren. Dat blijkt te helpen.*
>
> SHYAM BATNAGAR, CHAKRATHERAPEUT *(Robert Hartzema, 55)*

We dachten elkaar goed te kennen en we wilden o zo graag één familie worden. We hoopten dat de spanningen mettertijd zouden afnemen, maar het tegendeel gebeurde. De opgehoopte wrevel zorgde uiteindelijk voor de middelpuntvliedende kracht, waardoor de groep na ruim een jaar vier van z'n verdienende leden kwijtraakte, waaronder m'n vriendin en ik. Dat was het begin van het einde. Voor mij nooit meer een woongroep waarin relaties door elkaar heen lopen.

2. Gemeenschappelijk projekt

Zolang het zonnige familie-ideaal nog schitterde, waren offers niet echt offers. De helft van de groep had een baan, en daarvan forensden er drie naar Amsterdam en Haarlem. Ik werkte thuis. De rest leefde van een uitkering en zorgde voor de verbouwing en de dagelijkse gang van zaken. Een regeling waarmee iedereen aanvankelijk vrede had. De forensen, die het leeuwendeel van het geld inbrachten, moesten voor dag en dauw op en kwamen laat en moe thuis, om dan te konstateren dat de thuiswerkers bruinverbrande gezichten hadden van het zonnebaden in de tuin en onregelmatig strandbezoek. Ik hing er zelf wat tussen, door de aard van m'n freelancewerk. De thuisclub stond laat op, dronk veel koffie in de prachtige tuin en trakteerde zichzelf op vrije dagen. Na woedende vergaderingen bloeide de werklust wel eens op, maar zonder veel adem.

Een paar keer hebben we met veel plezier, gelach en werklust met z'n allen aan het huis gewerkt. Dat waren leuke tijden waarin veel gebeurde. Daarom denk ik dat alleen een woongroep met een gezamenlijk arbeidsprojekt en werkschema's voor de huishouders levensvatbaar is.

3. Kinderen

Een woongroep zonder kinderen lukt niet zo gauw, als je 't mij vraagt. Voor kinderen kan een leefgemeenschap ideaal zijn. De kinderen in die van ons hadden het 't meeste naar hun zin. De strijd tussen de 'volwassenen' ging grotendeels langs hen heen. Ze hadden meer dan één

> *De vorm waarin een Gids zich aandient, is dat wat het meest aanspreekt bij de persoon.*
>
> Pieter Middelkoop, channelaar (*Rolf de Meijer, 60*)

vader en één moeder en vrijwel altijd aandacht als ze die nodig hadden. Iedere volwassene had z'n eigen kwaliteiten, waar ze iets aan hadden: de één vond het fijn ze mee te nemen naar bos en strand, de ander kon goed knutselen en verhaaltjes vertellen, een derde hield van muziek maken en tekenen.

Maar nog belangrijker is, dat kinderen niet anders doen dan het goede voorbeeld geven als het gaat om samenleven in een groep: ruzie maken ze even snel als ze die vergeten. Rancune kennen ze niet: iedere dag is nieuw en wat ze doen, doen ze speels. De vrolijkheid van de kinderen stond vaak in schril kontrast met de bedompte sfeer onder de volwassenen, die wel graag filosoferen over leven-in-het-eeuwige-nu, maar er lachwekkend weinig van terechtbrachten.

4. Eén persoon het laatste woord

Zoals gezegd, hadden we de kommune in ons optimisme bestempeld als 'taoïstisch'. In ons geval wilde dat zoveel zeggen als: gebaseerd op de eigen verantwoordelijkheid, zonder leiding en groeiend langs de weg van de spontaniteit. Hoe pijnlijk pretentieus die benaming was, bleek algauw. In ons kommuneleven viel weinig te merken van de leer van LaoTse, waarin het leven wordt beleefd als een meegeven-met in plaats van strijd. Vergaderingen verzandden in oeverloos gepraat over hoe-het-allemaal-zou-kunnen-en-moeten-zijn, terwijl de achterdeur die nodig vervangen moest worden er nu nog zit. Zaken waarover we het niet eens waren, werden vergeten. Initiatief vermolmde tot apathie en de wrevel wervelde zo hoog op, dat we te laat inzagen dat we een geleide demokratie nodig hadden: bestuurd door iemand met pit, inzicht, overwicht en tijd. Aanbevolen: een éénhoofdig leiderschap, met enthousiasme uitgevoerd door iemand die het groene licht heeft van alle leden. Besluiten kunnen wel demokratisch tot stand komen, maar zijn/haar laatste woord is wet en z'n eerste opdracht is diskussies te beperken tot de fundamenten.

> *Als we maar niet zo eigenwijs zijn om de wijsheid die de schepping eigen is – en dus ook voor ons beschikbaar – als onze eigen wijsheid te beschouwen.*
>
> BERT GARTHOFF, COLUMNIST, VOORMALIG PRESENTATOR 'WEER OF GEEN WEER' *(Bram Gieter, 29)*

5. Onderlinge problemen

Zakelijke problemen zijn niets vergeleken bij persoonlijke. Als persoonlijke onmin niet direkt kan worden uitgewerkt, dat moet de vergadering daar voorrang aan geven. Iedereen moet het recht hebben zich met ruzie tussen anderen te bemoeien zodra hij zich voelt aangesproken, een principe dat we te lang uit de weg gingen. We merkten dat de sfeer aan tafel al werd gedrukt als twee mensen elkaar – uitgesproken of niet – dwars zaten. Blijven persoonlijke problemen hangen, dan is de groep ten dode opgeschreven. Als spanningen te lang blijven, dan kan het geen kwaad er een onafhankelijke groepspsycholoog bij te halen.

6. Eigen ruimte

Dat je een kamer zou kunnen delen met iemand met wie je je leven niet zou willen delen, lijkt me blind idealisme. Het kost al genoeg moeite een ruimte met een levenspartner te delen. In m'n volgende woongroep wil ik, net als in de vorige, een flinke eigen ruimte waarin ik me thuis voel en waar ik een bordje 'Niet Storen' op de deur hang. De vorige keer had ik een bordje met de tekst 'In Meditatie'. Het hing vaak aan m'n deur, maar ik mediteerde zelden. Zelfs in goeie tijden kan leven in een groep je soms sterk naar alleenheid doen uitzien.

7, 8, 9. Keuze van leden

Ballotage van nieuwe leden is niet zo makkelijk. Er zijn nogal wat mensen die een woongroep zoeken om te ontkomen aan eenzaamheidsproblemen. Dat op zich is niet zo erg, maar de kans is groot dat ze meer nodig hebben dan kunnen geven. In zo'n geval treedt er bloedarmoede op in de groep, als die zich tenminste niet tot taak stelt opvangcentrum te zijn. De keus moet vallen op mensen van wie iedereen overtuigd is dat ze iets toevoegen, in plaats van zuigen. Een proeftijd is een goeie oplossing. De keus van nieuwe leden wordt ook vertroebeld als er kamers gevuld moeten worden uit geldgebrek. De meest ideale situatie is, als de leden elkaar al voor de start goed kennen en mogen.

> *Ik zag met Kirlianfotografie de chemische toevoegingen in ketjap al vóór het schandaal erover losbarstte.*
>
> MONIQUE HAUZENDORFER, KIRLIANFOTOGRAFE *(Hans van den Bosch, 63)*

Dat is meer een kans dan een garantie voor het slagen van de groep, zoals we hebben gemerkt. Hoeveel vrienden merken pas dat ze eigenlijk helemaal geen vrienden zijn als ze met elkaar op vakantie gaan? En dan is samenwonen nog een stuk minder vrijblijvend dan vakantie.

Nieuwe leden aannemen kan ingewikkeld zijn, maar omgekeerd valt het kiezen van een woongroep waarvan je de leden niet kent, ook niet mee. Vandaar het zevende gebod: voor het slagen van een woongroep moeten op z'n minst keuken, badkamer en w.c. schoon zijn. Het zou het eerste zijn waarop ik zou letten.

10. Inkomens

Als een huishouden niet gefinancierd kan worden uit gelijke, redelijke kontributies, begin er dan niet aan. Inkomens moeten zelfstandig blijven. Die bijdragen mogen niet veel hoger zijn dan de gemiddelde huur, plus een bedrag voor het eten. Het enthousiasme, waarmee onze groep de kommune op poten zette, was aanvankelijk beloning genoeg. Niemand zat ermee dat hij maar tweehonderd gulden zakgeld per maand kreeg. De rest van al de inkomens ging schoon op aan rente, aflossing, huishouden en verbouwing. Maar toen persoonlijke onvrede de stemming in huis duurzaam verzuurde, veranderde dat sterk. Maar eens in de week een grote afwas doen is natuurlijk prettiger dan elke dag een kleine, maar wordt toch vervelend als je ook al het bestek en de borden moet schoonmaken van mensen die je niet ziet zitten. Ik kreeg steeds minder zin om me nog in te spannen meer geld te verdienen. Als ik een verhaal had geschreven waarin ik veel tijd en moeite had gestoken, dan zag ik op het laatst tandenknarsend toe hoe de opbrengst ongezien verdween in verf, hout, spijkers of de zakken van een loodgieter.

Maar, ik zou nog steeds kiezen voor een woongroep. Ondanks alle mogelijke nadelen en de doos vol verleden frustraties. Ik zou een niet al te grote groep kiezen: maximaal twaalf goeie vrienden, waaronder minstens twee kinderen in dezelfde leeftijd. Ik hoop dat ik zelf de volgende keer volwassen genoeg ben om zoiets aan te kunnen. Meer in staat kritiek in te nemen, minder jaloers, beter in staat te weten wat ik wil. Nu weet ik hoofdzakelijk wat ik niet méér wil.

Ha ha ha

DHYAN SUTORIUS, LACHTHERAPEUT *(Kees Beentjes, 69)*

ONKRUID

Onkruid nr. 57, juli/augustus 1987

Elementaire wezens, hier en daar

ROEL VAN DUIJN

Roel van Duijn (43) is al sinds het begin van de jaren zestig aktief op het gebied van groene politiek en spiritualiteit. Enkele fasen van zijn ontwikkeling waren: Provo, Kabouter, PPR-raadslid en wethouder, boer en medewerker bij het Europees Parlement. Hij kombineerde zijn werk steeds met schrijven. Eén van zijn laatste en kenmerkende boeken is 'Voeten in de aarde' (uitgeverij Meulenhoff). Voor Groen Amsterdam zit hij sinds de laatste raadsverkiezingen in de gemeenteraad van Amsterdam.

'En waarom wil ik niet dat er geweldige en luidruchtige machines op m'n land komen?' vroeg de boer. Op het uitgestrekte bouwland van Looverendale, Nederlands oudste biologisch-dynamische bedrijf, stelde hij de vraag. Breed stond hij voor mij. Hij was aan het eind van een lange uiteenzetting gekomen over vruchtwisseling en oogstmethoden. Met rode wangen en vuur in de ogen gaf hij het antwoord dat ik, leerling en hulpje, degelijk in m'n oren geknoopt heb: 'Omdat je met zulk gegrom en gedreun de kabouters van de akkers jaagt.' Het was 1968.

Onder kabouters, dat is inmiddels duidelijk, vaart geen boer wel. De kabouters zijn immers bij uitstek de wezens die de groei van planten en bomen bevorderen. Niet alleen hun fysieke groei, maar ook hun geestelijke rijping. Want hoe zouden kabouters, niet geremd door de aanwezigheid van een eigen lichaam, niet in de verleiding komen bij graanhalm of appelboom in te trekken? Niets ligt meer in de natuur der dingen dan dat. Ik realiseerde me dit toen ik onlangs, bijna twintig jaar na mijn stage bij de wijze boer, op bezoek was bij een andere biologisch-dynamische boerderij. De Duivelshof heet het bedrijf, prachtig gelegen tussen de bossen en kronkelwegen van Twente. Duivels heb ik er niet gezien, wel een menigte van vriendelijke kabouters, kobolden en andere natuurgeesten. 'Elementair-wezens,' verbeterde de boerin me. Stadsmens ben ik nu weer, gefixeerd op vergaderingen en hondenpoep, en dus verwonderde ik mij over al die trillende, werkende en bijna onhoorbaar tinkelende wezentjes die daar op hun gemak het erf, de stal, ja zelfs de keuken bevolken.

Maar voor haar was het de gewoonste zaak van de wereld en dus gaf ze me een boek wat een soort katalogus bleek te zijn van elementaire wezens. Twentse folklore? Welnee, een wetenschappelijk werk dat met grote precisie niet alleen de kabouters, de watergeesten, de luchtwezens en vuurzielen beschrijft – gnomen, ondinen, sylphen en salamanders – maar ook een menigte nare tegenvoeters zoals fantomen, spoken, demonen, alfen, draken en sfinxen. Bevat ook kaarten van klimaatzones waar deze wezens het best gedijen. Klimaat, maar dan wel het geestelijk klimaat, aangeduid als 'etherklimaat'.

Nu zou het kunnen zijn dat die kaarten inmiddels verouderd zijn, want voor de landen die aan de Atlantische Oceaan grenzen, geven zij een vrij dichte bevolking met kabouters en watergeesten aan, terwijl het mijn ervaring is dat de kabouters in de Randstad Holland aardig aan het uitsterven zijn. Niet zó drastisch als de ooievaars, maar toch. Je ziet ze niet elke dag. In het begin van de eeuw, toen de kaarten vervaardigd zijn door een ziener, moet de situatie anders geweest zijn.

Ik beleef Amsterdam niet als een stad die barst van de goede elementaire wezens. De bomen zijn omgeven door uitlaatgassen, nieuwe kozijnen zijn van kunststof en het gemeentebestuur werkt aan een geheim plan om het gehele oppervlak van de gemeentelijke gronden te bedekken met minerale stoffen. Als ik over de Dam naar het stadhuis wandel, mis ik het gewemel van kobolden en sylfen, dat ik gewaar werd tijdens het ommetje dat ik op zondag met de boer van de Duivelshof langs de gewassen maakte. Wat een verschil.

Toch heeft Amsterdam geen armoe aan geesten. Een wereld van gespuis, een gedrang van spoken, demonen en ik-weet-niet-wat-voor

> *De terraformering van Mars kost een vermogen, maar wij, Eldorianen, kunnen dat financieren met het geld dat we niet aan wapens uitgeven zoals jullie.*
>
> Jurriaan Andriessen, geestelijk vader van het Eldorian Empire, fictieve samenleving *(Gerard Smit, 40)*

monstertjes hebben het verlaten rijk van de kabouters en de andere heilzame geesten geprobeerd op te vullen. Natuurlijk, die stormden buitelend van de lol op het asfalt, de kunststoffen kozijnen en de uitlaatgassen af.

Maar ze kregen het niet voor het zeggen. Ze moesten erom vechten. Ze moesten vechten met de geesten die de Amsterdammers inmiddels zelf hebben gekreëerd. Want elementaire wezens zijn meer dan alleen een kosmisch gegeven. Ze zijn te beïnvloeden en ik denk zelfs ook wel te scheppen door mensen. Mijn buurjongen bijvoorbeeld speelt zo mooi piano dat ik, slechts gescheiden door een houten wand van zijn studeerkamer, aan m'n bureau soms omgolfd wordt door enthousiaste muziekwezentjes die me helpen bij het schrijven. Van spoken en demonen heb ik dan geen centje last. De kunstenaars in Amsterdam hebben dus een belangrijke taak, van hen hangt voor een niet onbelangrijk deel de samenstelling van de geestenbevolking van de stad af. Terecht wordt in het boek dat de boerin me meegaf gezegd (dit is niet verouderd en kan niet verouderen), dat gebrek aan spiritualiteit bij de mensen kwade elementaire wezens oproept en daarentegen kunst en spiritualiteit demonen tot dienaren of ook vriendjes maken kan.

De natuur is vol van elementaire wezens, maar de mensennatuur net zo goed. De grote stad voel ik daarom als een strijdtoneel: aan de ene kant horden Jeroen Bosch-achtige pestkopjes die zich koncentreren rond auto's, chemische fabrieken en computers en daarin een belichaming zoeken, aan de andere kant nieuwe generaties van toon- en vormengeltjes, alsmede meditatiekabouters en woordsylfen. Wij stadsbewoners, ondergaan zeker de invloed van al die woelende krachten, maar tegelijk zijn we tot op zekere hoogte in staat de deelnemers eraan te veranderen, uit te schakelen of te versterken.

> *Ik pleit voortdurend voor kontra-informatie tegenover de belangen-informaties en manipulaties van staatswege en de grote bedrijven die meer geïnteresseerd zijn in financiële machtsvorming dan in de belangen van het natuurlijk welzijn van de mens.*
>
> *Fritjof Capra, kernfysicus, auteur van 'Het Keerpunt'*
> *(Jan Boelens, Alex Jack en Peter Lichtenauer, 41)*

'Hebben de bomen hier ook last van de zure regen?' vroeg ik de boer van de Duivelshof. Veel dennen zagen er stakerig uit, maar ik kon niet beoordelen – 't was voorjaar – of dat misschien nog een gevolg van de winter was. Maar m'n voormalige collega antwoordde bevestigend en toen moest ik, misschien omdat ook hij destijds op Looverendale gewerkt had, weer denken aan wat de man van Looverendale me geantwoord had over het verjagen van kabouters. Het gegrom en gedreun van de technologie jaagt de kabouters op de vlucht, dacht ik, en dat verzwakt de levenskracht van de bomen. In de half-kalende takken zag ik het teken van een op handen zijnde uittocht der kabouters, ook uit de bossen.

Zou de uittocht der kabouters de verklaring vormen voor de laatste raadsels rond de verzuring? Ik weet niet of ik het voor de televisie zo zou durven te stellen, maar bij de lezers van Onkruid voel ik me vertrouwd genoeg om het idee warm in de aandacht aan te bevelen.

Een hoopvol eind heb ik voor dit verhaal. In het van de boerin geleende boek las ik de volgende aanwijzing voor de omgang met negatieve elementaire wezens. Een biologisch-dynamisch boer uit het midden van Zweden had een nieuwe trekker gekocht en beklaagde er zich tegenover z'n landbouwkonsulent over dat de trekker zoveel nuttige kabouters wegjoeg. Toch wilde hij geen afstand meer doen van het gemak dat het werktuig hem bood. 'Weet je wat je dan doet om de demonen in de trekker tot je medewerkers te maken?' antwoordde de konsulent. 'Voordat je in de trekker stapt spreek je hen toe. Je zegt driemaal duidelijk "Ahriman, span je in!"' Dat deed de boer en sindsdien had hij geen klachten meer, want ook nu nog heeft hij op z'n land een stabiele kabouterbevolking. Zonder vluchtneigingen.

Zen-rijden

Een jonge monnik stond met zijn auto langs de snelweg geparkeerd. Voorin zat de Zen-meester. De leergierige monnik wendde zich in verwarring tot de meester en smeekte: 'Alstublieft, Zenji, toon me de weg naar het Zen-rijden.' De meester antwoordde: 'Hoor je het razend stromen van de asfaltrivier naast ons?' 'Ja,' zei de monnik, 'ik hoor het.' 'Begeef je dan daarin,' zei de meester.

ANONIEM *(Kevin en Todd Berger, 66)*

1988 – 1989 – 1990 – 1991 – 1992

Eind jaren tachtig, begin negentig, kun je de term 'alternatief' al bijna niet meer gebruiken. Het verschil tussen 'gewoon' en 'alternatief' is flinterdun geworden. Veel verworvenheden van de pioniers zijn overgenomen door de rest van de samenleving. In Nederland hangen de spinnenwebben in de kerken: oude waarden en normen hebben afgedaan bij grote groepen mensen, niet alleen meer bij dat handjevol excentriekelingen van toen.

De tendens is wereldwijd een streven naar balans, samenwerking in plaats van verschillen benadrukken. Gezonde voeding? Dat is niks bijzonders meer. De onbespoten groenten hebben de kinderziektes overleefd en zien er gewoon goed uit, voor iedereen bereikbaar en wel zo lekker. Alternatieve geneeswijzen? De mening van de huisarts is allang niet meer heilig en steeds meer mensen bezoeken ook wel eens een magnetiseur of andere genezer buiten de reguliere gezondheidszorg. Sommigen zelfs op aanraden van hun huisarts.

Er is tijd voor ontwikkeling, voor vragen. De eerste behoeftes van de 'alternatieveling' zijn vervuld: er kan gegeten worden, er is een (woongroepen)dak boven het hoofd, het is zelfs duidelijk dat de eerstelingen uit de experimenteerfase uit de jaren zeventig er niet meer alleen voor staan. Wie bewust wil omgaan met natuur, gezondheid, voeding, hemel en aarde, weet zich in goed gezelschap en hoeft zich niet meer op elk familiefeestje te verdedigen voor zijn typische zwarte-schapen-leefstijl. Omgekeerd is de weerzin tegen het vertrouwde ook wat gezakt. Er wordt nu gezocht naar alternatieve invullingen van het bekende: *chili con carne sin carne* is bijna een symbolisch recept geworden voor die ontwikkeling.

Nieuwe technieken en inzichten doen hun intrede. Nu niet meer alleen in handen van de voortrekker, de therapeut die ooit in een exotisch land is geweest om een inheemse goeroe uit te horen, maar voor iedereen. Want waarom zou je je niet eens zelf verdiepen in magnetiseren, in chakra's en wat je daar zoal mee kunt? Een nieuw vraagstuk als 'is de magnetron wel gezond' wordt met eigen middelen te lijf gegaan, omdat daar inmiddels onderzoekmethodes voor zijn ontwikkeld die serieus genomen kunnen worden. Ook prettig voor de voortrekkers van destijds: zij krijgen nu eindelijk het respect dat ze verdienen. Sterker nog, de Onkruidlezer wil best onderzoeken wat zijn of haar eigen plek nu is geworden in deze nieuwe, geïnspireerde wereld. Een beetje van beide kanten blijkt een heel werkbaar model te zijn, al blijft discussie noodzaak.

Karin Spaink valt de aanhangers van een nieuwe gezondheidsvisie aan op hun rigiditeit, hun veroordelende houding. De 'tussen-de-oren'-maffia, de mensen die ervan uitgaan dat elke ziekte voortkomt uit de overtuiging van de patiënt, moet zich stevig verdedigen. Een totaal nieuw principe voor een groep die tot voor kort alleen maar moest bewijzen dat ze niet malende was en verder niet serieus genomen werd. Lisette Thooft pakt de handschoen op en mengt zich zo in de algemene beweging van deze tijd: het kaf scheiden van het koren. Dat koren was tien jaar geleden nog gewoon een handvol onbespoten korrels eetbaar spul. Nu ligt de maatstaf anders: kun je je met dit idee ook geestelijk voeden? Of is het zo stug dat het blijft steken in de keel?

Nieuwe leiders die voor geestelijke onbespoten voeding kunnen zorgen, zijn in opkomst. Sai Baba bijvoorbeeld, de serieuzere opvolger van Bhagwan. De blik wordt weer wat verbreed. En vooral gericht op het Oosten, waar volgens velen de geest regeert en niet de materie, want die is er gewoon niet. Voor die armoede aan de andere kant van de wereld blijken de Sai Baba- en Thich Nhat Hanh-enthousiastelingen meer oog te hebben dan de sannyasins die hen voorgingen naar India. Ook Chinese technieken winnen terrein, al blijft dat in eerste instantie wat hangen in uiterlijkheden: wél de acupunctuur, niet de bijbehorende totale gezondheidsvisie.

ONKRUID

Onkruid nr. 61, maart/april 1988

Magnetiseren, kun je dat leren?

Buitengewoon alledaagse kracht van mensenhanden

Kees Beentjes

Even het magisch rookgordijn rond paranormale geneeswijzen wegnemen en dan blijkt magnetiseren gewoon de oudste manier van genezen, die heel vaak wordt toegepast, niet alleen door mensen die erin gespecialiseerd zijn, maar ook door 'gewone' mensen, al hebben ze dat dikwijls zelf niet in de gaten. Wat is magnetiseren eigenlijk? En hoe kun je de alledaagse vorm ervan zelf bewust ontwikkelen en gebruiken?

Ze ziet er keurig uit, is rond de veertig, heeft twee kinderen en woont in een groot, oud huis in het westen des lands. Ze draagt een groenblauw zijden colbert, een witte broek en halfhoge laarsjes. Anneke Mueller ziet er zeer verzorgd, maar tegelijkertijd ook heel alledaags uit. Je zou absoluut niet denken dat zij zich heeft toegelegd op magnetiseren. Natuurlijk speelt een oud vooroordeel mij parten bij haar verschijning. Want waarom zou iemand die magnetiseert er niet volkomen 'normaal' uit kunnen zien? Waarom heb ik een heel ander beeld in mijn hoofd als ik denk aan magnetiseren? Gaandeweg de produktie van deze reportage zal ik erachter komen hoe gewoon magnetiseren eigenlijk is. En ik zal ontdekken dat magnetiseren een dagelijkse aktiviteit van miljoenen mensen is, ook al beseffen ze dat zelf vaak niet.

Anneke Mueller gaat me voor naar haar praktijkruimte: een grote, lichte zolderkamer met een divan, gekleurde lampen en een lichtblauw behang met kleine zeemeeuwen. Ik doe mijn schoenen uit en ga op mijn buik op de divan liggen. Ik probeer mij te ontspannen, maar dat lukt niet erg. In de eerste plaats ben ik op dit moment aan het werk en ten tweede is het voor mij de eerste keer dat ik mijn lijf en leden in handen van een magnetiseur stel. Ze klapt in haar handen, geeuwt een paar keer (energie opwekken en energie afvoeren) en maakt vervolgens een omtrekkende beweging, waarbij ze de contouren van mijn lichaam volgt. Anneke legt uit dat ze mijn aura 'navoelt' en de aktiviteit van mijn chakra's peilt. Terwijl ze daarmee bezig is, vertelt ze in het kort wat de theoretische basis van het magnetiseren inhoudt.

'Iedere mens is energie, iedere mens stroomt, iedere mens is een elektrisch wezen,' zegt Anneke. 'Dat kun je bijvoorbeeld zien aan het feit dat je een schok krijgt als je je vingers in het stopkontakt stopt. Als je niet elektrisch zou zijn, zou er niets met je gebeuren. Nu is het zo, dat je energie (of je stromen, of je elektriciteit) goed verdeeld moet zijn over je lichaam en vrij moet kunnen stromen. Via je voetchakra's neem je energie van de Aarde op, via je fontanelchakra energie uit de kosmos. Als je hier of daar spanningen hebt, kan de energie niet vrij stromen. Op die spanningsplekken hoopt het zich op of ontstaat er een tekort aan energie. Als ik magnetiseer, spoor ik die ophopingen of tekorten op en kijk ik of de chakra's goed werken. Vervolgens breng ik "luie" chakra's op gang met lichte massage en strijk ik een teveel aan energie af naar plekken waar te weinig energie is.'

Ondertussen is Anneke aangeland bij mijn stuitchakra. Ze mompelt ontevreden dat hij nogal koud aanvoelt. 'Die is lui, die moet een beetje extra hebben,' zegt ze. Ze geeft me een paar goedmoedige klapjes op mijn stuitje, wat bijzonder aangenaam aanvoelt. Nadat ik me omgedraaid heb, konstateert ze dat ook mijn miltchakra niet optimaal werkt. Een karakteristiek verschijnsel voor mensen die veel met hun hoofd werken, legt ze uit. Ze verwaarlozen een beetje hun onderkant. Vaak ademen ze ook te hoog. Ze gebruiken hun buik te weinig.

'Ook nu zit je te veel in je hoofd,' zegt Anneke streng, 'je zit maar op te letten wat ik allemaal doe, maar je moet het eigenlijk ondergaan. Ik zal nu eerst je miltchakra aktiveren en daarna je navelchakra. Daarmee breng ik je enigszins in een magnetische slaap. Tenminste, als je je niet met je hoofd ertegen verzet. Koncentreer je op mijn handen.' Anneke maakt duidelijk dat het niet een dagelijkse praktijk van haar is, iemand in een magnetische slaap brengen. Het is in zeker opzicht een paardemiddel en de meeste magnetiseurs zijn er dan ook wat huiverig voor.

> *Fysieke onsterfelijkheid vereist het overwinnen van de doodsdrift.*
> LEONARD ORR, BEDENKER VAN REBIRTHING *(Job Wijngaarden, 74)*

Nauwelijks heb ik mij een beeld gevormd van haar handen die een cirkelbeweging rond mijn navel maken, of ik ben weg. Ik slaap niet, maar heb me begeven in een waak-droom-toestand waarin een opperste rust heerst. Haarscherp en gedetailleerd trekken droomachtige beelden aan mijn geestesoog voorbij. Ik weet dat Anneke nog steeds korte uitleg geeft bij haar handelingen, maar ik hoor haar niet. Ik voel mij zo licht als een veertje, mijn lichaam drukt niet meer op de divan.

Sterker nog, ik voel zelf mijn lichaam nog maar nauwelijks. Alle kleine pijntjes van alledag, van een ietwat stijve nek tot een licht jeukende muggebeet, van een stroef kniegewricht tot een kriebel in de keel, ze zijn verdwenen. Dit mag van mij heel lang duren, ware het niet dat diep in mijn achterhoofd mijn geweten een waarschuwend vingertje opsteekt: denk erom, je bent aan het werk, blijf registreren!

Hoe lang mijn licht-magnetische slaap heeft geduurd, weet ik niet. Ik hoor alleen Anneke op een gegeven ogenblik zeggen: 'Kom nu maar terug.' Onmiddellijk lig ik weer in haar lichte zolderkamer op de divan. Vervolgens strijkt ze mijn lichaam af. Ze houdt mijn nek met haar rechterhand vast en maakt met haar linkerhand krachtige bewegingen van mijn schouders naar mijn handen en voeten. Ik voel me uitgerust en bijzonder kalm. Dit is dus gemagnetiseerd worden. Tenminste, voor iemand zoals ik, die zich niet direkt geheel overgeeft en min of meer beroepshalve naar een magnetiseur gaat. Wellicht heeft magnetiseren voor een toegankelijker persoon een nog veel weldadiger en ingrijpender effekt.

Anneke wordt niet moe te benadrukken dat magnetiseren in principe niets bijzonders is, dat chakra's en aura's net zulke tastbare delen van een mens zijn als vingers, mond, haar en wat dies meer zij.

'Kijk, wat doe je nu eigenlijk als je aan het nadenken bent en je ondersteunt je hoofd met je hand? Dan zet je je elleboog op je bureau. Daarmee stimuleer je de elleboogchakra. Daardoor kun je beter de

> *Het is goed om zelf zaad te winnen. Dat geeft je namelijk de kans al in een vroeg stadium een band met de planten aan te gaan. Ik heb de gewoonte ontwikkeld de zaaddozen te magnetiseren, zodat de planten die uit de zaden ontstaan, mij direkt herkennen.*
>
> Guy Vanden Abeele, intuïtief tuinder (*Hans van den Bosch, 67*)

> *Als zijn volgelingen bij een goeroe verlichting zoeken, zijn ze weer afhankelijk van autoriteit. Dezelfde autoriteit die ze thuis hebben verworpen; de vader, de moeder, de maatschappij.*
>
> *Jiddu Krishnamurti, anti-goeroe (Bob Snoijink, 49)*

energie die vanuit de Aarde omhoog straalt, in je opnemen. En dus kun je dan ook beter nadenken. Dat soort dingen doen mensen toch voortdurend? Je stoot je scheenbeen. Wat doe je? Je wrijft erover: een teveel aan energie verspreiden.'

Blijft natuurlijk nog de vraag, of iedereen kan magnetiseren. Anneke: 'Ik denk het wel. Ik denk dat iedereen een ander wel kan afstrijken en in feite is dat al een basisvorm van magnetiseren. Je moet er wel een beetje mee oppassen. Je kunt tenslotte "leeggezogen" worden door een ander. Dat kan trouwens ook gebeuren als iemand gewoon maar in je omgeving is. Daar moet je je tegen beschermen.

Wat ik mij altijd voorstel, is dat ik mijn navelchakra sluit, als ik mij wil beschermen. Ik zie die chakra als een bloem, die ik helemaal dicht kan denken. Dat doe ik vooral als ik mij bijvoorbeeld naar een drukke Albert Heyn of zoiets begeef. Als ik hier iemand op de divan heb, doe ik dat niet. Dan heb ik mij zó totaal opengesteld voor de energie uit de kosmos en uit de Aarde, dat ik nooit leeggezogen kan worden.'

Hoe alledaags magnetiseren in feite ook mag zijn, het is duidelijk dat niet iedereen het tot magnetiseur zal kunnen brengen. Niet iedereen is even gevoelig en in staat energie van buitenaf door te sluizen. Een magnetiseur als Anneke kan energie 'instralen' op plekken waar dat nodig is. Dat luistert nogal nauw: elke chakra heeft zijn eigen uitstraling en kleur. Als je daar iets aan toevoegt (of juist iets van afneemt), dien je dezelfde soort energie te gebruiken. En die energie moet goed gericht zijn. Kortom, het huis-, tuin- en keuken-magnetiseren is zeer wijdverbreid, maar voor het gespecialiseerde magnetiseren van echte magnetiseurs komt er méér kijken.

Dat wordt ook duidelijk in het gesprek met Paula Adelaar en Arij de Jong, magnetiseurs uit Heiloo met een jarenlange praktijk. Overigens beperken Paula en Arij zich in hun praktijk niet alleen tot magnetiseren. Paula doet ook aan handlijnkunde en Arij heeft zich gespecialiseerd in astrologie en regressietherapie.

Arij en Paula gebruiken deze specifieke specialisaties geregeld als hulpmiddelen bij het magnetiseren. Maar natuurlijk komen ook mensen langs voor een horoskoop of voor handlezen.

Paula Adelaar is haar praktijk als magnetiseur op de klassieke manier begonnen. Twaalf jaar geleden kwam ze in kontakt met een vrouw die magnetiseerde. De vrouw vertelde wat ze deed en wat ze daarbij voelde. Paula kwam meer en meer tot de ontdekking dat zij hetzelfde had. Paula: 'Ik was als kind al heldervoelend en dat heb ik nooit vreemd gevonden. Wél werd ik altijd als een wat eigenaardig kind beschouwd. Eén van mijn vroegste herinneringen aan mijn vermogen om te genezen heeft te maken met mijn zusje. Zij lag in het ziekenhuis op sterven, ze had zeer ernstige longontsteking. Ik mocht naar haar toe. Ze zeiden me niet dat het was om afscheid te nemen. Ik dacht toen: ik ga haar beter maken door haar aan het lachen te brengen.

Paula bleef een uur bij haar zus. Vier dagen later kon het zusje naar huis. De doktoren stonden voor een raadsel. Toentertijd realiseerde Paula Adelaar zich niet wat ze had gedaan. Pas toen ze na haar dertigste een praktijk als magnetiseur opbouwde, moest ze eraan terugdenken.

Ze komt uit een paranormale familie, zegt Paula. Haar opa stond erom bekend dat hij wratten weg kon nemen. Hij riep tegen kinderen met wratten: 'Die koop ik van je!' En na enige tijd waren ze verdwenen. In feite werd er in de familie niet zoveel aandacht aan zulke dingen besteed.

Paula: 'Het is eigenlijk ook gewoon, paranormaal zijn. Iedereen heeft het in zich. Bij de één is het alleen maar beter ontwikkeld dan bij de ander. Iedereen kan zingen, maar de een kan er zijn beroep van maken en de ander niet. Maar iedereen kan uit zijn eigen leven paranormale feiten noemen. De telefoon gaat en je weet van tevoren wie er belt. Je praat over iemand en daar komt-ie toevallig net aan. Dat gebeurt dagelijks. Daarom zeg ik ook dat iedereen wel een beetje paranormaal is. Iedereen kan een geliefde of iemand in zijn of haar direkte

> *Als mensen meer rituelen zouden doen, zouden er minder medicijnen bij spanningen kunnen worden gebruikt.*
>
> Henri Stephen, winti-medicijnman en westers verpleegkundige
> *(Robert Hartzema, 44)*

omgeving wel magnetiseren. Waar het koud aanvoelt, kun je energie toevoegen. Waar het warm aanvoelt, moet je juist afvoeren. Afnemen waar te veel is, toevoegen waar te weinig is. Als het goed is, hoef je er eigenlijk niet bij na te denken.'

Arij: 'Als een magnetiseur toevoegt, is hij in feite elektrisch bezig. Neemt hij af, dan is hij magnetisch bezig. Magnetisch is aanzuigend, elektrisch is afstotend. Daarom zeggen sommige mensen ook wel, dat je zou moeten spreken van elektromagnetiseurs. Elektrische mensen hebben een sterke uitstraling en trekken zich over het algemeen niet zoveel aan van hun omgeving. Magnetische mensen zuigen de omgeving naar zich toe, trekken het aan, en zijn gevoelig tot zeer gevoelig voor anderen. Maar het is ook afhankelijk van je gestel en je persoonlijke situatie: 'De ene keer kun je tot het magnetische, de andere keer tot het elektrische geneigd zijn.'

In de praktijk van Arij en Paula gaat het bijna altijd om ingewikkelder zaken dan alleen maar wat energie afvoeren en toevoegen. Mensen met een lang medisch verleden komen naar hen toe. De laatste strohalm.

Arij: 'De meeste mensen die ongeneeslijk ziek zijn, kunnen wij ook niet genezen. In dit verband hebben we het altijd maar over kanker, maar vooruit. Daar kunnen wij helemaal niets aan doen. Wat we zulke mensen wél kunnen bieden, is pijnverlichting, stervensbegeleiding. Overigens vind ik, dat je ook in het geval van zulke aandoeningen het uiterste moet proberen. Het stervenspunt schijnt voor iedereen vastgelegd te zijn, maar tegelijkertijd geloof ik dat er een macht is in de onstoffelijke wereld die het sterven kan verleggen. Echter, sommige zogenaamd ongeneeslijke aandoeningen als reuma en psoriasis zijn wel heel goed te behandelen.'

Arij en Paula zeggen, net als Anneke, dat ze zich moeten beschermen tegen hun omgeving. En zelfs als ze zich beschermen, lopen ze het risiko leeggezogen te worden of de pijn van een ander over te nemen.

> *We zijn de lijn gepasseerd dat het nodig is om dieren te doden om zelf in leven te blijven. Daardoor wordt het immoreel.*
>
> KAREL DOUVEN, INSPIRATOR *(Paul Breekveldt, 45)*

> *Wij willen steeds ons denken inschakelen, maar sommige dingen kunnen alleen geloofd worden, dan pas kun je ze werkelijk zien en bereiken.*
> INGER DROOG, REIKIMASTER *(Robert Hartzema, 46)*

Paula: 'Wij hebben bijvoorbeeld een kennis die ontzettend hard werkt. Nou, hij moet hier niet al te lang blijven, anders wordt Arij leeggezogen. Daar kun je je niet echt tegen wapenen. Ik ken ook een vrouw die telkens maar energie van anderen overneemt. Bij haar heb ik wel eens het gevoel dat ze het expres doet. Dat is zelden het geval, meestal gebeurt het onbewust. Maar goed, die vrouw blaakt van energie en ziet er geweldig jong uit voor haar leeftijd. En mensen in haar omgeving worden steevast doodmoe.'

'Ik kan me vooral slecht wapenen tegen maagzweren,' vult Arij aan. 'Ik neem sowieso vrij veel pijn van een ander over. Er was eens een meisje in de supermarkt aan het vakken vullen en zij had maagpijn. Ik moest gewoon weg uit die winkel want ik kreeg ook maagpijn! Pijnen van jezelf of pijnen van buiten, dat leer je onderscheiden. Wij hebben ook wel gehad dat we hier thuis zaten en opeens heel erg moe werden. Of pijn kregen. Wat bleek nou? Er waren mensen die ergens last van hadden en dan maar aan ons begonnen te denken. Wij hadden toch die begaafdheid?

Ik bescherm mezelf bijvoorbeeld door me van boven naar beneden af te strijken, of door mezelf als onkwetsbaar voor te stellen. Ik denk ook wel eens een onzichtbare plaat tussen mezelf en de ander in.'

Arij en Paula zeggen, dat het 'op je pad komt', als je echt de begaafdheid hebt om te magnetiseren. Anderen zullen je erop attent maken. Omdat je in die richting begaafd bent, trek je mensen aan die met dezelfde soort dingen bezig zijn. Wat niet wil zeggen, dat magnetiseren daarna van een leien dakje gaat.

'Veel mensen die echt kunnen magnetiseren, hebben nooit wat aan zichzelf gedaan,' zegt Arij. 'Je hoeft natuurlijk niet volmaakt te zijn, maar het is naar mijn mening wél zo, dat je de bereidheid moet hebben om te leren van je bezigheden als magnetiseur. Je kunt niet zomaar denken "héé, dit kan ik!" zonder ooit ook maar een beetje van je eigen ego te hebben afgeknabbeld. Je moet openstaan voor een groter bewustzijn.'

Paula vult aan: 'Er zijn mensen met grote magnetische gaven die over dat soort dingen zelden hebben nagedacht. Dat kan behoorlijk gevaarlijk zijn. Bijvoorbeeld omdat ze de neiging hebben om hun kunde steeds weer te bewijzen. Dan zeggen ze soms dingen tegen hun patiënten die ze beter voor zich kunnen houden. Ik probeer me ervan bewust te zijn, dat alles wat ik zeg veel indruk op de mensen kan maken.'

Gevoel en intuïtie, daar gaat het om

Hebben Paula en Arij ten slotte nog wat praktische tips voor mensen die hun geliefden of hun vrienden willen magnetiseren, ook al is dat op hun manier en op hun eigen niveau?

Paula: 'Je moet daarbij vooral op je gevoel afgaan. Kijk, de manier waarop je magnetiseert, kun je echt niet leren. Als je die gave ook maar een klein beetje hebt, gaan je handen altijd daar naar toe waar ze moeten zijn. Vaak blijf je als vanzelf op een plek bezig, net zolang tot je voelt dat het werkt. De één doet het zus, de ander zo.

Ik beweer, dat je in principe geen schade kunt aanrichten als je magnetiseert. Ik zou mensen willen aanraden om de voetzolen méé te magnetiseren. Die worden vaak vergeten, maar de voetzolen zijn zeer belangrijk. En verder raad ik het af om mensen te magnetiseren binnen drie maanden na de laatste bestraling. Ook mensen met hartklachten moet je heel voorzichtig magnetiseren. En voor het overige blijf ik herhalen: gevoel en intuïtie, daar gaat het om.'

Een greep uit de praktijk

Iedereen kan, op zijn of haar eigen niveau, een geliefde of vriend magnetiseren, zeggen Paula Adelaar en Arij de Jong. Waar het koud aanvoelt, kun je energie toevoegen. Waar het warm aanvoelt, moet je juist afvoeren. Gevoel en intuïtie, daar gaat het om. Als voorbeeld een aantal grepen, zoals aangegeven door Rudolf Thetter in zijn boek 'Magnetismus, das Urheil-mittel' (J.J. Couvreur, Den Haag).

> *Elke ziekte heeft zo z'n eigen verhaal te vertellen.*
> PAUL KLUWER, UITGEVER ANKH HERMES *(Akshaya de Groot, 78)*

1. De schedel-achterhoofdgreep

De magnetiseur, rechts van de patiënt, legt de rechterhand op de schedel, de linkerhand op het achterhoofd, met de vingertoppen van beide handen naar links gericht. Als begingreep, bij spanningen, slapeloosheid.

2. De schedelgreep

De magnetiseur, achter de patiënt, legt beide handen met de vingertoppen naar voren naast elkaar op de schedel. Deze greep is toe te passen bij alle hoofdaandoeningen en bij spraak- en gehoorstoornissen.

3. De wangengreep

De magnetiseur legt zijn handen, met de vingertoppen naar elkaar gericht, op de wangen. Deze greep wordt vooral toegepast bij aandoeningen aan de gezichtszenuwen en bij neus- en kaakpijn.

4. De strottenhoofdgreep

De magnetiseur, achter de patiënt, omvat de hals met beide handen, zo dat de duimen elkaar in de nek en de andere vingers elkaar op het strottenhoofd raken. Bij alle aandoeningen van de luchtwegen, de keelholte en de slokdarm.

5. De schoudergreep

De magnetiseur, achter de patiënt, legt zijn handen met de duimen achter en de andere vier vingertoppen voor op de schouders. Deze greep wordt bij longontsteking in het bijzonder en bij alle kwalen in het algemeen toegepast.

6. De schouderbladengreep

De magnetiseur, achter de patiënt, legt zijn handen met naar boven gerichte vingertoppen vlak op de beide schouderbladen. Vooral aanbevolen bij reuma in de rug.

> *De natuur is een manifestatie van harmonie. Er is zelfs harmonie in twee tegengestelde polen als vuur en water, vuur verdwijnt in water, water verdwijnt in vuur.*
>
> VIMALA THAKAR, DE 'VROUWELIJKE KRISHNAMURTI' *(Diane Broeckhoven, 59)*

Vroeger was het: ik ga naar m'n Meester, als ik naar Poona of Oregon ging. Opeens voel ik nu de vrolijke behoefte om Bhagwan te knuffelen. Ik sta pas op voet van intimiteit met iemand als ik hem wil knuffelen.

MA PREM DASSANA, VOORMALIG LEIDSTER VAN DE AMSTERDAMSE RAJNEESHCOMMUNE NA DE VAL VAN BHAGWAN *(Bob Snoijink, 48)*

7. De wervelkolomgreep

De magnetiseur, achter de patiënt, legt zijn rechterhand op de bovenborstwervels en zijn linkerhand op de lendenwervels, waarbij de vingertoppen iets naar links gericht zijn. Bij ruggemergpijn, zenuwzwakte en kwalen in het algemeen.

8. De rug-borstgreep

De magnetiseur, links van de patiënt, legt zijn linkerhand op de maagkuil en zijn rechterhand midden op de rug, waarbij de vingertoppen naar rechts gericht zijn. Bij aandoeningen aan borstorganen en ruggemerg.

9. De onderlijfgreep

De magnetiseur, voor de patiënt, legt beide handen met naar buiten gerichte vingertoppen naast elkaar op het onderlijf. Bij alle aandoeningen aan de onderlijforganen en bij stofwisselingsstoornissen.

10. De dijgreep

De magnetiseur, voor de patiënt, legt de handen met naar achter gerichte vingertoppen vlak op de buitenkant van de dijen. Bij pijnen aan de dijen, het bekken en de onderlijforganen.

11. De kuitgreep

De magnetiseur, voor de patiënt, legt zijn handen met naar achter gerichte vingertoppen vlak op de buitenkant van. de kuiten. Bij pijn aan de kuiten en voeten en om de bloedstroom meer naar beneden te richten.

Het denken kent nooit wat geen grenzen heeft.

ANDREW COHEN, WESTERS GURU *(Lisette Thooft, 97)*

ONKRUID

Onkruid nr. 80, mei/juni 1991

Kwis

Hoever ben je op het spirituele pad?

LISETTE THOOFT

Test je vorderingen op het padloze pad! Een kwis voor waarheidszoekers die niet bang zijn voor de waarheid over zichzelf.

Beantwoord de volgende 33 vragen. Geef jezelf punten als volgt.

Het antwoord	
nee, niet, nooit levert	0 punten op;
heel zelden:	1 punt
ja, soms, een beetje:	2 punten
ja, vaak, in hoge mate:	3 punten
altijd, volkomen:	4 punten

Zet het aantal punten in het hokje na elke vraag. Aan het eind tel je eenvoudig al je punten op en je leest even verderop de beschrijving die bij je score hoort.

1. Heb je 'dat heb ik al eerder meegemaakt'-, déjà-vu-ervaringen? □
2. Kun je elk moment, direkt, de fysieke sensatie in de verschillende delen van je lichaam ervaren en benoemen? □
3. Heb je de ervaring dat wensen op onverwachte wijze of uit onverwachte hoek vervuld worden? □
4. Ben je op de hoogte van het 'thema' van je eigen leven; weet je welk lied je hier op aarde te zingen hebt? □
5. Krijg je informatie door – komen er beelden of woorden in je op – wanneer je voorwerpen of mensen aanraakt? □
6. Voel je intuïtief aan welk voedsel het beste werkt om jezelf of anderen te helpen genezen van lichte aandoeningen? □
7. Heb je een antenne voor de sfeer die er heerst op de plaatsen waar

> *Ik vind dat er een speciale juffrouw bij de kassa zou moeten zitten voor de Touch for Healthtest, om te testen welke producten je beter wel of niet kunt kopen.*
>
> COBY SCHASFOORT, VERTEGENWOORDIGSTER VOOR TOUCH FOR HEALTH, SPIERTESTSYSTEEM *(Diane Broeckhoven, 47)*

je komt? Voel je je op bepaalde plekken lekker, of onbehaaglijk, zonder direkt aanwijsbare redenen? □

8. Werk je op enigerlei wijze aan het vergaren van informatie over vorige levens? □
9. Komen er spontaan beelden in je op van landschappen, steden, huizen, of scènes tussen mensen die je niet kent, die heel ver weg of lang geleden bestaan (hebben)? □
10. Heb je voorspellende dromen? □
11. Heb je dromen waarin je de oplossing van een probleem wordt aangereikt? □
12. Werk je met succes met I Tjing, Tarot, astrologie, numerologie, zelfhypnose, of een andere methode om vragen te beantwoorden? □
13. Heb je wel eens de ervaring dat je buiten je lichaam verkeert en naar jezelf kijkt alsof je een film ziet? □
14. Praat je tegen dieren? □
15. Heb je het gevoel dat zij jou antwoord geven? □
16. Praat je tegen planten? □
17. Heb je het gevoel dat je antwoord van hen krijgt? □
18. Praat je tegen voorwerpen? □
19. Heb je het gevoel dat deze voorwerpen respons geven? □
20. Vind je verloren voorwerpen gemakkelijk terug? □
21. Ken je momenten waarop je energie ongebreideld en onuitputtelijk schijnt te stromen? □
22. Voel je het wanneer mensen energie aan je onttrekken, op het moment dat dat gebeurt? □
23. Ben je op de een of andere manier in staat om jezelf daartegen te beschermen? □
24. Kun je jezelf zuiver met je geesteskracht genezen van kleine kwaaltjes en ziekten? □
25. Doet je stem andere mensen iets? Vinden ze hem kalmerend, of inspirerend? □

> *Niets doen, loslaten wat je aan konditioneringen en zo hebt opgebouwd, is het moeilijkste wat er is.*
>
> MICHAEL BARNETT, KOSMISCH AGENT, LEIDER VAN WILDE GANZEN (*Diane Broeckhoven, 52*)

26. Heb je kontakt met spirituele gidsen? □
27. Werk je met succes met de pendel of de wichelroede? □
28. Heb je een sterke lichamelijke gewaarwording in je 'derde oog', het plekje tussen je wenkbrauwen? □
29. Kun je sommige of alle andere chakra's voelen? □
30. Kun je voorwerpen doen bewegen met je geesteskracht? □
31. Heb je telepathisch kontakt met anderen, voel je haarscherp aan wat zij denken of voelen? □
32. Kun je plezierige gebeurtenissen laten plaatsvinden door visualisatie of gebed? □
33. Heb je over het algemeen een gunstige invloed op de mensen met wie je in aanraking komt? □

Opgeteld? Vorm dan eerst je mening en kijk dan of die met ons inzicht overeenkomt...

Zover ben je op het spirituele pad Uitslag van de kwis

Minder dan 31 punten

Gefeliciteerd met je eerlijkheid. Zelfacceptatie is de gouden sleutel. Zolang je volkomen eerlijk bent tegenover jezelf én vrede hebt met de toestand waarin je je bevindt, heb je verder niets meer nodig. '*There is nowhere to go, no one to become,*' zegt Osho. 'Iedere dag buig ik voor jullie om je eraan te herinneren dat je volmaakt bent, dat niets ontbreekt, dat je er al bent – je hoeft geen enkele stap te doen, alles is al zoals het moet zijn.' Pas wel op voor tests zoals deze. Het gevaar dreigt dat je jezelf onwillekeurig toch met anderen gaat vergelijken.

31 t/m 60 punten

Je bent lekker op weg. Ongetwijfeld heb je iets gehoord, gezien en/of gevoeld dat je leven een nieuwe wending heeft gegeven. Je richting is niet meer naar buiten, maar naar binnen. Kortom, je bent 'bekeerd'.

Als je bij mij komt bij die gelegenheden waarop ik beschikbaar ben, dan moet je die kwaliteit van toegewijde overgave demonstreren, wil ik enig nut voor je hebben.

DA FREE JOHN, GOEROE *(Eigen tekst, 53)*

Maar waarschijnlijk ben je nog wel sterk beïnvloedbaar door 'de wereld' en haar trawanten – begeerte, hoop, ambitie, angst. Nu komt het erop aan je niet te laten verleiden door de sluwe streken van je ego. Probeer niet beter te worden, verder te komen, iets te bereiken. Ga moedig voort op je pad naar de Leegte. Er is geen weg terug – er is helemaal geen pad.

61 t/m 90 punten

Waarom heb je deze test gedaan? Wilde je soms een goed cijfer halen? Wie deelt eigenlijk de rapporten uit? Je wéét al wie je bent en waar de reis naartoe voert. Spirituele hoogmoed is een valstrik op het pad die al menige veelbelovende zoeker naar Waarheid heeft vastgezet. Zie erop toe dat je het kaf van het koren gescheiden houdt. Gooi de onzin eruit, word weer simpel en direkt. Laat alle ideeen van superioriteit varen. Er bestaat geen hoger of lager, geen 'verder' en geen 'dichterbij'. Vanwaar je haast? Het pad loopt rond.

Meer dan 91 punten

Je bent afgedwaald. Je vergist je als je denkt dat al je buitengewone ervaringen je ergens anders naartoe zullen leiden dan de mist in. Tussen aarde en heldere hemel hangt een wolk van pseudo-spiritualiteit vol visioenen, paranormale gebeurtenissen en magie. Waarom wil je de wereld redden? Denk je soms dat je het beter weet dan God? Probeer niet langer je naam in het zand te schrijven. Laat de golven van het bestaan je overdonderen; duik erin, spoel schoon. Begin opnieuw – in onschuld.

Wij maken scheidingen tussen mens, dier, plant, bakterie. Maar wij moeten weer leren inzien dat we alles en iedereen in de natuur nodig hebben, omdat alleen die eenheid kan overleven. Dat is het matriarchaat, de Grote Moeder Kultuur.

RONALD CHAVERS, SJAMAAN *(Eugène Jacobs, 65)*

ONKRUID

Onkruid nr. 87, juli/augustus 1992

Ondanks Karin Spainks 'strafbare lichaam'

'Orenmaffia': geest en lichaam zijn niet te scheiden

LISETTE THOOFT

De schrijfster Karin Spaink veroorzaakte nogal wat opschudding in de media met haar onlangs verschenen boek 'Het strafbare lichaam'. Daarin trekt zij ten strijde tegen wat zij noemt 'de orenmaffia': iedereen die aanneemt dat lichamelijke ziekten ontstaan, en dus ook genezen kunnen worden, langs psychische weg, tussen de oren. Deze 'misdadigersbende' stelt dat lichaam en geest één zijn en dat het lichaam een afspiegeling is van onze geest. 'En dat is natuurlijk onzin,' zegt Karin Spaink.

Ze kreeg veel bijval. Er kwam zelfs opvallend weinig tegengas. Goed, Onkruid heeft ook wel eens wat vraagtekens gezet bij het ongenuanceerd positief denken van zo iemand als Louise Hay. Maar wordt hier niet de baby weggegooid met een piepklein beetje badwater? Daarom nu het woord aan enkele 'orenmaffiosi' én wetenschappers, die een ander geluid laten horen.

Allereerst: wat staat er precies in het boek van Karin Spaink? Wie een levensbedreigende ziekte krijgt, schrijft ze, zoals kanker, aids of multiple sclerose (de ziekte waaraan Karin zelf lijdt) gaat zich afvragen: waarom ik? De dokter weet het niet en houdt zich er ook niet mee bezig. Die is alleen aan het meten, wegen, fotograferen, analyseren en controleren. De patiënt voelt zich steeds machtelozer, en daarop speelt de orenmaffia in. Auteurs als Louise Hay, Bernie Siegel, Ted Troost, Joseph Murphy, Norman Shealy en Carolyn Myss, Thorwald Dethlefsen en Rüdiger Dahlke hebben een ongebreideld geloof in de kracht van de geest over het lichaam. Erger nog (vindt Karin): zij stellen dat elke ziekte de fysieke manifestatie is van een psychisch probleem. 'Uw lichaam verraadt wat uw bewustzijn voor u verborgen wil houden.' Zo zou multiple sclerose veroorzaakt worden door 'geestelijke hardheid'. Karin werd woedend toen ze dat las.

> *Leren is een enorme ervaring. Misschien het enige dat nog leuker is dan een orgasme.*
>
> Paul Solomon, helderziende en medium *(Bob Snoijink, 58)*

Wat zegt de orenmaffia? Als je een keelprobleem hebt, betekent dat misschien wel dat je kwaadheid hebt ingeslikt, of dat je je creativiteit verstikt. Braken kan een uiting zijn van iets niet accepteren, darmverstopping komt vaak door onverteerde ideeën, enzovoort. Er zijn zelfs mensen die beweren dat de manier waarop wij praten over onze gevoelens door middel van vergelijkingen met het lichaam – zoals 'je gal spuwen', 'iets op je lever hebben' – letterlijk genomen moet worden.

Dit vindt Karin een onvergeeflijke, domme denkfout. Als wij metaforen, vergelijkingen gebruiken om iets onbegrijpelijks en psychisch uit te drukken, vindt ze, wil dat nog niet zeggen dat die metaforen enige grond hebben in een fysieke werkelijkheid! Bovendien is het ronduit beledigend en aanstootgevend, schrijft ze, wanneer zo'n therapeut de pretentie heeft een soort 'röntgenblik in iemands ziel' te kunnen werpen op grond van zijn of haar fysieke toestand. 'Ziekte wordt zo getransformeerd tot het wandelend bewijs van geestelijke tekortkomingen, de zekerheid dat iemand psychische conflicten voor zichzelf verdonkeremaant. U lijdt niet aan een ziekte, u lijdt aan uzelf.'

Karin Spaink ziet de orenmaffia als een streng, moreel oordelend college van psychologische rechters. 'Telkens weer bekruipt me het gevoel dat ze gezonde mensen boven zieke mensen stellen. Ze geven mensen die niets of iets minimaals hebben, het idee dat hun vermogen om problemen te hanteren in ieder geval redelijk intact is.' Bovendien, schrijft ze, kunnen geloof en vertrouwen, de 'geneesmiddelen' van de orenmaffia, natuurlijk alleen maar werken bij mensen die gevoelig zijn voor autoriteit en suggestie; nuchtere, sceptische en zelfstandig denkende mensen hebben er niets aan. 'En toch: de verleidelijkheid van hun boeken begrijp ik. Zelfs wanneer ik, gewapend met een potlood om in de kantlijn mijn agressie af te kunnen reageren, hun theorieën lees, denk ik soms: was het maar zo...'

Er bestaat wel zoiets als een link tussen geest en lichaam, geeft Karin Spaink toe, maar het is de vraag welke kant die op werkt. Wetenschappers hebben bijvoorbeeld ontdekt dat hart- en vaatziekten verband houden met een vijandige houding tegenover de wereld. Zou

> *Mensen moeten begrijpen dat ze ziek zijn omdat ze als onbewuste kloten door het leven gaan.*
> PAUL LIEKENS, THERAPEUT *(Bob Snoijink, 56)*

het echter niet eerder zo zijn dat je vanzelf vijandig wordt, wanneer je door 'domme pech' een hoge bloeddruk hebt meegekregen? Of dat je depressief en machteloos wordt als er ergens kanker in je lijf zit, al is die nog niet ontdekt?

Het ergst van alles vindt ze, dat door het wekken van valse hoop op genezing door psychische verandering de patiënt een middel uit handen wordt geslagen om zich te verzoenen met zijn ziekte. Vroeger had je je maar neer te leggen bij de grillen van je lichaam, nu kun je eindeloos kuren en therapeuten proberen en 'als gevolg van die vlucht naar voren hoeft de noodzaak tot verzoening niet onder ogen te worden gezien'.

Hoe vindt namelijk die verzoening plaats, volgens Karin Spaink? Door je los te maken van het lichaam en zorgvuldig afstand te bewaren: 'Ik ben niet ziek, het is mijn lichaam' – een gezonde geest in een ziek lichaam.

Is het lichaam psychisch, of is de psyche lichamelijk?

Voor de oplettende lezer valt er aan het boek van Karin Spaink veel tegenstrijdigs op te merken. Zo beschuldigt ze de orenmaffia ervan, dat die mensen opzet tegen artsen en weghoudt van waardevolle medische behandelingen. Maar ze verwijt de alternatieve sector in dezelfde adem dat die mensen tot veeleisende gezondheidsconsumenten maakt, die voor het minste geringste naar de dokter lopen.

Het succes van de orenmaffia schrijft ze toe aan de vraag die alleen ernstig zieke mensen zich stellen: waarom ik? Bij onbelangrijke of medisch goed behandelbare ziekten stellen we die vraag niet, meent ze. Maar juist een bestseller-auteur als Louise Hay geeft ook psychologische verklaringen voor griep, verkoudheid, aambeien en blaasontsteking. In het alternatieve circuit zetten wij met verve vraagtekens bij kwalen als rugpijn, botbreuken en puistjes. Ben je jezelf voorbij gelopen? Doe je wel wat je echt wilt doen? Hoe zit het met de innerlijke harmonie?

Trouwens, ook de reguliere wetenschap houdt zich nog steeds volop bezig met 'onbelangrijke' ziekten en hun psychische achtergronden. Engels onderzoek wees bijvoorbeeld uit dat verkoudheid nauw verband houdt met psychosociale stress. Heel interessant is ook het gegeven, dat maagzweren beduidend minder vaak blijken voor te komen sinds er een snelwerkend en afdoend medicijn voor is gevonden. Alsof onze lichamen de 'optie maagzweer' daardoor minder bruikbaar vinden om ons te wijzen op een disharmonie in ons bestaan.

De onvergeeflijke, domme denkfout (in Karins woorden) die psychische achtergronden doet vermoeden bij lichamelijke aandoeningen, is zoals ieder mens met een beetje lichaamsbewustzijn weet geen denkfout, maar veeleer een ervaring. Veel uitdrukkingen die wij gebruiken om aan te geven hoe we ons emotioneel of psychisch voelen, zijn gewoon min of meer letterlijke beschrijvingen van onze lichamelijke toestand: 'het vliegt me naar de keel', 'het ligt me zwaar op de maag', 'ik doe het in mijn broek van angst', enzovoort. Alleen al die onmiddellijke, zuiver lichamelijke gewaarwordingen bij psychische gebeurtenissen zijn sterke aanwijzingen dat lichaam en geest één zijn.

In plaats van te vragen 'hoe psychisch zijn ziekten?' kunnen we het zelfs omdraaien en ons afvragen: 'Hoe substantieel zijn gedachten eigenlijk? Hoe fysiek zijn emoties?'

'*Everything is physical,*' zei de spirituele leraar Barry Long in zijn interview met Onkruid. Alles is lichamelijk, zéker de emoties, die volgens hem een 'fors, levend, verwoestend en gezondheidsondermijnend lichaam' in ons lichaam hebben gevormd tegen de tijd dat we volwassen zijn.

Veelzeggend is in dit verband ook de manier waarop de traditionele Chinese geneeskunde werkte: men ging er zonder meer van uit dat alle lichamelijke klachten van oorsprong psychisch zijn. Maar die psychische oorzaken werden even zo vrolijk langs lichamelijke weg behandeld. Want als het lichaam weer hersteld is, wist men, dan raakt de geest vanzelf ook weer in harmonie.

> *Misschien is het zo dat je als klein stukje uit een groter, wijs geheel wordt afgezonderd. En dat kleine stukje moet dan alles allemaal in zijn eentje gaan leren.*
>
> Lucie Dam, uitgeefster van 'Channeling' en leidster van het Informatiecentrum voor Planetaire Genezing (*Kees Beentjes, 79*)

'De reuma drukt me op mijn grenzen'

Maar dan nu het woord aan vertegenwoordigers van de orenmaffia zelf.

Sofie Klimbie is alternatief therapeute en geeft naast trainingen in Voice Dialogue en Rebirthing ook een trainersopleiding gebaseerd op Louise Hay's boek 'Je kunt je leven helen'. Overigens heeft zij die titel genuanceerd. Haar leus is: 'Je kunt je leven helen, maar je kunt het niet naar je hand zetten.'

Doel van de basistraining is: zelfacceptatie. 'Wanneer zelfacceptatie en liefde ontbreken, ontstaan ziekten,' zegt zij. 'Maar ik zeg altijd tegen mensen: denk erom dat je het boek van Louise Hay niet gebruikt als wapen tegenover jezelf of anderen. Het gaat erom of je de bereidheid en de moed hebt naar binnen te kijken, naar je eigen reacties en gedragspatronen. Zelf kreeg ik twaalf jaar geleden reuma – die ik inmiddels door bewustzijnswerk voor tachtig procent heb genezen. Ik was ongelooflijk controlerend, trok veel te veel verantwoordelijkheid naar me toe en ging voortdurend over mijn eigen grenzen. De reuma drukt me letterlijk op die grenzen: sommige situaties zijn te koud, te zwaar, te belastend, enzovoort. Toen ik dat principe ontdekte, werd mijn lichaam steeds losser.'

Vindt zij dan inderdaad dat je aan iemands fysieke conditie kunt aflezen hoe hij of zij innerlijk is? 'Als ik andere reumapatiënten zie, vallen me vaak de overeenkomsten op: geh, je gaat niet makkelijk met jezelf om, er zit een hoop gevangenis omheen! Ik moet zeggen dat ik wel heel vaak samenhang zie tussen ziekten en innerlijke houdingen.' Maar het gaat er niet om gewapend met die kennis links en rechts diagnoses uit te delen, vindt Sofie. 'Weerstand tegen zulke ideeën komt voort uit angst en een behoefte aan veiligheid; die weerstand is de uitdrukking van een beschermend deel, dat je serieus moet nemen. Je mag iemand niet zomaar die bescherming uit handen rukken. Een mens moet er rijp voor zijn om dit soort ontdekkingen te doen.'

> *'In naam van God: rot op!' is het meest eenvoudige uitdrijvingsritueel dat ik ken. Dat moet je heel ernstig en heel hard zeggen en dan is het een effektieve behandelingsmethode.*
>
> LEO PANNEKOEK, KLINISCH PSYCHOLOOG EN PARAPSYCHOLOOG
> *(Hans van den Bosch, 64)*

Voorbij is voorbij. Lot is lot. Je best doen is goed genoeg. Dat zijn de woorden van kracht die bachbloesemtherapie ondersteunen.

LORENZO, BACHBLOESEMTHERAPEUT *(Toine Rongen, 106)*

Ook Linda Keen, auteur van 'Intuïtieve Ontwikkeling' en samen met Aart de Waard oprichter en supervisor van het instituut Mens en Intuïtie, ziet weerstand in de houding die ten grondslag ligt aan Karin Spainks protest. 'Wij zeggen altijd: als je de weerstand tegen je probleem hebt opgelost, ben je over de helft heen, over die bult. Je moet als het ware "hallo" kunnen zeggen tegen je probleem.'

Aart kan zich overigens goed voorstellen dat mensen soms niets willen weten van de psychische achtergronden van hun ziekten en hij vindt het onethisch om die iemand voor de voeten te gooien. 'Alleen de patiënt zelf kan beoordelen of die zich in zo'n diagnose herkent. Er zijn genoeg mensen die tien keer zo hard zijn als Karin en die géén multiple sclerose krijgen. Het lichaam heeft zoveel mogelijkheden om iets uit te drukken!'

Linda: 'Multiple sclerose is bijna altijd een uitdrukking van boosheid die niet naar buiten kan komen. Maar je mag het niet omdraaien: áls je boos bent krijg je m.s. Je zou m.s. kunnen zien als een boodschap die zegt: kijk naar je boosheid. De vraag is altijd: wat heb je te leren van je ziekte?'

Zijn gezonde mensen beter dan zieke, zoals de orenmaffia volgens Karin Spaink insinueert?

Aart de Waard: 'Flauwekul. Als je er zo mee omgaat, heb je er niets van gesnapt. Een ziekte is als iemand die je voor de voeten loopt. Je kunt er met een boog omheen proberen te gaan, maar je kunt ook gaan communiceren met die ziekte: hé, waarom loop je mij in de weg?'

Linda: 'Gezonde mensen hebben blijkbaar de keuze gemaakt om niet op een lichamelijke manier met hun probleem geconfronteerd te worden. Misschien omdat ze het op andere manieren doen, misschien omdat het hun tijd nog niet is. Maar het is zeer arrogant om te stellen dat gezonde mensen beter zouden zijn dan zieke en dat gebeurt in het alternatieve circuit ook absoluut niet. Eerder andersom: misschien ben je wel beter als je ziek wordt, want dan ga je die confrontatie tenminste aan!'

Word je beter van positief denken?

Een opvatting van Karin Spaink die voor haar zo vanzelfsprekend is dat ze hem niet eens ter discussie stelt, is dat je jezelf niet 'zomaar' psychisch kunt veranderen. 'Was het maar zo gemakkelijk...'

Sofie Klimbie: 'Natuurlijk is het niet gemakkelijk om jezelf te veranderen. Het is hard werken, maar het kan. Van mezelf kan ik zeggen dat mijn psychische situatie ten opzichte van tien jaar geleden totaal veranderd is. Dat heeft me heel veel tijd, moeite, aandacht en geld gekost. Maar het weerspiegelt zich in mijn gezondheid, mijn omgeving, in mijn relaties, in mijn hele leven. Ik zie het ook telkens weer aan mijn cursisten. Als je jezelf toestaat te zijn wie je bent, als je bereid bent je pijn in te gaan, dan verandert er iets. Je ziet de gezichten tien jaar jonger worden. Het zijn geheimzinnige processen. En liefde is het geschenk dat komt als die transformatie heeft plaatsgehad.'

Word je beter van positief denken?

Sofie Klimbie: 'Ik ga heel genuanceerd om met dat begrip positief denken. Positieve gedachten zijn heilzaam, maar alleen als je ze méént. Veel interessanter is dat je ze vanzelf krijgt als je ook je negativiteit accepteert. En dat kan een pijnlijk proces zijn. Het misverstand is dat je gedachten zou kunnen dwingen. Maar zo werkt het niet. Waar het mij om gaat, is het gewaar worden wat je denkt en voelt. Het lichaam weet vaak wat er aan de hand is voordat je dat zelf in de gaten hebt.'

Een scheiding aanbrengen tussen lichaam en geest – bijvoorbeeld door te zeggen: 'Ik ben niet ziek, alleen mijn lichaam is het' – maakt je ongelukkig, volgens Aart de Waard. 'Wanneer je de relatie verbreekt tussen die schijnbare tegenstellingen, maak je het jezelf onmogelijk om tot harmonie te komen.'

Linda Keen: 'Hoe kun je lichaam en geest nou uit elkaar houden? Het zijn uitdrukkingen van dezelfde energie.'

Aart: 'Ik denk dat de materie waarmee wij hier te maken hebben, een uiteengevallen eenheid is, waarin we weer eenheid moeten leren ontdekken.'

> *Hoe aandachtiger je wordt, hoe beter je beseft dat één gedachte je hele organisme in een staat van onrust of angst kan brengen.*
>
> TONY PACKER, EX-ZENLERARES *(Lisette Thooft, 95)*

'Je moet altijd nuchter en kritisch blijven, niet sceptisch'

Nog wat vragen, opgeroepen door 'Het strafbare lichaam'. Werkt een psychologische benadering van lichamelijke ziekten niet bij nuchtere, kritische, sceptische mensen, zoals Karin Spaink gelooft?

Sofie Klimbie: 'Nuchter en kritisch zijn is altijd goed, zolang je maar iets van de onbevangenheid van een kind bewaard hebt.'

Aart de Waard: 'Je moet altijd nuchter en kritisch blijven, maar scepticisme valt voor mij in een andere categorie. Sceptici gaan ervan uit dat het niks is, zijn negatief bevooroordeeld. De vraag is of je gelooft in je eigen genezing, of niet. Als je er wel in gelooft, dan heeft dat natuurlijk een gunstig effect.'

Houdt de orenmaffia mensen af van waardevolle reguliere medische behandelingen? Niet de mensen uit het veld die ik voor dit artikel sprak, in elk geval. Linda Keen: 'Het een brengt het ander in evenwicht. Wij zijn grote voorstanders van integrale geneeskunde. Gewone dokters hebben meer mensenlevens gered dan alternatieve genezers!'

Hijsen alternatieve therapeuten zich op de troon waar ze de reguliere artsen vanaf hebben gestoten? Moet je, met andere woorden, je ziel en zaligheid in handen leggen van de therapeut om kans te maken op herstel langs deze weg? Natuurlijk niet. De hele clou van de alternatieve psychologische benadering van ziekten is juist, zoals ook Linda Keen, Aart de Waard en Sofie Klimbie onderschrijven, dat je zélf verantwoordelijkheid neemt voor je ziekte, en dus ook voor je genezing.

Misschien is er bij sommige mensen verwarring tussen de begrippen 'verantwoordelijk' en 'aansprakelijk'. Verantwoordelijkheid betekent dat je zelf een antwoord moet zien te vormen op de situatie. Aansprakelijkheid houdt in dat mensen je erop kunnen aanspreken.

> *Er is objectief gezien nauwelijks verschil tussen alternatieve en reguliere geneeskunst. Je gaat pas naar een arts toe, welke dan ook, als er iets mis is. En een arts blijft niets anders doen dan mensen uit het water halen, in plaats van kijken wie ze erin gooit, telkens weer, tot we leren zwemmen.*
>
> ROY MARTINE, *ZEVENVOUDIG KARATEKAMPIOEN, HUISARTS, OPRICHTER VAN* NEI-*OPLEIDING, ALTERNATIEF GENEZER (Yoeke Nagel, 112)*

> *Toen er röntgenstralen kwamen hadden ze peepshow-gedachten. Zo wordt er nu over reïnkarnatie geluld.*
> HUGO VERBRUGH, ANTROPOSOOF, ARTS, FILOSOOF, SCHRIJVER *(Bob Snoijink, 80)*

Niemand is ooit aansprakelijk voor zijn eigen ziekte. Je mag nooit tegen iemand zeggen: 'Jij bent ziek, schaam je!' Maar iedereen is wél zelf verantwoordelijk.

Sofie Klimbie ziet in Karins reactie op haar ziekte een aanwijzing dat zij misschien schuldgevoelens heeft die heel gemakkelijk te activeren zijn. 'Schuld en schaamte zijn belangrijk. Het is helend om ook die gevoelens naar boven te laten komen en ernaar te kijken. Maar als het zo groot en overweldigend wordt dat je je er totaal mee identificeert, is het een last. Je kunt ook mededogen voor jezélf voelen.'

'Het is allang bewezen, dat psychische factoren gezondheid beïnvloeden'

Het laatste woord is aan de wetenschap. Dr. Cobi Heijnen is immunologe aan het Wilhelmina Kinderziekenhuis in Utrecht en verricht al jarenlang onderzoek naar het effect van stress op het immuunsysteem. Wetenschappelijk is het allang bewezen, bevestigt zij, dat psychische factoren gezondheid en ziekten beïnvloeden.

'De manier waarop je met het leven omgaat is medebepalend voor het verloop van een ziekte – dat is zo langzamerhand wel duidelijk,' stelt ze. 'Het gaat vooral om *coping style*, de manier waarop je stress hanteert.'

Deze coping style is een belangrijk begrip in de recente stress-literatuur. De vraag is: doe je iets aan de omstandigheden waaronder je lijdt, of probeer je je aan te passen, slik je je ellende in?

Cobi Heijnen: 'In dierproeven is al zo goed als bewezen dat die coping style ook bepaalt of een ziekte gemakkelijk te induceren is of niet. Bij rattenstammen die een passieve coping style hebben aangeleerd, kan gemakkelijk een ziekte als artritis of een tumor worden opgewekt; bij ratten met een actieve coping style niet.'

Ook psychische trauma's kunnen aan de basis liggen van ziekten, blijkt uit wetenschappelijk onderzoek. De immunologe: 'Bij apen en ratten is vast komen te staan dat de periode rondom de geboorte van groot belang is voor het functioneren van het immuunsysteem. Stress in die kritische periode zorgt voor een minder goede afweer. Dit zou bij de mens, naast vele erfelijke factoren, ook een belangrijke factor kunnen zijn bij het al of niet ontstaan van een ziekte.'

Als wetenschapper is ze uiteraard voorzichtig in haar uitlatingen. 'De psyche is een factor in een heel samenspel van factoren, die bepalen of een ziekte ontstaat. En het is natuurlijk lang niet altijd zo dat de psyche elke ziekte volkomen kan genezen.'

'Goede psychosociale begeleiding verhoogt de kwaliteit van het leven'

Zeer genuanceerd is ook prof.dr. Marco de Vries, directeur van het Helen Dowling Instituut voor Bio-psycho-sociale geneeskunde in Rotterdam. Hij stelt het zo: 'Er is ruimschoots wetenschappelijk aangetoond dat een goede psychosociale begeleiding van mensen met kanker of aids de kwaliteit van het leven verhoogt. Er zijn aanwijzingen dat zulke begeleiding ook levensverlengend kan werken. Daarnaast is gebleken dat psychosociale steun de bezwaren van reguliere medische behandelingen kan verminderen, en pijn van mensen in vergevorderde stadia van bijvoorbeeld kanker verdraagbaar kan maken.'

Een goede psychosociale begeleiding kan alleen iemand geven die daarvoor grondig is opgeleid, vindt professor De Vries en hij adviseert iedereen die deze weg wil gaan, zich zeer kritisch en nuchter op te stellen bij de keuze van de therapeut. Ook hij zet kanttekeningen bij het begrip 'positief denken'.

'De term suggereert dat ik geen negatieve gevoelens meer mag hebben zoals boosheid, wanhoop of verdriet. Een van de belangrijkste doelstellingen van die psychosociale begeleiding is echter juist mensen te helpen in het uiten en doorleven van hun depressie, hun angst en hun wanhoop. Uit onderzoeken zijn aanwijzingen voortgekomen dat de mensen die daartoe bereid zijn het beter doen dan mensen die hun crisis niet in de ogen willen kijken.'

> *Hoe sterker de keuze is die je maakt, hoe sterker de uitwerking van de energie is.*
>
> PHYLLIS FURUMOTO, REIKI-GRANDMASTER *(Rolf de Meijer, 57)*

Als een geloof de mensheid in staat stelt om spiritueel boven zijn beperktheid uit te komen, is het een goed geloof. Dan kan het mij niet schelen of dat nou de hekserij of de Kerk is.
DOLORES ASHCROFT-NOWICKY, HEKS (*Joh.M. Pameijer, 72*)

'Maar natuurlijk mag je nooit tegen iemand zeggen "jij moet nu maar eens door je crisis heen",' benadrukt ook hij.

Geeft een arts eerlijke informatie als hij op de overlevingsstatistieken afgaat, en valse hoop als hij mensen wijst op de mogelijkheid van spontane genezing?

De Vries: 'Natuurlijk wijs je als arts op de ernst van de situatie. Maar een arts die vanuit een autoriteitspositie tegen een patiënt zegt "u hebt nog drie maanden te leven", spreekt een banvloek uit. Dat is bijna een soort westerse voodoo! Als iemand mij vraagt: "Hoe lang geeft u mij?" zeg ik: "Ik ben Onze Lieve Heer niet. Ik weet het niet." Er zijn gevallen van spontane genezing. Er is altijd hoop. Valse hoop bestaat niet!'

Van Karin Spainks boek zegt hij: 'Ze gooit het kind met het badwater weg. Er wordt zeer veel goed werk verricht op het gebied van psychosociale beïnvloeding van ziekten, zowel in de praktijk als in de wetenschap. Het is zonder meer duidelijk dat dit soort steun helend kan werken voor mensen die dat willen en die eraan toe zijn.'

Maar de manier waarop Karin zich heeft verzoend met haar multiple sclerose door te zeggen 'ik ben niet ziek, het is mijn lichaam', vindt hij juist heel bewonderenswaardig: 'Een mens is méér dan zijn ziekte.'

Gelooft hij dan toch dat het lichaam een zelfstandige factor is met zijn eigen wetmatigheden, los te snijden van de geest?

Professor De Vries: 'We weten nog zo verschrikkelijk weinig over de manier waarop ons lichaam werkt, dat een heleboel bescheidenheid hier op zijn plaats is.'

De dood maakt niet plotseling een engel van ons of een goed mens. We hadden een keus om op aarde te leven en na de dood moeten we weer een keuze maken: willen we naar het licht of niet?
ROSEMARY ALTEA, SPIRITISTISCH MEDIUM (*Lisette Thooft en Peter den Haring, 109*)

ONKRUID

Onkruid nr. 88, september/oktober 1992

Rubriek Meesterstukjes

Thich Nhat Hanh

De rubriek Meesterstukjes is een podium voor minder bekende meesters van spirituele geschriften. De bekende, zoals J. Krishnamurti, Swami Rama, Bhagwan Shree Rajneesh, Da Free John en Vimala Thakar, hebben hun zegje in Onkruid gedaan. Er zijn of waren er veel meer die veel minder voor het voetlicht kwamen, of er zijn meesterstukjes van bekende spirituele hopmannen die nooit in Nederland zijn verschenen. Deze keer twee teksten van de Vietnamese Zen-monnik Thich Nhat Hanh.

Gemeen-zijn

Een dichter ziet duidelijk een wolk drijven uit dit papier. Zonder wolk geen regen; zonder regen kan de boom niet groeien; en zonder bomen kunnen we geen papier maken. De wolk is van levensbelang voor het papier. Geen wolk, geen papier. Je kunt dus zeggen dat wolk en papier gemeen-zijn. Dat woord staat nog niet in het woordenboek, maar als we gemeen verbinden met zijn, dan hebben we een nieuw werkwoord.

Als we nog beter naar dit papier kijken, zien we de zon ervan af stralen. Zonder zonneschijn geen bos. Niets groeit zonder zonneschijn. Zelfs wij niet. Dus weten we dat de zonnestralen ook besloten liggen in dit papier. Als we nog beter kijken, zien we ook de houthakker die de boom heeft omgehakt en naar de zagerij heeft gebracht om te worden getransformeerd tot papier. En we zien tarwe. We weten dat de houthakker niet kan bestaan zonder zijn dagelijks brood en daarom zit de tarwe die zijn brood werd ook in dit papier. En de moeder en vader van de houthakker zitten er ook in. Als je de zaken op die manier bekijkt, dan zie je dat dit papier zonder dat alles niet kan bestaan. Kijken we nog beter, dan zien we onszelf er ook in zitten. Dat is niet moeilijk, want als we naar papier kijken, dan is dat papier onderdeel van onze waarneming. Jouw geest zit erin en de mijne ook.

We kunnen dus stellen dat alles hier in dit papier zit. Je kunt niet één ding aanwijzen dat er niet in zit: tijd, ruimte, aarde, regen, de mineralen in de aarde, de zonneschijn, de wolk, de rivier, de warmte. Alles bestaat in gemeenschap met dit papier. Daarom vind ik dat 'gemeen-zijn' in het woordenboek moet. Je kunt niet zomaar op jezelf zijn. Je moet gemeen-zijn met alle andere dingen. Dit papier is, omdat al het andere is.

Gesteld dat we een van de elementen zouden terugbrengen naar z'n bron. Gesteld dat we dat met zonneschijn doen. Denk je dat dit papier dan mogelijk zou zijn? En als we de houthakker terugbrengen naar zijn moeder, dan hebben we ook geen papier. Feit is dat dit papier is samengesteld uit allerlei elementen niet-papier. En als we die elementen teruggeven aan hun bron, dan hebben we geen papier. Hoe dun het ook is, het bevat het hele universum.

Spreek mij aan met mijn ware naam.
Zeg niet dat ik morgen afscheid neem
want ook vandaag nog kom ik aan.
Kijk: ik arriveer elke seconde
om te ontluiken aan een lentetak,
om een vogeljong met frêle vleugels te zijn,
die leert zingen in mijn nieuwe nest,
om een rups te zijn in het hart van een bloem,
om de juweel te zijn die zich schuilhoudt in steen.
Ik arriveer altoos om te lachen en te huilen,
om te vrezen en te hopen;
het ritme van mijn hart is geboorte en dood,
van allen die nog leven.
Ik ben de libelle die van gedaante verandert,
op de oppervlakte van de rivier,
ik ben ook de vogel die met de lente verschijnt
om de libelle op te eten.
Ik ben de kikker die opgewekt in het heldere water van de vijver zwemt.
Ik ben ook de slang die stil naderbij komt

om de kikker te verslinden.
Ik ben het kind van Oeganda, vel over been,
mijn benen zo dun als bamboe.
Ik ben ook de wapenkoopman, die zijn dodelijke waar
verkoopt in Oeganda.
Ik ben het twaalfjarige meisje op de vluchtelingenboot,
die zichzelf verdrinkt na te zijn verkracht door een piraat.
Ik ben ook die piraat; mijn hart is nog niet in staat te zien
en lief te hebben.
Ik ben lid van het politburo, met een zee van macht.
Ik ben ook de man die zijn bloedschuld betaalt aan mijn volk
en langzaam crepeert in een kamp voor dwangarbeid.
Mijn vreugde is als de lente: zo warm dat de bloemen
in mijn handen gaan bloeien.
Mijn pijn is als een rivier van tranen:
zo vol dat ze de vier oceanen vult.
Spreek mij aan met mijn ware naam, zodat ik tegelijk
al mijn geschreeuw en gelach kan horen, zodat ik kan begrijpen
dat mijn vreugde en verdriet slechts één zijn.
Spreek mij aan met mijn ware naam, zodat ik wakker word en de
deur van mijn hart blijft open staan:
de deur van mededogen.

De mens is onbewust een gatenkaas. In het volmaakte wezen dat hij ooit als peuter was, heeft zijn opvoeding gaten geslagen, waaruit zijn essentie zich geschrokken heeft teruggetrokken. Om geestelijk te overleven, vulde het individu vervolgens die gaten met iets wat leek op die oorspronkelijke essentie. De vulling van alle gaten bij elkaar heet persoonlijkheid. Die persoonlijkheid kan weer plaats maken voor het oorspronkelijke product door hard werken, trouw aan de waarheid en veel aandacht.

A.H. ALMAAS, VOLGENS BOB SNOIJINK (*Bob Snoijink, 104*)

Er zullen maar weinig mensen in Nederland en België zijn die tegen de helft van de jaren negentig nog nooit bij Jomanda zijn geweest, nooit een orakel hebben geraadpleegd, nooit een vitaminepil hebben genomen en dat ook beslist nooit zullen gaan doen. De groep mensen die nog steeds stug volhoudt dat al die Onkruid-achtige dingen des duivels zijn, bijgeloof of erger, moet nu zijn geslonken tot ongeveer dezelfde grootte als de handvol 'alternatievelingen' van het eerste uur.

Alternatief? Waarvoor dan? Alternatief is *mainstream* geworden. Al wordt steeds vaker gezocht naar wat modernere, minder strakke jasjes voor de soms moeilijk te bevatten diepere lagen. 'Yogarobics' ligt toch wat lekkerder voor de westerse mens dan de klassieke Indiase yoga, waar jarenlange meditatie en oefening voor nodig zijn.

Het grote spirituele centrum Oibibio, opgezet door Ronald Jan uit het grootgruttersgeslacht Heijn, blijkt een uitstekend pleitbezorger van het spirituele. De algemene belangstelling voor dat waar Onkruid altijd al over schreef, is typerend voor een samenleving die redelijk stabiel draait. De stromingen die zich bewezen hebben, worden nu razendsnel populair bij grote groepen mensen. Dat geeft ruimte voor nieuwe experimenten. Waar gezond eten al lange tijd is verheven tot kunst, lijkt het nieuwe 'pies drinken' wel de meest ver doorontwikkelde uitwas van de voedingsadepten. Het is tijd om de voedingsstromingen te evalueren; veel kunnen we er niet meer aan toevoegen. Behalve dan supplementen. En dat gebeurt dan ook op heel grote schaal. Weer is Onkruid dan het platform waar de vragen worden gesteld over de 'nieuwe normen', die zo duidelijk beïnvloed of geïnitieerd zijn door de vorige lichting bewusten. Heel terecht dat extra aandacht wordt besteed aan hoe het óók kan: de positieve invloed van allochtonen, die allemaal hun eigen godsdiensten meenemen. In het inmiddels vrijwel ontkerkte Nederland beslist geen overbodige import!

We gaan grenzen over. Voor de plantenwereld interesseerden we ons al – de oude kruidenwijsheden –, daarna lag het accent op de ontwikkeling van de mens aan de mens – de wijzen en therapeutische stromingen –, nu komt ook het dier in zicht. Dolfijnen worden bijna het nieuwe symbool van de spiritueel geïnteresseerde. In de begintijd van het 'zwemmen met dolfijnen' is de vraag nog niet aan de orde of die beesten het wel zo leuk vinden om met mensen te zwemmen. Prinses Irene, die haar nek enorm heeft durven uitsteken door een boek te schrijven over 'spreken met bomen', houdt hartstochtelijke pleidooien voor de liefdevolle en helende uitstraling van dolfijnen en verdere zorg voor de natuur.

Natuurlijk is ook de persoonlijke ontwikkeling niet van het menu verdwenen. Sterker nog, steeds duidelijker wordt het verlangen om je aan alles te spiegelen: plant, mens, dier, maar ook je dagelijkse aktiviteiten kunnen een bron worden van geestelijke groei. De inzichten van vorige generaties maken een glorieuze comeback: hekserij mag zich verheugen in een enorme belangstelling. De discussie over hoe ethisch het is om met magie je wereld te beïnvloeden, wordt duidelijk beslecht: magie is een vorm van bewustzijn. En bewustzijn is niks zonder praktijk, alledaagse toepassing ervan. Onderhevig aan inflatie ook. Gelukkig breekt de tijd aan dat de poging al telt, niet alleen meer het resultaat van je streven. De strengheid is eraf. Bewust leven en spirituele ontwikkeling moeten wel leuk blijven! En omdat dat best kan, kiezen steeds meer mensen ervoor. Onkruid is heel normaal.

ONKRUID

Onkruid nr. 94, september/oktober 1993

Meditatief mopperen

PETER KAMPSCHUUR

Para

Er zijn genoeg mensen die wat graag paranormaal zouden zijn. Er zijn ook mensen die dat maar eng vinden. Zoals een oude lerareres op mijn middelbare school, die zomaar opeens dingen 'wist' en de examentekst voor Frans 's nachts voor haar eindexamen in een droom zag. Eén woordje wist ze niet, en ze kon de verleiding niet weerstaan om dat op te zoeken. Dat werd dus een 10. Toch hield ze de verdere ontwikkeling van haar paravermogens zoveel mogelijk tegen, want ze vond die maar griezelig.

Andere mensen zullen haar benijden en ontwikkelen een vleugje helderwetendheid juist met graagte. Even een cursusje – of niet eens – en hup! Een bordje 'paragnost' in de tuin.

Je komt over parabegaafdheid twee tegengestelde standpunten tegen. Volgens het ene gaat het om een talent: zulke vermogens zijn je aangeboren of niet. De secretaris van de Vereniging voor Paranormale Geneeswijze denkt er bijvoorbeeld zo over. Hij zei eens: 'Tegenwoordig denken steeds meer mensen in *no time* een spiritueel *healer* te kunnen worden. Bevalt je baan je niet meer? Dan word je toch auralezer!' Hij vindt dat maar niks, en terecht.

Volgens het andere standpunt heeft iedereen alles in zich wat menselijk is. Je kunt je wel paragnost of paranormaal genezer noemen, dat wil nog niet zeggen dat je over bovenmenselijke, uitzonderlijke gaven beschikt! We maken alleen verschillende ontwikkelingen door, en daarin zijn hooguit sommige mensen anderen in sommige opzichten wat vooruit.

Ook daar zit wat in. Wat mij betreft behoort het hele onderscheid tussen 'normaal' en 'paranormaal' tot een verouderde denkwijze. Piet

Laatst zat ik op een terrasje bij de Hallen in Parijs te mijmeren over Christus. Ik keek naar de mensenmenigte op het trottoir en dacht: wat jammer dat Hij te vroeg gekomen is. Hij had beter in onze tijden kunnen komen, want de wereld is er vreselijk aan toe, we leven in zulke materialistische tijden met lage energieën. Plotseling hoorde ik binnen in mij iemand verschrikkelijk hard lachen. Voor mijn ogen verscheen in de menigte, gevormd door de kleurvlekken van al die donkere en lichte gezichten en kleren, het gezicht van Christus. En dat gezicht glimlachte. En een innerlijke stem zei: 'Waarom zoek je me? Ik bén hen, ik bén jou.'

PACO RABANNE, MODEONTWERPER *(Lisette Thooft, 90)*

Vroon schreef ook al eens: 'Als je je criteria scherp genoeg stelt, is hoegenaamd alles paranormaal!' Zeg nou zelf: we leven toch in één enorm wonder?

Maar wie zo graag helderziend of -voelend wil worden, vergeet gemakkelijk waar dat mee begint: met oprechte belangstelling voor anderen, met meevoelen, je echt in een ander inleven, empathie. Zeg maar: met liefde.

Dat leer je niet even in een cursus. Dat kan, jammer genoeg, een heel leven kosten. Of meer.

Maar daar kun je wel nu mee beginnen...

Roken heeft niets te maken met kanker. Het is andersom: het canceroïde type wordt aangetrokken door roken. Het genietende roken heeft al een lange geschiedenis, die gaat terug tot de tijd van de horige boeren. Als zo'n ploeger 's avonds thuis kwam, dan stond het binnen blauw van de rook, van het vuur in de schouw. Maar dat vuur brandde niet om de mensen warm te houden. Die schouw was gebouwd om ham te roken voor de landheer! Als ik zelf bij zo'n haardvuur kom, ruik ik het hout en de verbrande bladeren die tussen het hout zitten. Lekker! Die geur is ingebakken, die zit in het genetisch geheugen. Daarom geeft roken hetzelfde goede gevoel.

MARC GEVAERT, OPRICHTER LATEMSE COMMUNE, NATUURVOEDINGSBEDRIJF LIMA, VEGETARISCH KOK *(Frank Flippo, 124)*

ONKRUID

Onkruid nr. 96, januari/februari 1994

Feestmaal met overtuiging

JACQUELINE SINNIGE

Veganistisch, macrobiotisch, antroposofisch, vedisch: nu nóg lekkerder

Lekker eten, dat hoort vanouds bij de winter. Lekker, oké, maar graag op de manier die bij me past. Onkruid vroeg aan mensen van vier verschillende levensbeschouwingen, die van goed eten houden, wat zij op tafel zetten als het gezond en feestelijk moet zijn.

Feestelijk eten en macrobiotiek

Alles wat de natuur nú biedt

'Macrobiotiek is niet zomaar een eetsysteem,' zegt Luc de Cuyper van het macrobiotisch Oost-West Centrum in Antwerpen, 'maar een levenswijze waarin een aantal sleutels aangeboden worden om gezond en gelukkig te leven. De voedingswijze is er één van. Het dieet is als het ware een spiegel van hoe de macrobiotieker denkt, voelt en leeft. Het moet in evenwicht zijn met jou situatie van die dag, je activiteiten, je conditie en het seizoen. Om geen onnodige energie te verspillen, staan er op het feestmenu ingrediënten die de natuur op dat moment biedt. Dus geen geïmporteerde vruchten of groenten.

Hoewel de maaltijd voornamelijk vegetarisch is, zijn we voor feestmaaltijden wat flexibeler als het om dierlijk eten gaat. Veel mensen hebben juist in deze winterperiode (yin-periode – JS) meer behoefte aan voedsel met een hoge energetische waarde, zoals vlees of vis (yang-voedsel – JS).' Op het menu staan geen extra geraffineerde produkten (suiker) en geen zuivelrijke toetjes. 'Deze laatste hebben namelijk een verdachte nevenwerking, zoals slijmvorming,' vertelt Luc.

De culinaire feestmaaltijd voor een grote groep mensen, is vooral gevarieerd. 'Zo kan elke gast intuïtief datgene kiezen, wat hij die dag nodig heeft. Die variatie vind je terug in de kleur, smaak en de vele soorten groenten van het seizoen (blad-, wortel- en knolgroenten). Voor alles wat je eet geldt één gouden regel: 'Koop de produkten supervers, van goede kwaliteit; meer dan enkel biologisch, gebruik voor de bereiding bij voorkeur gietijzeren of inox pannen en houten kookmaterialen,' zegt Luc.

Feestelijke macrobiotische recepten
(2-4 personen)

Warme appelbowl met gember
****
Witlofzalmschoteltje
****
Preiroomsoep
****
Gierstpureeroosjes
Vidés (bladerdeegpasteitjes) met seitan-cashewragoût
Quiche van tofu met broccoli en paddestoelen.
Geglaceerde wortelen met rozijnen
Groene tintenrolletje met notenparfum
Veldsla met dressing
Gemarineerde arame (zeewier)
****
Mokkaparfait met marsepein

Ik schaam me er eigenlijk voor dat ik niet in staat ben geweest om een produkt te maken dat net zo zou aanslaan als Coca-Cola.

Willem Veldhoven, ondernemer in natuurvoedingsketen Gaiapolis
(Kees Beentjes, 91)

Warme appelbowl met gember

Nodig:

1 l appelsap, oryza rijstmalt, laurier, ½ tl nootmuskaat, gembersap, 1 appel

Breng de appelsap met malt, laurier en nootmuskaat aan de kook en laat 30 minuten trekken. Verwijder laurier, voeg gembersap en appelblokjes toe. Serveer warm in een glas met een appelschijfje op de rand.

Witlofzalmschoteltje

Nodig:

witlof, gerookte zalm of heilbot, sojamelk, witte miso, arrowroot (= pijlwortelmeel, bindmiddel), radijs, tuinkers

Kook de witlof zacht. Maak een saus met de sojamelk, arrowroot en witte miso. Schik de witlof op een schoteltje, leg daarover een plakje gerookte zalm en overgiet met de witte saus. Garneer met een radijsbloempje en tuinkers.

Preiroomsoep

Nodig:

groentebouillon, preiringen, oesterzwammen, bloem, olie, water, sojamelk, zout, koriander, peterselie, bladerdeeg

Maak een roux van de olie en de bloem, laat afkoelen en maak aan met koud water. Voeg de bouillon toe en laat al roerend binden. Voeg de preiringen toe en laat enkele minuten koken. Voeg dan de oesterzwammen toe en kook verder zacht. Werk af met een scheutje sojamelk, zout en koreander. Dien op met fijngehakte peterselie, bladerdeeggarnituur.

Gierstpureeroosjes

Nodig:

gierst, water, bloemkool, margarine, paneermeel, zout, muskaatnoot, eventueel sojamelk

Kook de gierst samen met de bloemkool gaar in driemaal zoveel water en een snufje zout (ongeveer 20 minuten). Stamp, of doe door de roerzeef. Voeg eventueel nog wat sojameel toe en breng op smaak met kruidenzout en muskaatnoot. Spuit roosjes op een ingeoliede bakplaat, bestrooi met een beetje paneermeel en een klontje margarine. Gratineer in de oven.

Vidés (bladerdeegpasteitjes) met seitan-cashewragoût

Nodig:
ui, knoflook, champignons, gefrituurde seitan (en/of tempeh), cashewnoten, sojamelk, bloem en/of arrowroot, zout, peper, nootmuskaat, vidés (bladerdeegbakjes), peterselie
Sauteer de ui met de knoflook, voeg de champignons bij en stoof zacht. Leng aan met sojamelk, voeg de gefrituurde seitan (tempeh) en cashewnoten toe. Bind met bloem en/of arrowroot en breng op smaak met zout, peper en muskaatnoot. Serveer de ragoût in een vidé en dien op met peterselie.

Quiche van tofu met broccoli en paddestoelen

Nodig:
Deeg: *2 koppen volkorenmeel, 1/3 kop zonnebloemolie, 1/3 kop water, ¼ tl zout*
Vulling: *ui, champignons, shitake, oesterzwammen, broccolibloempjes, olie, basilicum en/of marjolein*
Bovenbedekking: *tofu, olijfolie, zout, zwarte peper*
Meng het meel met de olie, het water en het zout tot een zacht deeg, kort kneden. Rol het deeg uit en schik in ingeoliede taartbodem, prik in, bak ongeveer 8 minuten voor in hete oven. Blancheer de broccoli een halve minuut in licht gezouten water. Sauteer de ui in olie, voeg champignons, oesterzwammen, geweekte en in reepjes gesneden shitakes toe, laat samen met de basilicum en/of marjolein stoven tot het vocht verdampt is. Mix de tofu met olie, zout, zwarte peper en eventueel water tot een romig geheel dat vrij vloeibaar is. Vul de taart met het paddestoelenmengsel, daarover de broccoli en de tofucrème. Bak 20 minuten in de oven.

Geglaceerde wortelen met rozijnen

Nodig:
600 g wortelen, 1 el malt, ½ el citroensap, 1 tl mosterd, ½ el kerriepoeder, olie, rozijnen
Stoom de wortelen zacht in een stomer. Meng het citroensap, de mosterd en het kerriepoeder. Sauteer de wortelen in olie, voeg malt en rozijnen toe, laat even bakken. Roer er het mosterdmengsel door en laat nog enkele minuten doorkoken.

Groene tintenrolletje met notenparfum

Nodig:

Chinese kool, waterkers, amandelpasta

Blancheer de groene groenten en laat uitlekken. Spreid een Chinese koolblad uit, leg er waterkers (of groenten) op, bestrijk met amandelpasta en rol op. Snijd in stukjes van ongeveer 3 cm.

Veldsla met dressing

Nodig:

Dressing: *1 deel sojamelk, 1 deel olie, 1 koffielepel mosterd, 500 ml vloeistof, 1 koffielepel umepasta, 500 ml vloeistof*

Doe de ingrediënten in een smalle beker. Mix met staafmixer van onder naar boven.

Gemarineerde arame (zeewier)

Nodig:

arame, shoyu, gember, water, geroosterde sesamolie

Marineer de arame (minimaal 6 uur) in een mengsel van shoyu-water-gembersap en geroosterde sesamolie

Mokkaparfait

Nodig:

1 l water, 1 pakje vlokjes agar-agar, 1 potje maïsmalt (ongeveer 400 g), 6 el yannoh (granenkoffie), ½ el zout, 2 el arrowroot, 6 el witte tahin (of witte amandelpasta), 1 el perediksap, ½ l sojamelk

Kook het water met de kantenvlokjes, de malt, de yannoh, het zout en de opgeloste arrowroot. Laat opstijven. Mix met de amandelpasta, het perediksap en de sojamelk. Vul af in lange glazen en garneer eventueel met amandelcrème.

Marsepein

Nodig:

500 g amandelpoeder, 50 g ahorn, 400 g maïsmalt, 2 koffielepels rozenwater, amandelschilfers, gemalen kokos, carobpoeder

Kneed alles tot en met het rozenwater samen tot een homogene massa. Vorm bolletjes en rol in amandelschilfers, kokos, carob.

(Recepten: Oost-West Centrum Antwerpen, Katrien Cocquyt)

> *Niets is voor de aan eten verslaafde westerling zo fascinerend als niet-eten.*
>
> JASMUHEEN, LEVEND VAN LICHT, AUTEUR VAN 'LICHTVOEDING' *(Diane Broeckhoven, 126)*

Feestelijk eten en veganisme

Geen uitbuiting van dieren

Voor veel mensen is een feestmenu zonder een flink uit de kluiten gewassen kalkoen of een sappige varkensrollade waarschijnlijk haast ondenkbaar. Maar van het menu van de Nederlandse Vereniging voor Veganisme is de geijkte varkensrollade, met pudding en slagroom, op kordate wijze verbannen.

'Persoonlijk vind ik dat een mens het recht niet heeft een ander levend wezen te doden. Ik ben tegen nutteloos geweld en slachtpartijen én tegen uitbuiting van dieren, zoals melkvee en honingbijen,' zegt Anita Klinkenberg namens de Nederlandse Vereniging voor Veganisme. 'Varkensrollade? Het is toch vreselijk dat moedervarkens in de bio-industrie vastgeketend liggen om zo te voorkomen dat ze hun biggetjes pletten! Ze hebben geen deel van leven,' zegt ze verontwaardigd.

Hoe slagen ze er, ondanks al die beperkingen, toch in om een volwaardig feestmenu op hun bord te toveren? Anita: 'Een belangrijk onderdeel van het menu is rauwkost. Het is lekker sappig, vezelrijk, boordevol vitamines en mineralen. Daarnaast lekker veel vers fruit.' Je portie eiwitten en kalk krijg je gemakkelijk binnen met de volle granen, noten en peulvruchten (linzen, soyabonen, erwten), uit vele soorten groenten, aardappelen en sesamzaad.

Anita haalt haar kerstboodschappen het liefst in de natuurvoedingswinkel. 'Groente, fruit en pasta's het liefst van BD-kwaliteit, omdat de BD-boer milieuvriendelijk werkt.' Nog speciale dingen waar ze rond het kerstdiner rekening mee houdt? 'Het liefst geen wassen kaarsen en uiteraard geen chique zijden blouse, want ook dat zijn dierlijke produkten. Verder gezellig samenzijn enne... die Chinese tomatensoep komt bij mij vást op tafel!' lacht ze.

Veganistisch feestmenu
(4 personen)

Andijvie-appel-maïssalade
****
Chinese tomatensoep
****
Gegratineerde venkel met broccoli en noten
Gevulde avocado
Noten-champignonschotel
****
Stoofpeertjes met rode druivesap

Andijvie-appel-maïssalade

Nodig:
300 g (krul)andijvie, 100 g wortel, 1 grote maïskolf of 1 blikje maïskorrels, 1 grote appel, 2 el sesampasta, 3 el appeldiksap, 2 el citroensap, 2 el zonnebloemolie, 3 tomaten
Snijd de andijvie in sliertjes. Rasp de wortel en snijd de korrels van de maïskorrels en de appel in stukjes. Meng de andijvie, wortel, maïskorrels en appel zorgvuldig. Maak een sausje van sesampasta, diksap, citroensap en olie en schep dit door de salade. Garneer met in partjes gesneden tomaten.

Chinese tomatensoep

Nodig:
1 ui, 1 halve rode paprika, klein stukje verse gember, 50 g bleekselderij, 50 g bloemkool (in roosjes), 50 g champignons, 100 g maïskorrels, 500 g tomaten (of 1 blikje tomatenpuree), 1 l plantaardige bouillon, 1 el pindakaas, een handje taugé
Begin met het fruiten van de ui. Bak dan nog even de overige eerstgenoemde ingrediënten mee. Doe er dan de bouillon en de pindakaas bij en laat 15 minuten zachtjes doorkoken. Naar behoefte zout, ketjap, tamari of gistextract toevoegen. De laatste paar minuten een handje taugé mee laten pruttelen.

Gegratineerde venkel met broccoli en noten

Nodig:

300 g venkel (grof gesneden), 300 g broccoli in roosjes (niet te klein), 1 ui (fijngehakt), 2 el olie, 50 g amandelen (grof gehakt), 50 g hazelnoten (grof gehakt), 2 el tomatenketchup, 2 el zoute ketjap (of tamari), 2 el tarwemeel, 1 tl tijm, 1 tl venkelzaad (in een vijzel gestampt)

Stoom de venkel en broccoli 10 minuten in een groentestomer. Fruit de ui in de olie. Bak ook de noten eventjes mee. Voeg dan de ketchup en ketjap/tamari toe en bak ook deze eventjes mee. Los het meel op in 3 dl water en voeg dit bij het ui-notenmengsel. Breng aan de kook en voeg al roerende tijm en venkelzaad toe. Verdeel venkel en broccoli over de bodem van een ovenvaste schotel, giet er de saus overheen en zet een halfuurtje in de oven op 200 °C.

Gevulde avocado

Nodig:

2 avocado's, 150 g tofu (tahoe), 2 el notenmoes, sap van een citroen en van een sinaasappel, zout

Halveer de avocado's en verwijder de pitten. Schep de vruchten leeg en zorg ervoor dat de schil onbeschadigd blijft. Prak het vruchtvlees samen met alle overige ingrediënten tot een puree (of gebruik een blender) en verdeel het mengsel over de uitgeholde helften. Garneer met een schijfje citroen of sinaasappel.

Noten-champignonschotel

Nodig:

50 g cashewnoten (ongebrand), 1½ el olie, 1 teentje knoflook, 2 sjalotten, 100 g wortels, 150 g groene paprika, 150 g rode paprika, 100 g champignons, desgewenst 1 scheutje sherry, ketjap benteng manis, zout, peper, 1 el tarwevlokken

Kook de cashewnoten 10 minuten in zoveel water dat ze net onder staan. Laat ze uitlekken en dep ze droog. Bak ze vervolgens knappend in 1 el olie. Neem ze uit de pan. Bak de fijngesneden knoflook en ui in de hete olie. Voeg de in plakjes gesneden wortels, de in reepjes gesneden paprika en de plakjes gesneden champignons toe en bak ze even mee. Schenk desgewenst een scheutje sherry erbij en voeg naar smaak ketjap, zout en peper toe. Bind tenslotte het vocht met tarwevlokken, die ongeveer 5 minuten meekoken.

Stoofpeertjes met rode druivesap

Nodig:
1 kg stoofpeertjes, 3 dl rode druivesap, sap van halve citroen, 1 kruidnagel (of ¼ tl gemalen kruidnagel), 1½ tl kaneel, stukje verse gemberwortel, geraspt (of ½ tl gemalen gember)
Was de ongeschilde peertjes en snijd ze in vieren. Verwijder het stukje klokhuis. Breng het druivesap, waaraan de overige ingrediënten zijn toegevoegd, aan de kook, doe er dan de peertjes bij. Breng opnieuw aan de kook en laat op een zacht vuur een uurtje stoven. Bind het overgebleven vocht zonodig in met een beetje arrowroot of maïzena.

(Bron: Nederlandse Vereniging voor Veganisme)

Feestelijk eten uit de vedische keuken

Met liefde bereid

'Het bereiden van een maaltijd,' vertelt Nanda Kumar Das van de Hare Krishna-gemeenschap in Amsterdam, 'is een offering aan Krishna. Wij koken dus ook niet voor onszelf, maar voor Krishna's plezier en om de liefdesrelatie met Hem te versterken of te herstellen. Eigenlijk vieren wij elke dag feest, maar soms besteden we extra aandacht aan de maaltijd. Er wordt een grote variatie gerechten klaargemaakt voor vrienden en gasten. De gerechten bevatten geen ingrediënten die de lagere geaardheden (zoals *onwetendheid*) beïnvloeden, want dit leidt juist tot een tegenovergestelde reactie,' legt Nanda uit.

'Een voorbeeld? Nou, knoflook, ui en prei. Ze ruiken trouwens ook veel te sterk. Te hete, zoute of zure produkten gebruiken wij ook niet, want ze vallen in de geaardheid *hartstocht* en geven pijn aan het lichaam. Vlees wordt ook vermeden, want dat valt ook onder de geaardheid *onwetendheid*. Trouwens, van het eten van vlees word je moe, die vermoeidheid wordt weer weggedronken met alcohol... Nee, wij kiezen juist voor ingrediënten die de hogere geaardheden (*goedheid*) beïnvloeden, zoals melkprodukten, granen, fruit en groenten. Zoete, sappige en smakelijke produkten die kracht en energie schenken en de levensduur verlengen. Alleen dit voedsel kan geofferd worden aan Krishna. Immers, Hij moet het lekker vinden.'

De bereiding is aan strikte regels gebonden: alles supervers, superhygiënisch en alleen met gebruikmaking van zuivere materialen, zoals roestvrijstaal. Tot slot nog een tip: serveer de gerechten in kleine beetjes, ga keer op keer langs met schalen, zodat elke gast eindeloos kan avonturieren met diverse kleine porties.

Vedisch feestmenu
(4 personen)

Dal tarkari (soep met groenten)

****

Matar alu tarkari (stoofpot van groenten en kaas)
Puri (gefrituurde, opgeblazen broodjes)
Nimbu chawal (citroenrijst)
Samọsa (groentepasteitje)
Kakri raita (komkommersalade met yoghurt)

****

Mithi Lassi (zoete yoghurt- of karnemelkdrank)

****

Koffie Hag met slagroom
Badam aur pista ka halava (zachte hazelnoottoffee)

Dal tarkari (soep met groenten)

Nodig:
250 g mung dal of groene spliterwten, 1,5 l water, 6 tl zout, 4 laurierblaadjes, 1 el boter, 300 g gemengde groenten in stukjes gesneden, 2 el ghee (geklaarde boter), 1 tl komijnzaad, 2 gedroogde Spaanse pepers, 2 tl geraspte verse gember, ½ tl gehakte verse korianderblaadjes, 2 citroenen
Breng water aan de kook met laurier en zout. Voeg dal toe. Laat 20 minuten koken. Verwijder schuim en voeg kurkuma, boter en groenten toe. Laat de groenten gaar koken. Bak in de ghee de komijnzaadjes en pepers. Voeg gember en asafetida toe en giet bij de dal. Plaats de deksel op de pan en laat de kruiden 5 minuten trekken. Garneer de soep met versgehakte kruiden en citroen.

Matar alu tarkari (stoofpot van groenten en kaas)

Nodig:
4 aardappelen in blokjes, 500 g verse doperwtjes, 4,5 dl water, 5 middelgrote tomaten, 1,5 dl zure room, 100 g amandelen (licht geroosterd), 250 g paneer (zelfgemaakte kaas) in blokjes en gefrituurd, 2 el ghee, 6 kruidnagels, 2 kaneelstokjes (7,5 cm), 1 tl kardemom, 3 laurierblaadjes, 2 tl kurkuma, 2 tl, geraspte gember, ½ tl nootmuskaat, 1 tl rietsuiker, 4 tl zout, 1 el koriander of peterselie
Paneer: *2,5 l volle melk, 6 dl yoghurt of 5 el citroensap of 2 tl citroenzuur of 6 dl zuur geworden wei*
Breng melk aan de kook. Als de melk omhoog komt, langzaam het andere ingrediënt toevoegen. Laat aan de kook komen en een paar minuten doorkoken. De sponsachtige paneer scheidt zich nu van wei. Plaats het vergiet in de pan. Bekleed het vergiet met twee lagen kaasdoek. Giet de paneer in de kaasdoek. Bind de kaasdoek dicht en pers het vocht eruit. Snijd in blokjes en frituur in ghee of olie.

Verhit ghee of olie in een grote pan. Voeg kruidnagel, kaneel, kardemom en laurier toe. Laat 30 seconden bakken. Voeg doperwten en kurkuma toe. Giet water erbij en laat 10 minuten koken met het deksel op de pan. Voeg tomaten toe met nootmuskaat en gember, suiker en zout. Laat 5 minuten doorkoken met deksel op pan. Schep nu zure room door de groenten, met koriander of peterselie, amandelen en gefrituurde paneerblokjes. Verwijder hele specerijen. Heet serveren.

Puri (gefrituurde, opgeblazen broodjes)

Nodig:
Voor 12 puri's: *275 g volkorenmeel, 100 g wit meel, 1,5 dl warm water, 1 tl zout, ½ el boter of ghee, ghee of olie om in te frituren*
Zeef het meel in de kom. Voeg zout toe en wrijf met de vingertoppen boter (of ghee) erdoorheen. Giet langzaam water toe en meng door. Kneed meel met ingeoliede handen circa 5 à 8 minuten. Verhit ghee (of olie) in wok of pan boven matig vuur. Verdeel het deeg in 12 balletjes en rol gelijkmatig uit. Als de ghee begint te roken, het vuur lager en puri in olie leggen. Als de puri sputterend weer boven komt, onder duwen met de schuimspaan. Als de puri opgezwollen is, de andere kant frituren. Uit laten lekken in vergiet.

Nimbu chawal (citroenrijst)

Nodig:
250 g basmatirijst of andere langkorrelrijst, 1 el ghee of plantaardige olie, 1 tl komijnzaad, 1 tl zwart mosterdzaad, 5 kerriebladeren, 1 kaneelstokje (in stukjes), 1 groene Spaanse peper, 1 dl water, 2 tl zout, 1 tl kurkuma, 2 el citroensap, paar klontjes boter, 1 citroen, 5 à 6 takjes peterselie
Rijst in koud water wassen en 20 minuten weken. Uitlekken in vergiet. Verhit ghee (of olie) in een pan en voeg komijnzaad, mosterdzaad, kerriebladeren en kaneelstokjes toe. Als de komijn van kleur verandert, Spaanse peper erbij doen en daarna de rijst. Bak 2 à 3 minuten, het gezouten water toevoegen en aan de kook brengen. Eén minuut door laten koken. Zet de deksel op de pan en laat de rijst ongeveer 18 minuten pruttelen. Verwijder de stukjes kaneel. Sprenkel citroensap over de rijst en doe er wat klontjes boter op. Laat de rijst nog 2 minuten op open vuur staan en maak met een vork los. Serveer met een schijfje citroen en een takje peterselie.

Samosa (groentepasteitje)

Nodig:
Deeg: *450 g bloem, 1 tl zout, 100 g gesmolten boter of ghee, 1,5 dl water*
Vulling: *2 à 3 middelgrote aardappels in blokjes, 1 kleine bloemkool (in roosjes), 200 g doperwten, 4 el ghee of olie, 2 tl komijnzaad, 1 tl geraspte verse gember, 2 gedroogde Spaanse pepertjes (fijngemaakt), 1 tl gemalen fenegriek, 2 tl kurkuma, ½ tl kaneel, 1 mespuntje nootmuskaat, 4 tl zout, ghee of olie om in te frituren*
Doe bloem en zout in een kom en druppel boter of ghee erover. Meng met de vingertoppen. Voeg langzaam water toe en kneed circa 5 minuten. Bedek het deeg met een vochtige doek.

Bak komijnzaad en pepers in ghee of olie. Strooi de gember en poederspecerijen erbij. Voeg aardappel, bloemkool en zout toe. Bak 3 à 4 minuten al roerend. Voeg 2 el water toe en laat 15 minuten koken. Voeg gare erwtjes toe. Laat de vulling afkoelen.

Rol 15 balletjes deeg uit tot een schijf van 15 cm doorsnee. Snijd iedere schijf doormidden en maak de rechte kant vochtig. Breng de twee uiteinden van de rechte kant tot een hoorntje. Plak de droge kant over de vochtige kant. Vul het hoorntje voor tweederde met de vulling. Maak de openingen goed dicht. Bak in circa 10 minuten goudbruin.

Kakri raita (komkommersalade met yoghurt)

Nodig:

1 tl komijnzaad, 2 middelgrote komkommers, 3 dl yoghurt, 1 tl garam masala, 1 tl zout, ½ tl zwarte peper, 2 mespuntjes asafetida

Rooster het komijnzaad in een pan, zonder ghee en maal tot poeder. Was de komkommers en rasp ze op een grove rasp. Pers het vocht eruit en meng ze met de overige ingrediënten in een schaal. Koel serveren.

Mithi Lassi (zoete yoghurt- of karnemelkdrank)

Nodig:

9 dl yoghurt of karnemelk, 6 dl ijswater, 5 el suiker of 4 el honing, 1 tl rozenwater, 1 tl gemalen kardemon, gestampt ijs

Meng alle ingrediënten met garde of mixer tot er wat schuim op komt. Koel serveren door gestampt ijs toe te voegen of in koelkast plaatsen.

Badam aur pista ka halava (zachte hazelnoottoffee)

Nodig:

250 g gemalen hazelnoten of amandelen, 250 g bruine basterdsuiker, 3 dl volle melk

Doe noten, suiker en melk in een pan en zet op een matig hoge vlam. Laat 15 minuten zachtjes doorkoken. Als het mengsel dikker begint te worden, goed roeren. Als het mengsel van de pan loslaat, overdoen in een beboterde schaal. Laat afkoelen. Maak de vingers vochtig en klop halava tot een vierkante koek van 2,5 cm dikte. Eenmaal stevig geworden, in stukjes snijden en decoreren met een halve geroosterde cashewnoot.

(Samenstelling: Hare Krishna Gemeenschap, Amsterdam. Bron: Vedische Kookkunst, Adiraja Das)

> *In de onstoffelijke wereld is het makkelijker tot inzichten te komen, omdat je er niet wordt gehinderd door de materie. Alles wat je hier op aarde leert, heeft dus eigenlijk meerwaarde. We zitten hier in de moeilijkste klas, zeg maar.*
>
> MARIEKE DE VRIJ, MEDIUM *(Anouk Breeman, 117)*

Feestelijk eten op z'n antroposofisch

Uitgaan van de drieledigheid van de plant

Wortel uit de aarde grond
Maak mij dapper en gezond
Blad en stengel, lucht en licht
Geef mijn adem evenwicht
Bloem en vrucht gevuld met zon
Dankbaar drink ik uit uw bron

Een verhelderend vers om de samenstelling van een antroposofisch feestmaal beter te begrijpen, want het gebruik van de volledige plant is volgens Pauline Korevaar hét vertrekpunt voor hun menu. Pauline is als diëtiste verbonden aan Voedingsinstituut Dünamis in Bilthoven, een voorlichtingsbureau met een 'dynamische visie op voeding en gezondheid'.

Pauline: 'We kijken naar de drieledigheid van de plant in het menu: het (1) wortel-, (2) blad-, stengel en bloem-, en het (3) bloem-, vrucht- en zaadgedeelte.' En dit heeft een diepere betekenis. Pauline: 'Een plant groeit tussen een krachtveld, aarde en zon, en dat maakt dat de plant vol levenskracht zit, groeit en vitaal is. Bepaalde delen van de plant kunnen functiegebieden van de mens in levenskracht ondersteunen. Door alle delen van de plant in het menu te gebruiken, zie je dat het menu in harmonie is.'

Hoewel een antroposofische maaltijd niet strikt vegetarisch is, ontbreekt ook in dit menu de rondborstige kalkoen. Pauline: 'Op die manier kun je ook de vegetarische gasten tevreden stellen.' Suiker en honing komen slechts in geringe mate voor. 'Dat is ook helemaal niet nodig,' verzekert Pauline. 'Het lichaam is heel goed in staat om suikers aan te maken uit de andere ingrediënten.'

Basis voor het hoofdmenu is gierst. 'Het groeit heel geleidelijk en kan volledig tot rijping komen waardoor het erg vitaal is. Logisch dat het een grote voedingswaarde heeft. Het is rijk aan vezels, eiwitten en mineralen. Daarnaast kiezen we voor vitale groenten van het seizoen. Dus geen kastomaten en dergelijke.'

Antroposofisch feestmenu
(4 personen)

Grapefruitcocktail
****
Heldere selderijsoep met broodsterren
****
Gefrituurd stukje camembert
Gierst
Gesmoorde wortel met tijm
Romige mosterdsaus
Winterposteleinsalade
****
Gevulde warme appel met vanillesaus

Grapefruitcocktail

Nodig:
2 rode grapefruits, 3 geconfijte gemberbolletjes, 2 el gemberstroop, rode kers of blaadje winterpostelein
Pel de grapefruits en verwijder de dunne vliesjes. Breek de partjes in stukken en verdeel over 4 glazen coupes. Maak de gemberbolletjes fijn en vermeng met de stroop. Verdeel dit over de coupes. Garneer met rode kers of winterpostelein.

Heldere selderijsoep met broodsterren

Nodig:
Bouillon: *1,5 l water, 100 g knolselderij, 100 g winterpeen, 100 g prei, blaadje laurier, stukje foelie, peterselietakje, 4 zwarte peperkorrels*
Selderijsoep: *1 el olie, 250 g bleekselderijstengels, 1 l bouillon en zout, paar groene selderijblaadjes*
Broodsterren: 4 *lichte bruine boterhammen, roomboter*
De groente grof snijden en met het water en de kruiden opzetten. Aan de kook brengen en 30 minuten laten trekken. De bouillon is twee dagen in de koelkast te bewaren en dus makkelijk tevoren te bereiden. Gebruik de bouillon voor de soep en de gierst.

Snijd de bleekselderijstengels fijn en smoor ze even in de olie. Blus met de bouillon en breng aan de kook. Maak op smaak met zout. Snijd de selderijblaadjes fijn en doe die op het laatst erdoor.

Snijd met een vormpje of een mes drie sterren uit elke snee brood. Bak de sterren in boter aan beide kanten lichtbruin. Doe dit vlak voor het opdienen zodat ze krokant blijven. Leg de sterren in de selderijsoep.

Gefrituurd stukje camembert

Nodig:
1 hele camembert of Texels Witje, 3 eiwitten, paneermeel, zonnebloemolie
Verdeel de camembert in vier gelijke delen. Klop de eiwitten los, maar niet schuimig. Haal de stukken camembert eerst door het eiwit en daarna door het paneermeel. Herhaal dit nog een keer. Frituren in zonnebloemolie.

Gierst

Nodig:
160 g gierst, 1 el olie, 100 g winterpeen, 100 g prei, 320 ml bouillon
Verwarm de olie en rooster de gierst lichtbruin. Rasp de peen grof en snijd de prei fijn. Vermeng dit met de gierst en smoor even mee. Blus af met de bouillon en kook de gierst in 25 minuten gaar. Of na 10 minuten al in een hooikist een uur wegzetten.

Gesmoorde wortel met tijm

Nodig:
600 g winterpeen, 2 el boter, 1 tl tijm, 1 el peterselie
Borstel de winterpeen schoon of indien nodig schillen. Snijd de peen in dunne ovale schijven van een 0,5 cm. Smoor de peen in 1 el boter en voeg de tijm en 0,5 dl water toe. In 20 minuten gaarstoven. Afmaken met een klontje boter en fijngehakte peterselie.

Romige mosterdsaus

Nodig:
2 dl room, 3-4 dessertlepels grove mosterd, zout, eventueel peper
De room in een pan met dikke bodem al roerend wat inkoken. De mosterd erdoor roeren en op smaak maken met zout en eventueel nog peper.

Winterposteleinsalade

Nodig:

160 g winterpostelein, 1 el appelazijn, 1 tl zout, 2 à 3 el olie, 25 g zonnebloempitten, kruidenzout

De winterpostelein wassen en laten uitlekken. Vermeng de azijn met het zout. Voeg de olie toe. Vermeng de dressing met de winterpostelein. Rooster de zonnebloempitten in een droge koekepan lichtbruin. Strooi er kruidenzout over en meng de zonnebloempitten door de winterpostelein.

Gevulde warme appel met vanillesaus

Nodig:

4 appels (géén moesappel), 30 g amandelspijs, 2 el krenten, ½ el honing, 1 el citroensap, 1 dl appelsap, 1 dl slagroom, 25 g geschaafde amandelen, 2 el rode bessengelei, 1 tl citroensap

Vanillesaus: *2,5 dl melk, ½ tl gemalen vanillepoeder, korreltje zout, 1 el rietsuiker, 25 g rijstebloem*

Verwarm 2 dl melk in een pan met dikke bodem en voeg het vanillepoeder toe. Breng langzaam aan de kook. Los de suiker en de bloem op in de 0,5 dl melk en giet dit al roerend bij de vanillemelk. Laat het een paar minuten doorkoken. Laat de vla onder af en toe doorroeren afkoelen.

Verwarm de oven voor op 200 °C. Was de appels en haal met een appelboor het klokhuis eruit. Meng de spijs, krenten, honing en citroensap en vul hier de appels mee op. Zet de appels in een passende ovenschaal waarin het appelsap zit, aangevuld met water tot een laagje van 1 cm. Zet in het midden van de oven en bak 20 minuten.

Klop de slagroom stijf. Rooster de amandelen lichtbruin. Roer de bessengelei los met het citroensap. Maak het dessert dan als volgt op: leg de appel die net uit de oven komt op een glazen schaaltje. Schenk hierover de koude vanillesaus. Daarop een dot slagroom met een lepeltje bessengelei. Daaroverheen de amandelen strooien.

(Samenstelling: Voedingsinstituut Dünamis te Bilthoven, Pauline Korevaar en Jan Tjho)

> *Er is geen enkel terecht probleem.*
> BYRON KATIE, THE WORK *(Corien Unger, 130)*

Onkruid nr. 97, maart/april 1994

Plantekarakters

Met de paardebloem naar de hemel

HANS VAN DEN BOSCH

Achter de uiterlijke verschijningsvorm van een plant gaat een onzichtbare wereld schuil. Het is een kosmisch krachtveld dat het plantelichaam voedt en onderhoudt. Van deze energie wordt in de magie en de natuurgeneeskunde dankbaar gebruikgemaakt. In deze rubriek neemt Hans van den Bosch je mee op een zoektocht naar de verborgen wereld van een plant. Daarbij laat hij zich leiden door oude overleveringen en eigen ervaringen. In deze tweede aflevering vertelt hij hoe de levenskracht van de paardebloem je de weg wijst naar de hemel.

Hoewel de paardebloem overal langs wegen en in weilanden groeit, loop je hem in het vroege voorjaar al snel voorbij. Zijn zware bladrozet dat met een lange penwortel stevig in de aarde is verankerd, gaat dan schuil tussen het gras. Maar vanaf april kun je echt niet meer om de plant heen. Uit het laag-bij-de-grondse stukje natuur schiet plotseling een stengel omhoog, die al snel wordt gekroond met een stralend gele bloem. Goed beschouwd is dat een geweldige prestatie van de paardebloem. Hij heeft in een mum van tijd kans gezien om stoffen uit diepe aardlagen te transformeren tot een mini-zonnetje. Ja, hij heeft de aarde met de hemel verbonden!

Hoe speelt de paardebloem dit klaar? Als je een paar planten aandachtig bekijkt, krijg je antwoord op deze vraag. Zie je dat ieder exemplaar anders is? Op een zonnige standplaats zijn de bladeren scherp ingesneden, terwijl de insnijdingen op een donker en vochtig plekje vloeiend zijn. Ook de kleur van de bloemstelen verschilt: in de zon zijn ze groen, in de schaduw wit en op een koude standplaats rood. Het is duidelijk, de paardebloem laat zich sterker dan andere planten vormen door invloeden van buiten. Zo'n ontvankelijk wezen is natuurlijk ook uiterst gevoelig voor de kosmische trillingen die vorm geven aan de materie. Vandaar dat de paardebloem de aarde met de hemel kan verbinden!

Kind van Venus

Via de astrologie kunnen we te weten komen welke astrologische kracht in de paardebloem werkzaam is. Probeer je de plant eens als een levend wezen voor te stellen en vergelijk zijn karakter met dat van de verschillende astrologische menstypen. Ja, het vertoont nogal wat overeenkomsten met dat van de Stiermens. Ook Stieren staan immers bekend om hun vermogen om vorm te geven aan de stof. Vandaar hun creativiteit. En ook Stieren hebben een geweldig aanpassingsvermogen. Niet voor niets maken ze veel vrienden en gaan ze vrij gemakkelijk relaties aan. Bovendien zijn Stieren nog echte realisten, die niet graag risico's nemen en behoefte hebben aan zekerheid. Dit kan ook worden gezegd van de stevig in de aarde gewortelde paardebloem.

Als Stierplant wordt de paardebloem, net als de Stiermens, geregeerd door de planeet Venus, de heldere morgenster die haar naam schonk aan de godin van de liefde en de schoonheid. Kinderen hoeven de plant niet te schouwen om tot deze conclusie te komen. Niet voor niets is het bij meisjes gebruik om drie keer tegen de zaadpluisjes van een uitgebloeide paardebloem te blazen en te vragen: 'Hoeveel kinderen krijg ik?' De pluisjes die op de bloembodem achterblijven, geven het kindertal aan. De godin van de liefde heeft gesproken!

Een onschuldig kinderspelletje, zo lijkt het. Toch voert het terug naar een wat serieuzere vorm van magie, die vroeger op het platteland in zwang was. Tot aan het begin van deze eeuw vlochten boeren rond Pasen, van oorsprong een vruchtbaarheidsfeest, een krans van paardebloemen en hingen die op in de stal. Ze waren er vast van overtuigd, dat er dan het komende jaar meer jonge dieren geboren zouden worden. In de magie zijn de paardebloem en het begrip vruchtbaarheid onlosmakelijk met elkaar verbonden.

Maar ook in de moderne magie is nog plaats voor de paardebloem. Artsen en genezers die zich baseren op de alchemie, ook een vorm van magie, schrijven het gebruik van de paardebloemwortel voor bij onrust en angstgevoelens. Begrijpelijk, want met haar lange penwortel is

Planten zijn wezens, die in de aarde zijn geworteld en mij op dat gebied veel kunnen leren.

Renee Engels c.q. De Heks van Baarloo *(Hans van den Bosch, 68)*

de plant stevig in de aarde verankerd. De levenskracht die de wortel heeft gevormd, zal dus ook de mens verankeren. Voor huiselijk gebruik kun je het volgende recept aanhouden.

Snij een paardebloemwortel in de lengterichting in reepjes. Omdat in de alchemie het getal 3 staat voor het standvastige element aarde, moet je drie reepjes uit de wortel snijden. Laat de wortelstukjes vervolgens negen (3 x 3) minuten in azijn trekken en leg ze driemaal daags gedurende negen (3 x 3) minuten op het voorhoofd en de slapen.

Op advies van Jahwe

Volgens een oude overlevering zou Jahwe zijn volk hebben gelast om tijdens de Paasmaaltijd paardebloemblad te eten. Het zou dan zuiver blijven. Het is niet bekend of de godheid zuiverheid van geest of zuiverheid van lichaam beoogde. Wel staat vast, dat de plant ook in de volks- en natuurgeneeskunde als reinigend bekend staat. Nu we de paardebloem wat beter hebben leren kennen, begrijpen we waarom. Omdat de paardebloem in een mum van tijd kans ziet om aardse stoffen op een hoger niveau te tillen, is hij ook in staat om afvalstoffen versneld om te vormen en uit het lichaam af te voeren.

Je kunt de reinigende voorjaarskuur heel simpel houden door twee keer per week wat hartblaadjes van de paardebloem in rauwkostschotels te verwerken. Kies voor de vloeiend ingesneden blaadjes van een plant in de schaduw. Die bevatten namelijk meer van het reinigende element water dan de blaadjes van een plant die in de zon staat te blakeren. Paardebloemsalade is een goed middel tegen hardlijvigheid, plasproblemen en andere moeilijkheden met de spijsvertering. Overdrijf echter niet, want dan kunnen de spijsverteringsorganen oververhit raken. Niet voor niets wordt de paardebloem vanwege zijn urinedrijvende werking ook wel 'pissebed' genoemd.

Volgens natuurgeneeskundigen gaat er van paardebloemblad ook nog een stimulerende werking uit. Wetenschappers schrijven die toe aan de stof choline, die de bloedvaten verwijdt en nerveuze remmingen opheft. Jij en ik weten wel beter. Het is de Venuskracht van de paardebloem die de mens verlost van zijn aardse blokkades en naar een ijler plan voert. Ja, de paardebloem helpt je een beetje op weg naar de hemel!

Wie kruidenmagie in werking wil zetten
moet op 't rijm van de toverspreuk letten.

ONKRUID

Onkruid nr. 100, september/oktober 1994

Loflied op de grote onverstoorbare

Herman Pieter de Boer

De herinnering

Ik was nog zo'n kindje, zo lang geleden, maar ik weet nog alle beelden en woorden van die oorlogsnachten in Rotterdam. Zó vaak ging de sirene, zó dikwijls werd er gebombardeerd, en waren er luchtgevechten boven de stad. Die nachten waren lang, niemand durfde naar bed. In zo'n nacht, om drie uur, terwijl het Duitse geschut in het Vroesenpark dreunde, zoeklichten de zwarte hemel aftastten naar Engelse vliegtuigen, stonden we voor het raam van de flat op de Statenweg in Blijdorp, moe en angstig.

'Piet,' zei mijn moeder ineens. 'Piet, denk je dat het nog licht wordt?'

'Ja hoor, Joke, ja,' zei mijn vader, en sloeg geruststellend een arm om haar schouder, 'het wordt wel weer licht.'

'Heus?' vroeg mijn moeder.

'Natuurlijk, Joke.'

Tegen vieren bedaarden de gevechten.

En ja. Weer kwam de zon op.

In deze welvaartsmaatschappij, waarin je niet op zoek hoeft naar voedsel en niet op de vlucht hoeft voor de vijand, maakt het niet uit wat je doet. Of je nu hulp verleent aan mensen in nood of linksom zo hard mogelijk naar de finish schaatst. Als je het maar doet vol toewijding, overgave en passie!

Ria Visser, schaatster en auteur *(Column, 140)*

Het gedicht

De zon!
De zon is de grote onverstoorbare, zij is er altijd en zij komt altijd op, zij komt altijd op, en zij komt altijd met al haar hoedanigheden tegelijkertijd – met haar goddelijkheid.
De zon!
Zij komt op boven de stad, kaatst haar licht in de ruiten, aarzelt in een smalle steeg, smijt licht over het plein, maakt een regenboog in de fonteinen, zet stoelen klaar voor de terrasgasten, zij schuilt achter de wolken maar verlaat ons nooit.
De zon!
Zij komt op boven het slagveld van Waterloo, schijnt over de duizenden doden en kust ze... ligt warm op het gelaat van de gewonde als een hand van de troosteres der martelaren.
De zon komt ook op boven het boerenland, boven de zee, boven de bergen, boven Bosnië en Helgoland, boven de bedelaar, de koning en de kantoorbediende, de mug en de olifant, de tycoon en de arbeider, het is de zon hetzelfde, de zon maakt geen onderscheid, wat er ook gebeurt en al verstop je de haan, de zon komt toch wel op.
Zij is die zij is – en zij komt toch wel op.
Al gooi je de steden plat.
Al brand je de akkers af.
Al meng je de rivieren met vitriool.
Al loop je hard.
Al doe je niets.
De zon komt op.
Voor drie kleine kinderen die met schepjes in het oeverzand spelen.
Voor het Russische leger zoals het door Moskou paradeert.
Voor de kat die zich oprolt onder de hazelaar.
Voor twee gelieven die liggen te vrijen in de duinen.
Voor de chauffeur op de Autobahn.
Voor het stadje Balk in Friesland.

'Je kunt als fysicus geen bommen maken wanneer je je tegelijkertijd de menselijke en ekologische gevolgen realiseert.'

FRITJOF KAPRA, ATOOMFYSICUS *(Johanna Bijlsma, Alex Jack en Peter Lichtenauer, 41)*

Voor New York.
De zon schijnt op de handen van de man die het hondehok timmert.
De zon schijnt in de cockpit van de piloot.
De zon schijnt door het keukenraam.
De zon schijnt op de staart van de poolvos.
De zon schijnt op zieken en gezonden, op levenden en doden.
De zon is opgekomen en ondergegaan, en altijd weer opgekomen.
Wat er ook gebeurde.
Jezus werd aan het kruis genageld. En daarna kwam de zon weer op, als zinnebeeld van het christusprincipe, de opstanding, het eeuwige.
En als je niet wilt denken in termen van kruisiging en opstanding?
Dan komt de zon óók op.
En vandaag!
Ook vandaag is zij weer opgekomen.
Zij, de grote onverstoorbare.
Amen, en applaus voor de zon.

(Lees het gedicht nóg eens, maar dan hardop.)

Het Milieu Beleids Plan-plan gaat ervan uit dat we in het jaar 2000 nog wat meer energie gebruiken dan nu. En dat dan opeens de technologische zon doorbreekt en het energieverbruik plotseling binnen vijftien jaar met dertig procent zakt.

KLARISSE NIENHUYS, VOORZITTER WADDENVERENIGING *(Job Wijngaarden, 68)*

ONKRUID

Onkruid nr. 101, november/december 1994

Amerikaanse bestseller 'De Celestijnse Belofte' binnenkort ook hier

Bob Snoijink

Zelfverwerkelijking als jongensavontuur

In Amerika prijkt 'The Celestine Prophecy' van James Redfield – vertaald als 'De Celestijnse Belofte' – al maanden op de bestsellerslijsten. Het werk is misschien het volledigste doe-het-zelf-boek voor geestelijke ontplooiing dat er op de markt is. Zonder kroezig jargon behelst het de weg naar realisatie in negen overzichtelijke stappen, en het is gevat in de vorm van een spannend jongensboek dat bol staat van herkenbare situaties. Het verhaal is de verpakking van de Negen Inzichten, die Redfield wilde overdragen: visionaire stellingen over de spirituele ontplooiing van de (westerse) mensheid in deze en de komende eeuw.

Het megasucces van James Redfields debuut is opvallend, want het verhaal is van blik en zijn verteltrant overstijgt amper die van de Bob Evers-serie. Maar misschien verklaart de gouden kern de massale belangstelling van zoekers op het geestelijke pad. Onkruid publiceert een deel van een hoofdstuk en onthult de inzichten van een opmerkelijk boek, dat in het Nederlands in de maand november zal verschijnen bij uitgeverij De Boekerij.

In Peru is een Aramees document uit zeshonderd voor Christus opgedoken, dat een ommezwaai van jewelste in het collectieve bewustzijn voorspelt. Kerk en staat schuwen grof geweld niet om kopieën van Het Manuscript te vernietigen en zijn aanhangers te vervolgen. Een zwijgzame Amerikaanse jongeman, enigszins teleurgesteld in zijn geestelijke aspiraties, vliegt bij impuls naar Peru en maakt in een web van intriges en geweld kennis met de Negen Inzichten uit Het Manuscript. Doordat hij tijdens zijn avontuurlijke zoektocht proefondervindelijk één voor één met die inzichten kennismaakt, groeit hij in enkele weken naar de rand van zelfrealisatie, verlichting, of hoe je het ook wilt noemen als er een eind komt aan je innerlijke conflicten.

Dat is in het kort de inhoud van 'De Celestijnse Belofte', het debuut van de Amerikaan James Redfield, dat binnen de kortste keren als spirituele *bigmacs* over de toonbank vloog. Opvallend is dat honderdduizenden Amerikanen het boek lezen, die nooit een voet in een esoterische boekwinkel zouden zetten. Toch grissen ze het in de 'gewone' boekwinkel van de schappen, blijven nachten op om het in één ruk uit te lezen, doen het cadeau, praten erover met vrienden en bestuderen het zelfs in kerkelijke studiegroepen.

Hieronder volgt een deel uit het derde hoofdstuk. De hoofpersoon, wiens naam in het boek niet genoemd wordt, komt aan in een gemeenschapshuis met zeer bijzondere tuinen.

De Negen Inzichten in het kort

1. Synchroniteit

De rusteloosheid waaraan talloze mensen ten prooi zijn, is het teken dat de mensheid op de drempel van een collectieve ommekeer in het bewustzijn staat. Wie daaraan wil meewerken, moet oog krijgen voor het 'schijnbare toeval' in z'n leven.

2. De mensheid op de spirituele weg

Om te begrijpen dat de mensheid aan de vooravond van een geestelijke omwenteling staat, moet de geschiedenis van het bewustzijn volgen. In de eerste helft van de afgelopen duizend jaar liep de mensheid aan de leiband van de Kerk. In de renaissance zette de onvrede over godsdienstige opvattingen in en toog de wetenschap eropuit om de waarheid over het leven te ontdekken. Die ontdekte veel nuttigs maar niet het verlossende woord. De tweede helft van het afgelopen millennium stond in het teken van de jacht op materieel comfort en die raakt

> *Het oude systeem waarin wij leven voldoet niet meer. We zullen nieuwe wegen en manieren moeten vinden om onze samenleving vorm te geven.*
>
> *James Redfield, auteur van 'De Celestijnse Belofte' en 'Het tiende inzicht'*
> *(Yoeke Nagel en Marjolein Wolf, 137)*

nu ten einde. De ommekeer in het collectieve bewustzijn wordt bepaald door het bereiken van een 'kritische massa': op een gegeven moment geloven er genoeg mensen in 'iets hogers' dat ons onzichtbaar leidt. Verlossing van individu en planeet wordt dan een feit omdat de mensheid een spirituele weg inslaat.

3. Het universum is energie

Raak vertrouwd met de idee dat het hele universum een interactief energiesysteem is, dat reageert op onze gedachten en verwachtingen. Met oefening kun je het energieveld in en alle wezens en dingen leren gadeslaan, eruit putten en er bewust invloed op uitoefenen.

4. Conflicten zijn energieroof

Aan alle conflicten ligt onbewuste energie-concurrentie ten grondslag. Door anderen te overheersen of manipuleren, halen we de extra energie binnen die we nodig hebben, maar die we uit de bron dienen te halen waar we als klein kind van nature op aangesloten waren.

5. Schoonheid en liefde overwinnen

De mystieke ervaring biedt de sleutel tot het overwinnen van conflict. Die ervaring is net zo beschikbaar als zuurstof. Om het mystieke element toe te laten en je eigen energie op te laden, moet je toestaan je te laten vervullen met een gevoel van liefde. Een opstapje is oog voor schoonheid ontwikkelen.

6. Uit de ban van je kinderjaren

Ontwikkelingsstoornissen uit de kinderjaren blokkeren je vermogen om het mystieke element ten volle te ervaren. Je neigt, als alle mensen, door je opvoeding naar een onbewust beheersingsdrama (manipulatiestrategie) dat in de kinderjaren effect had om aandacht (energie) te krijgen, en dat zich in je latere leven net zo lang herhaalt tot je het je bewust wordt.

> *Shoppen in de spirituele supermarkt. Eerlijk is eerlijk... daar kan je me midden in de nacht voor wakker maken.*
>
> AD VISSER, ARTIEST EN BRAINSESSIONBEGELEIDER *(Column, 139)*

7. Intuïtie en dromen wijzen de weg

Bevrijd van de schade van ontwikkelingsstoornissen, kun je door contemplatie en meditatie voldoende energie genereren om je te concentreren op jouw fundamentele levensvragen en meesurfen op een gestage golf van intuïtie, dromen en 'toevallige' gebeurtenissen die je leiden naar je persoonlijke transformatie.

8. Elk mens heeft een boodschap voor je

Die evolutie lukt niet op eigen houtje, dus je begint met het beoefenen van een nieuwe, 'interpersonele ethiek' door mensen te helpen die je pad kruisen. Praat met mensen met wie je spontaan oogcontact hebt. Vermijd relaties van afhankelijkheid. Wees beschikbaar en maak je medemens bewust van hun eigen beheersingsdrama.

9. Het koninkrijk op aarde

Het doel van het leven is evolutie voorbij de grens die dit leven van de dood scheidt. Door reproductieve onthouding zal de wereldbevolking slinken. De behouden natuur zal ons helpen onze energie te onderhouden. De technologie doet het meeste werk. Naarmate we spirituele inzichten meer gaan waarderen, zullen we mensen gaan betalen die ze ons brengen. Dat zal uiteindelijk de markteconomie en onze behoefte aan betaalde krachten overbodig maken. Uiteindelijk zullen we op zo'n manier contact met Gods energie maken dat we 'het koninkrijk op aarde' vestigen.

Bijna echt

Zelfs de eerste uitgever geloofde met het manuscript van 'De Celestijnse Belofte' een ooggetuigeverslag van ware gebeurtenissen onder ogen te hebben. Maar debutant James Redfield heeft inmiddels toegegeven dat het boek 'fictie' is: hij heeft inzichten die hij in de loop der jaren

> *Ik begin langzamerhand steeds voorzichtiger te worden over de vraag wat er allemaal wel en niet kan. Want er is iets aan de hand, maar vraag me niet wat het is.*
>
> *Piet Vroon, wetenschapper, auteur van o.a. 'Kopzorgen'*
> *(Akshaya de Groot, 82)*

heeft verworven verwerkt tot een avonturenroman. Inmiddels is het boek niet van de hitlijsten weg te branden en is er een hele cultus omheen ontstaan met een eigen nieuwsbrief en de belofte van een nieuw boek, dat 'Het Tiende Inzicht' zal heten en met feilloos commercieel inzicht al in het 'Negende' is aangekondigd. Redfield en zijn vrouw Salle worden als de goeroes van de nieuwe beweging beschouwd.

Het succes van zijn boek wordt in Amerika met verbazing gadegeslagen, want de verpakking van de beroemde Negen Inzichten vertoont een opvallend gebrek aan kwaliteit. Het verhaaltje is dun, de stijl rammelt (de Nederlandse vertaling nog erger) en de gebeurtenissen balanceren voortdurend op de rand van het onwaarschijnlijke. De hoofdpersoon maakt een pijlsnelle groei door en transformatie wordt voorgespiegeld als een fluitje van een cent. Maar de boodschap is simpel weergegeven en straalt een kracht uit waar niemand omheen kan.

In 1989 begon Redfield zijn ervaringen en gedachten te boek te stellen en toen hij een jaar of vier had geschreven en geschaafd en zijn baan er inmiddels voor had opgezegd, was er geen uitgever die belangstelling had voor de 'De Celestijnse Belofte'. Hij bracht op eigen kosten drieduizend exemplaren op de markt. Vervolgens gaf hij die letterlijk weg aan boekwinkels in de buurt. En alsof hij een literair agent van hogerhand had, begonnen de lezers eerst langzaam en vervolgens steeds sneller de boodschap aan het eind van het boek serieus te nemen.

Binnen een jaar waren er, louter en alleen door mond-tot-mond-reclame, honderdduizend van verkocht. De grote uitgeverij Warner Books hoorde kassa's rinkelen en binnen de kortste keren kregen de Redfields een voorschot van achthonderdduizend dollar voor de rechten.

> *Ik zit niet te wachten op rampen, maar als er hier nou eens dingen naar de knoppen gingen, zou ik dat wel rechtvaardiger vinden. Het broeikaseffect komt op hun bord terecht en ze hebben al niet genoeg te eten. Wij bouwen hoge dijken, daar hebben we geld voor – bij hen lopen de rijstvelden en de mangrovebossen waarvan ze moeten leven onder water. En dan gaan mensen hier nog zeuren als ze deze kant op komen, 'want het zijn alleen maar economische vluchtelingen!' Dat begrijp ik niet. Ik word daar stil van.*
>
> Jaap Dirkmaat, stichter Das en Boom (*Lisette Thooft, 144*)

ONKRUID

Onkruid nr. 104, mei/juni 1995

Wat & Hoe op z'n Onkruids

ANOUK BREEMAN

Onkruids bescheiden aanvulling op de Wat & Hoe-boekjes, ter verhoging van de vakantievoorpret. Je kunt nu al beginnen met oefenen, om straks indruk te maken op je reisgenoten door soepeltjes in het Russisch om loodvrije benzine te vragen. Of naar het sterrenbeeld van die Spaanse schone te informeren. En wie in gelijkwaardigheid gelooft, bestelt zijn vegetarische maaltijd in het Esperanto.

Dat zul je net zien, dat juist de term die je zoekt hier niet bijstaat. Onvermijdelijk, dit gidsje is niet meer dan een greep uit de uitdrukkingen die we konden achterhalen in enkele talen. Als je er niet uitkomt, kun je het ook eens proberen met klankverwante zijsprongen uit Nederlands, Engels, Frans of Duits. Of met je handen en voeten.

Een paar aanwijzingen voor de uitspraak

- Japans, Russisch en Turks hebben hun eigen letterschrift; de termen in die talen staan hieronder fonetisch afgedrukt: zo ongeveer zeg je het. Zo'n zin laten lezen heeft dus geen zin.
- In het Russisch spreek je de 'g' uit als in het Engelse 'good' en de 'ch' als de Nederlandse 'g'. De 'u' klinkt als 'oe'. Het '-tekentje betekent dat de klemtoon valt op de lettergreep ervoor. Met als gevolg dat niet-beklemtoonde klinkers zwak klinken. Een onbeklemtoonde 'o' wordt een soort 'a' als in 'zwak'. Verder geeft een 'j' achter een 't' of 'l' aan, dat het om een dunne 'l' gaat. In 'gavaritj' spreek je de laatste 'j' dus niet uit en de 't' zo dun mogelijk.

> *Echte leraren zeggen allemaal hetzelfde.*
>
> SUKUMAR SHETTY, INDIASE YOGALERAAR (*Marjolein Wolf, 120*)

• Ook in het Spaans, Turks, Japans en Esperanto spreek je de 'u' als 'oe' uit. De ^C in het Esperanto klinkt als 'tsj'. De klinkers die deze taal kent, zitten verborgen in het ezelsbruggetje: 'Waar zwemt die volbloed?' Maar 'Waar klemt die bolhoed?' mag ook. In het Japans, Fins en Esperanto spreek je elke letter die er staat ook uit.

Vervoer

In Rusland vind je waarschijnlijk niet zo snel een huurauto met katalysator. Maar je kan het natuurlijk altijd proberen.

Heeft deze auto een katalysator?
Russisch: Jeest u ètoj masji'ny kataliza'tor?

Verkoopt u loodvrije benzine?

Fries:	Hajoek leadfrye benzine?
Spaans:	¿Hay gasolina sin plomo?
Noors:	Bensin uten bly?
Fins:	Halvan lyijytöntä bensiiniä?
Russisch:	U vas jeest bènzi'n bjèz svintsa?
Japans:	Kono kihatsuyu ni wa en ga arimasen desho ka?
Turks:	Kurs, unsuz benzininiz var mi?
Esperanto:	^Cu vi havas senplumban benzinon?

Maar de trein of de bus nemen is natuurlijk een nog vriendelijker oplossing. Voor het milieu en vaak voor jezelf, want het leidt nogal eens tot kennismaken. Zie aldaar. Soms zelfs tot eten & drinken én kennismaken. In barre omstandigheden kunnen reisontberingen bovendien tot spirituele groei leiden. Zie ook daar.

> *Ik ging op liefde uit, maar ik wist niet dat ik in de greep van een onderstroom gevangen zou raken. Om aan wal te worden geveegd, waar de zee behoort te gaan, met een kind in mijn armen en kilte in mijn ziel, en mijn hart niet groter dan een bedelnap.*
>
> LEONARD COHEN, ARTIEST EN BOEDDHISTISCH MONNIK *(Pico Iyer, 138)*

Eten & Drinken

Geen vlees eten, dat gaat nog wel in Finland. Maar ook al geen vis eten? Dat kan echt niet. Wie het toch wil proberen, dient het volgende zinnetje uit het hoofd te leren.

Kan ik hier een vegetarische maaltijd bestellen?

Fins:	Syön vihanneksia.
	In geval van nood: Lihaa tai kalaa? (betekent: 'Heeft u vis?)
Fries:	Kin ik hjir in fegetarysk miel bestelle?
Spaans:	¿Es posible pedir una comida vegetariano?
Noors:	Seg er vegetarianer.

Weet u hier in de buurt een (macrobiotisch) vegetarisch restaurant?

Russisch:	Skazji'tje pazja'lsta, jeest (makrobioti'tsjeski) vegetaria'nski restora'n njèdaljèko' atsju'da?
Turks:	Acaba burada sebzeli yemek ismarlayabilirmiyim?
Esperanto:	^Cu ^ci tie mi povas ricevi vegetaran man^gon?
Japans:	Waar is hier het dichtsbijzijnde vegetarische restaurant?
	...... Reformwinkel?
	Kono kinjo ni wa saishoku no ryoriten wa doko desu ka?
	Kono kinjo ni wa shizenshokuryohinten wa doko desu ka?

Met het oog op de voorkeur van Japanners voor chemische mierzoete snoepjes, kan ook de volgende zin van pas komen.

Zitten hier kunstmatige kleurstoffen in?

Japans:	Kore ni wa jinzo no e no gu ga fukunde imasu ka?

> *Nergens wordt er zo materialistisch gedacht als in India. Er wordt daar nog wel veel gesproken over spiritualiteit, maar dat is allemaal geschiedenis geworden. Niemand is zo gefixeerd op rijkdom als wie arm is.*
>
> Deepak Chopra, endocrinoloog, auteur van o.a. 'Leef-tijd' en 'Zeven spirituele wetten voor succes' *(Yoeke Nagel, 116)*

Is deze groente onbespoten?

Fries: Is dizze ûnbespuite griente?
Spaans: ¿Se vende verdura infumigada?
(Onze Finse bron kende geen Fins woord voor onbespoten.)
Russisch, hoewel de vraag na Tsjernobyl waarschijnlijk minder relevant is: Èti o'vosji njèopry'skannye?
Japans: Setchuzai o kakenai shokubutsu ga arimasu ka?
Turks: Bu sebzeler ilaçli mi?
Esperanto: ^Cu ^ci tiu legomo estas sen-insekticida?

De prijzen voor bepaalde produkten liggen niet vast in Turkije. Het is de bedoeling dat je afdingt. De volgende zin is hierbij onontbeerlijk.

Dat is veel te duur/goedkoop

Turks: Bu çok pahali/ucuz

Heeft u kruidenthee?

Russisch, wegens de traditie van veel zwarte thee drinken:
U vas jeest tsjaj iez trav?

Toeristen in Japan worden bij het lozen van hun afvalstoffen geconfronteerd met de curieuze gewoonte speciale toiletslippers te moeten dragen. Wie naar de wc gaat, trekt z'n slippers aan. Ze zijn veelal voorzien van decoraties die in Nederland menige toiletdeur sieren. De slippers na het toiletbezoek per ongeluk aanhouden, zorgt dan ook voor grote hilariteit bij Japanners. Terloops vragen of het wc-papier van kringloopkwaliteit is, kan de aandacht van deze hinderlijke situatie afleiden: Kore wa saijunkan saseru toirettopepa desu ka?

Mocht consumptie van bespoten groente tot lichamelijk ongemak leiden, zie *ziekte*. Indien de zieke spoorslags vervoerd moet worden, zie ook *vervoer*.

> *Schuldig zijn aan iets is geen ramp, maar het feit dat we het zo erg vinden om schuld te hebben wel.*
> ALEID SCHILDER, THEOLOGE EN PSYCHOLOGE *(Yoeke Nagel, 111)*

Spirituele groei

Ontberingen, obstakels en onmogelijke hindernissen tijdens de reis kunnen de vakantieganger doen groeien. Wie voor comfort kiest, maar toch ook iets aan spiritualiteit wil doen:

Kunnen we hier onze lachmeditatie doen?

Fries:	Kinne wy hjir ús laitsmeditaasje dwaan?
Spaans:	¿Es posible celebrar una meditación de reír?
Russisch:	Zdjees mo'zjna pravjesti' terapi'ju smjè'chom?
Japans:	Koko ni wa waraichinshi suru koto ga ii desu ka?
Esperanto:	^Cu ^ci tie ni povas rid-mediti?

Waar kan ik hier een zweethut vinden?

Fries:	Wêr kan ik hjir in swithutte fine?
Spaans:	¿Hay una cabaña de sudor aqui?
Russisch:	Jeest paravu'ju iezbu' njèdaljèko' atsju'da?
Esperanto:	Kie ^ci-loke mi povas trovi ^svit-kabanon?

Kennismaken

Als je eenmaal voet hebt gezet op dat idyllische eilandje, omringd door een azuurblauwe zee, ruisende bomen, machtige bergen en grazige weiden, komt de romantiek al snel. 's Avonds met een fles wijn op het leukste terras van je pittoreske vakantiebestemming valt je oog op 'die ander'. Je broedt op originele openingszetten, maar zegt uiteindelijk charmant glimlachend:

Hallo, hoe gaat het?

Spaans:	¿Hola, que tal?
Noors:	God dag, (h)vordan ståi det til?
Fins:	Hei! Terve! Mitä kuuluu?

Er is geen betere manier om een vreemde kultuur te leren kennen en je eigen te maken dan via de rituelen.

PROF.DR. RIK M. SCHIPPER, HOOGLERAAR IN DE CHINESE RELIGIES AAN DE SORBONNE IN PARIJS (*Akshaya de Groot, 75*)

Turks: Merhaba, nasilsin?
Russisch: Privje't, kak djèla'?
Japans: Konichi wa, ogenki desu ka?
Esperanto: Saluton, kiel vi fartas?

Met mij gaat het goed, dank je.

Spaans: Muy bien, gracias.
Noors: Takk, jeg (klinkt als 'jee') har det bare bra (als in bah).
Fins: Kiitos hyvää.
Turks: Iyiyim, tes'ekkür ederim.
In het Russisch kan je hier geen 'goed' op antwoorden. Je kan hooguit melden dat het 'normaal' gaat.
Russisch: Narma'ljna, spasi'ba.
Japans: Genki desu yo.
Esperanto: Bone, dankon.

Na deze standaardvragen is het tijd om de aandacht van je beoogde vakantieliefde te trekken middels gerichtere vragen.

Wanneer is je verjaardag?

Spaans: ¿Cuando es tu cumpleaños?
Noors: Når har du födselsdag?
Fins: Milloin on syntymäpäiväsi?
Japans: Tanjoobi wa itsu desu ka?
Esperanto: Kiam estas via naski^gtago?

Of wat denk je van:

(Ik vind je leuk), wat is je sterrenbeeld?

Spaans: (A mi me gusta), ¿que es tu constelación?
Turks: Hangi burçtansiniz?
Russisch: (Ty mnjè nra'viesjsja), tvo'je sazvjee'zdieje kako'je?

> *We leren het liefst op een harde manier, dan onthouden we het beter.*
>
> PIETER WIERENGA, THERAPEUT, AUTEUR VAN O.A. 'WAAKHONDKINDEREN'
> *(Yoeke Nagel, 141)*

Als de kennismaking zich gunstig ontwikkelt, kan je bijvoorbeeld de volgende troef inzetten.

Hou je van tantra?

Spaans: ¿A ti te gusta, tantra?
Russisch: Ty lju'biesj ta'ntra?
Japans: Tantra wa osuki desu ka?
Esperanto: ^Ci vi ^satas tantron?

Russische mannen doen volgens de vertaalster overigens erg hun best om hoffelijk te zijn. Soms op het opdringerige af. Vandaar dat de volgende zin in deze handleiding is opgenomen.

Nee dank u, ik draag mijn koffer/boeket/krant zelf.

Russisch: Njet, spasi'ba, ja sama' nasju' tsjemoda'n/bukjè't/gazjè'tu.

Mocht de ander niet van je avances gediend zijn, of wil je zelf iemand afpoeieren:

Ik wil niet met je praten.

Spaans: No quiero hablar contigo.
Turks: Sizinle konus,mak istemiyoeum.
Russisch: Ja njè chatsju's tabo'j gavaritj.
Japans: Anata ni hanashitaku nai.
Esperanto: Mi ne volas paroli kun vi.

Wil je weggaan?! Dáág!

Spaans: ¡Lárgate!
Fins: Haluatko lähteä pois? (Näkemiin!)
Turks: Çekil git bas, imdan!
Russisch: U chadi'? Da svida'nia! (minder beleefd is: Pasjo'l na' chuj!)
Japans: Itte kudasai. Sayonara.
Esperanto: Iru for!

> *Er zijn veel lampen. Er is maar één Licht.*
>
> DAN MILLMAN, AUTEUR VAN 'TWAALF POORTEN NAAR DE ZIEL' (*Yoeke Nagel, 127*)

Ziekte

Om over de klap van de onbeantwoorde liefde heen te komen, of om de klachten als gevolg van het exotische eten te verhelpen:

Ik zoek een homeopathische arts.

Fries:	Ik sykje in homeopatysk arts.
Spaans:	Estoy buscando un médico homeopático.
Japans:	Waar is hier de dichtstbijzijnde ...
	Kono kinjo ni wa homeopashii-i wa doko desu ka?
Esperanto:‘	Mi ser^cas homeopatian kuraciston.

Kent u een Tsjetsjeense gebedsgenezer?

Russisch:	Vy njè zna’jtje tsjetsje’nskovo zna’charja?

Is dit water ingestraald?

Fries:	Is dit wetter ynstriele?
Spaans:	¿Es enrayado, este agua?
Russisch:	Skazji’tje pazja’lsta, vada’ ablutsjena’ ducho’vnoj si’loj?
Japans:	Kore wa uchihikatte ita mizu desu ka?
Esperanto:	^Cu ^ci tiu akvo estas radiita?

Heeft u kruidenthee (thee met een geneeskrachtige werking)?

Turks:	S’ifali bitki çayiniz varmi?

> *Ik kreeg hier een keer een echtpaar met een kat die steeds in huis plaste. Bij de reading kreeg ik door dat de kat wanhopig op zoek was naar een eigen plekje in huis, hij was nooit alleen, nooit ongestoord. Dat was merkwaardig, want de man en de vrouw werkten allebei buitenshuis. Maar in het gesprek met de eigenaren bleek dat de vrouw zich voortdurend zorgen maakte over de kat. Hij had een moeilijk verleden, was nogal angstig en gestresst. De vrouw was bijna altijd met hem bezig, ook als ze op haar werk was, en dat voelde hij. We kwamen erachter dat het projectie was van haar eigen pijn in het verleden. Ze wilde de kat beschermen en alles voor hem oplossen.*
>
> LITY DE VRIES, AURAREADING EN HEALING, OOK VOOR DIEREN *(Corien Unger, 129)*

ONKRUID

Onkruid nr. 108, januari/februari 1996

Kleur in Nederland...

en breng gerust je goden mee

YOEKE NAGEL

Joden, Turken, Marokkanen, Indonesiërs, Somaliërs, Surinamers... Met andere mensen zijn ook andere goden, geneeswijzen, visies op leven en dood ons land ingekomen. En ongemerkt hebben onderdelen daarvan de Nederlandse cultuur al verrijkt: meditatie, boeddhistische rituelen, universele erediensten, Winti, omgaan met Stille Kracht...

Indonesië – Bescherming tegen de Stille Kracht

Negentig procent van de Indonesiërs is islamitisch-op-z'n-Indonesisch. 'Heel praktisch ingesteld,' omschrijft de RIAGG-psycholoog Hartjosusono. 'We zijn heel tolerant en houden ons aan de islamitische rituelen, maar vieren evengoed kerst en hindoestaanse of boeddhistische feesten. Er is een groot respect voor elke vorm waarin het goddelijke en spirituele zichtbaar is.'

Zelf is hij katholiek en hij heeft in z'n kamer een kruisbeeld hangen. Evengoed vind je er wajangpoppen, van Java. Een zwarte en een witte Kado Kadjang, een hert. Wajangpoppen sieren trouwens ook vaak puur Nederlandse muren. We houden van dat vleugje mystiek in de grillige figuren, waarmee op Java een soort poppenspel gespeeld wordt. 'In de verhalen van de Wajang-traditie wordt uitgebeeld hoe de goden en mensen zich tot elkaar verhouden, wordt een verband gelegd tussen het wereldse en het religieuze. Je kunt er iets van leren over het spirituele.'

Een kris heeft hij ook in de la liggen. Veel Nederlanders hebben zo'n ding eens op een rommelmarkt gekocht, maar dat zijn geen echte krissen. Een echte kris is gemaakt door een Empu, een krismaker die sakti heeft, een bepaalde mystieke kracht die hij in de kris kan leggen waardoor het een pusaka wordt, een heilig bezit dat bescherming biedt. Tegen de Stille Kracht bijvoorbeeld. En dat is echt geen overbodige luxe, zelfs hier niet. Hartjosusono spreekt er met gepast ontzag over hoe hij ook in zijn praktijk als psycholoog bij het RIAGG mensen binnen krijgt die half dood zijn omdat iemand een vloek over ze heeft uitgesproken.

'Dat geloof je niet als ik het je vertel. Ik heb gestudeerd op universiteiten in Indonesië, Duitsland en Nederland, psychologie, theologie, filosofie, maar ik heb daar niets geleerd waarmee ik kan verklaren wat ik zie gebeuren. Het werkt gewoon. Als iemand niet openlijk wraak kan nemen terwijl dat wel 'nodig' is, dan loop je bijvoorbeeld het risico dat ze peper onder je kussen strooien. Als er mensen bij me komen met onverklaarbare symptomen, maar soms ook met kanker of andere ziekten, dan moet je echt gaan zoeken naar personen met wie hij zich ooit niet verzoend heeft. Ik zie dat hier vooral bij de eerste generatie. De jongeren geloven er niet altijd meer in en dan werkt het alleen als iemand het er echt op aanlegt. We moeten allemaal voorzichtig leven om de krachten niet te verstoren.'

Ziekte is natuurlijk niet altijd het gevolg van Stille Kracht. Het woord dat voor lichamelijke kwalen wordt gebruikt is Karunia (Gift van God), een 'genade'. Het is een weg naar boven, een moment voor reflectie op jezelf en hoe je leeft. 'Als een kind ziek is roept hij om mama. Als een volwassene ziek is roept hij om God,' constateert Hartjosusono. 'Het creëert een directe lijn naar boven. Eerst accepteer je dat je een gift hebt ontvangen, een ziekte, en dan kijk je wat er de boodschap van is. Wat heb ik verkeerd gedaan? Heb ik een plant, dier of mens verkeerd bejegend? Dat moet je goedmaken. Daarmee gaat het niet altijd over, maar het zal in elk geval niet meer lijden opleveren.'

Massage en andere vormen van genezen, zoals het gebruik van bladeren en kruiden, zijn zo normaal in Indonesië dat bezoek aan een arts maar zelden nodig is. Hartjosusono is er nog nooit geweest voor zichzelf, terwijl hij toch al in de zestig moet zijn. Zijn familie is helemaal gezegend met gezondheid en zelfs de gave tot genezen. 'Mijn jongere broer heeft ziekenhuizen doen leeglopen,' vertelt Hartjosusono. 'Hij

> *Wonderen had ik nodig, want een deel van mij is nogal wetenschappelijk, rationeel.*
>
> JOEL ANDREWS, HEALER MET HARP *(Wouter Middelkoop, 92)*

heeft op een gegeven moment de vraag gekregen *healer* te worden en hij heeft "ja" gezegd.'

Waar die vraag vandaan komt kan hij niet zeggen. Een achteloos handgebaar en een glimlach naar boven geven in elk geval de richting van de Vrager aan. 'Mijn jongste broer en mijn andere broer hadden ook beiden de vraag gehad en ze hebben "nee" gezegd. Ik ben nooit gevraagd. Ik denk dat mijn taak is hier in het Westen op de rand te balanceren van oosterse en westerse inzichten. Maar ik weet wel dat ik ook een healer ben, alleen niet met de bijzondere krachten van mijn broer. Hij heeft zich veertig dagen lang laten begraven door zijn ooms, met alleen een klein gaatje voor lucht. Daarna had hij de kracht. Hier zou niemand geloven wat hij doet. Maar de Indonesiër heeft geen twijfel. Hij weet. Hij voelt hoe het is. Dat zit in z'n bloed.'

Ook in dat van Hartjosusono. Een collega vroeg hem eens raad: het was woensdagmiddag, een sombere dag, maar z'n dochter was jarig en zij zouden een barbecue houden in de tuin. 'Hij was bang dat het zou gaan regenen. Ik heb gezegd: prik drie rode pepers aan een stokje en zet die in je tuin. Ik gebruik zelf de nerf van een klapperblad om ze aan te prikken, in mijn eigen tuin. Het heeft die dag niet geregend.'

Ingevingen van een goddelijke kracht komen vaak via de overleden voorouders, die als steun en contactpunt vanuit de andere kant gewaardeerd en geëerd worden. De Indonesiër gaat ervan uit dat je ziel vrijkomt bij het overlijden, en verder gaat of terugkomt. Je bewijst een overledene eer door z'n graf goed te verzorgen. 'Voor Indonesiërs is de dood geen taboe. In het Westen zijn mensen vaak bang voor de dood, omdat het zo abstract voor ze is. Er wordt ook heel kil en afstandelijk over gesproken: kinderen leren er bang voor te zijn. "Dood" vind ik al zo'n akelig woord,' verzucht Hartjosusono. 'Wij zeggen dat iemand "*di Pundu kusti*" is, "door God genomen" of "*Pulang ke rachmatullah*", "terug naar de genade van God, terug naar het mooie leven".

Je blijft altijd contact houden met overledenen. Op de sterfdag van mijn ouders blijf ik de hele nacht op. Ik praat met ze en zie ze dan ook vóór me zitten. Ik vraag ze ook altijd vergeving voor fouten die ik heb gemaakt. Ik brand een kaars voor ze en leg eten voor hen neer. Een sla-

> *'t Is uiteindelijk allemaal één pot God.*
>
> Yoyo van der Kooi, Avatar en kunstenares *(Yoeke Nagel, 107)*

> *Als je een spiritueel leven wilt leiden, onthoud dan het Goddelijke. Zorg voor je familie en je werk. Probeer alles met een zuiver hart te doen en de Goddelijke Genade zal op je neerdalen.*
>
> MOEDER MEERA VIA ADILAKSHMI, SPIRITUEEL MEESTER *(Yoeke Nagel, 117)*

madan, een rijsttafel, zoals dat in Nederland ook veel wordt gegeten, is eigenlijk een offertafel met bepaalde gerechten voor overledenen. Dat is niet zo vreemd: op een kruispunt waar ik dagelijks langskom worden nog steeds bloemen neergelegd sinds er vier mensen zijn doodgereden. Die bloemen en dat eten zijn beide bedoeld om de gunsten van God te doen neerdalen op de overledenen. Ik voel me altijd sterk gesteund door mijn voorouders. Ik kan ze ook vragen om hulp.'

Islam – Vele wegen leiden naar Allah

De Islam is niet alleen een godsdienst, het is een levenshouding. Een moslim, of islamiet, houdt zich aan de wetten en regels zoals die in de Koran zijn beschreven. Vijf keer per dag bidden, aalmoezen geven aan de armen, de bedevaart naar Mekka, geloven in een enkele God en vasten tijdens de Ramadan, zijn de vijf zuilen waarop de Islam gebouwd is. Nogal ingrijpend in het dagelijks leven. Ahmed El Halou, Egyptenaar van geboorte, is imam, en leider van het Moslim Informatie Centrum, waar hij ook boeken voor uitgeeft. Hij vertelt over de Islam en het Soefisme, een spirituele stroming binnen de Islam, dus niet de universele religie die in het Westen veel navolgers heeft gevonden.

Mijn dwaaltocht naar zijn huis in een woonervenwijk brengt hem meteen op het onderwerp: 'Als je naar Zoetermeer wilt komen moet je gehoorzaam zijn, luisteren naar iemand die je uitlegt hoe je moet rijden en je overgeven aan hem. Hij is er eerder geweest, dus hij weet de weg. Eerste links, tweede rechts. Als je dat niet doet, kom je in Bleiswijk uit. Zo gaat het ook met de weg naar God. Je hebt een gids nodig, een *master*, een *sheik* zeggen wij, die je vertelt wat je moet doen. Dat verschilt per sheik: de ene zegt dat je minder moet praten, minder moet eten, minder moet slapen. De ander zegt dat je minder sex moet hebben, of weer wat anders. Toch beconcurreren ze elkaar niet. De meester kiest jou als je behoefte aan kennis hebt, en wilt leren. Maar de leerling is als een rivierbedding, de diepte is beperkt. Je kunt er alleen het water in doen dat het kan bevatten, de rest stroomt over. En als te veel kennis overstroomt, loop je het risico van erosie.'

Leren, kennis opdoen en doorgeven, is een centraal punt bij de Islam. Wie een moskee binnenstapt (de vrouwen natuurlijk beleefdheidshalve met een hoofddoek om, omdat de mannen anders in de verleiding kunnen worden gebracht aan iets anders dan aan God te denken), zal dan ook meestal wel iemand vinden die iets wil vertellen over de Islam. Die bereidheid tot uitleggen hangt gedeeltelijk samen met het beeld over de dood: er is een korte reis van een leven in aanwezigheid van God naar onze wereld. Tijdens het leven moet dan gezaaid worden met goede daden en kennisoverdracht, wat na de dood kan worden geoogst in de gemeenschappelijke wachtkamer waar je terecht komt tot de Dag des Oordeels.

Voor spirituele ontwikkeling is een enorme discipline nodig. De wetten naleven op zich is al bijna een dagtaak, en dan ben je nog niet halverwege. 'Het doel van de Soefi is kennis te krijgen van de Waarheid, de absolute waarheid. Zeg, hoor jij muziek in deze kamer?' Ik hoor niets. 'Toch is er muziek. Als ik de radio aanzet hoor ik het, dus moet het er nu ook zijn, maar ik heb het instrument niet om het te horen. Ik moet eerst die knop omdraaien, gebruikmaken van het instrument. Zo gaat het met de kennis ook, kennis op een bepaald niveau. Het gaat niet om het waar-nemen, maar om de waar-heid. Daarvoor moet je je zintuigen ontwikkelen. Hoe meer je waarneemt, hoe dichter je bij de waarheid komt.'

Materiële zaken en ego offeren

Geloof of spiritualiteit wordt in het Soefisme gezien als een persoonlijke ervaring, maar wel ondersteund of gestimuleerd door gemeenschappelijke ervaring. Het samen chanten van de namen van Allah, bidden, zingen, muziek maken, vasten, zijn allemaal gemeenschappelijke manieren om de grond om te spitten waar het individuele zaadje van de geloofsbeleving in kan ontkiemen. Dan kan een sheik, een master, je de weg wijzen naar boven. 'Die weg is moeilijk, hard, en je moet

> *Geef je God een naam, dan kun je niet meer om Hem heen.*
> Aart Timmermans c.q. Ras Fire, Hollandse Rastafari *(Judith Vinkevleugel, 132)*

veel offeren aan materiële zaken, maar ook andere dingen: het ego loslaten, geen oordeel hebben over anderen. Een leraar vertelt wanneer je de volgende trede kunt nemen en hij waarschuwt voor verleidingen onderweg. De trap die hij je op helpt gaan, reikt maar tot halverwege de weg. Daar word je opgehaald, met de lift, door God.'

Eén van de verleidingen die Ahmed nadrukkelijk noemt, is de paranormale gave die al in een vrij vroeg stadium van de trapbeklimming kan ontstaan. 'Er zijn veel mensen die denken dat ze er dan al zijn, omdat ze zich zonder vervoermiddel kunnen verplaatsen in tijd en ruimte, of omdat ze over gloeiende kolen kunnen lopen. Maar het is alleen maar verleiding, het houdt je af van het werkelijke pad omhoog. Niet jij, maar Allah die wonderen mogelijk maakt is bijzonder,' verduidelijkt Ahmed. Allah eer bewijzen en er zo dicht mogelijk bij in de buurt komen is heel belangrijk voor de Soefi. Daar zijn drie wegen voor. De eerste is Fikker, waarnemen, genieten en respecteren van alles wat Hij heeft geschapen. Niet alleen de natuur en goed voedsel, maar ook elkaar. Allah heeft de mens de mogelijkheid van sex gegeven en door daarvan te genieten (binnen het huwelijk uiteraard) eer je Hem ook. Voor de Soefi valt sex onder de eerste levensbehoeften, naast eten en drinken. De tweede weg is Thikker, het voortdurend lofprijzen van Allah, wat zowel gezamenlijk als alleen kan. De derde weg is de liefde voor de profeet. Zo'n grote liefde dat het bijna verheerlijking is, maar net niet, want geen mens mag tussen de mens en God staan. Die grote liefde dient ertoe zoveel mogelijk op hem te willen lijken in doen en laten, omdat hij de perfecte mens was.

Wat betreft ziekten en ongeluk: 'De profeet zegt: als Hij van iemand houdt, geeft Hij hem beproevingen. Armoede, ziekte, verlies zijn uitdagingen om verder te komen. Hoop en angst zijn twee vleugels van dezelfde vogel. Het gaat er niet om dat je ziek wordt, het gaat erom wat je ermee doet. Door verlies leer je te waarderen wat je hebt.' Vasten, zoals tijdens de Ramadan, heeft ook die bedoeling en moet altijd bin-

> *Als het de bedoeling was dat Christus iets met kerken te maken had, dan was hij zijn leven lang wel in de weer geweest met hamers en planken om die dingen te bouwen.*
>
> White Bull, *gechannelde indianenmedicijnman, via* Ian Graham
> *(Yoeke Nagel, 139)*

> *Als er verbittering is, is de creativiteit dood.*
> DOMINEE VISSER, 'JUNKENDOMINEE' IN ROTTERDAM (*Yoeke Nagel, 105*)

nen de context van de weg naar God worden gezien. De profeet zelf bijvoorbeeld, was aan het vasten en kreeg eten aangeboden. Hij nam het aan terwijl hij zei: 'Ik vast om God te plezieren, en het pleziert God ook als ik beleefd ben tegen mijn medemensen.'

Winti – God is er niet alleen voor de negers

'Ik geloof niet in Winti, want voor ik het weet zetten ze een bakru op me,' griezelt een Surinaamse vriendin als ik haar vraag naar Winti, de geneeswijze en spirituele stroming die vooral in de Surinaams-Antilliaanse gemeenschap bekend is. Winti ligt erg in de taboesfeer. Er is veel angst voor misbruik van de krachten van geesten en goden en bovendien snappen blanken er toch niets van, is vaak het uitgangspunt.

Rosita Pleisner, Winti-gebedsgenezeres, heeft er geen probleem mee het taboe te doorbreken. 'Ze denken vaak dat het niet christelijk is, maar God heeft de goden toch zelf geschapen? Dan kan het niet slecht zijn. En wie misbruik maakt van de Kracht, krijgt dat toch altijd zelf terug. Winti is niet alleen voor de negers; wat van God komt is voor iedereen. Wij houden hier ook bijeenkomsten waar mensen van alle nationaliteiten en verschillende religies welkom zijn.'

Winti betekent letterlijk 'wind', naar het gevoel dat de nabijheid van een god geeft: alsof er een tornado langskomt. De nabijheid van een god, inderdaad, want er zijn er velen en er is de Ene. Overigens, dit alles volgens de groep waar Rosita Pleisner deel van uitmaakt. Zij wijst erop dat veel Winti-genezers hun eigen versie hanteren. Uit veel bestaande religies zijn onderdelen te herkennen in de Winti-rituelen waarmee Rosita Pleisner mensen geneest van ziekten, afhelpt van voortdurende tegenslag of pesterijen van overledenen of bakru's, kabouters die kwaadwillende lieden uit jaloersigheid of wraakgevoelens op een tegenstander kunnen zetten.

Rosita Pleisner vergelijkt het principe van Winti met het bouwen van een huis. 'Van aarde, via de geesten en de goden naar de Ene God, het dak boven je hoofd. Eerst moet je Moeder Aarde eren, die je alles geeft: houvast, voedsel, alles. Je moet ermee praten: "Ik ben hier, let een beetje op mijn man, die gaat dagelijks met de fiets naar z'n werk, mijn kinderen spelen hier." Dan bied je haar iets aan. Je zet een bakje koffie voor haar neer, eet samen een broodje kaas: jij een hap, Moeder Aarde een hap. Je wilt bescherming, dan moet je ook wat teruggeven. Anders doen de goden een stapje terug, waardoor de negativiteit een kans krijgt en dan word je ziek.'

Ziekten waar artsen niets mee kunnen – aids, kanker, krankzinnigheid – hebben eigenlijk altijd hun oorzaak bij de levenswandel van voorouders en blijven ook van generatie op generatie (of om en om) terugkomen tot ze gestopt worden. De oorzaak van de ziekte kan dan liggen in misstappen die voorouders hebben gemaakt en door hun nageslacht gecorrigeerd willen zien, waarna ze pas rust kunnen vinden. Door zaken die op pesterijtjes lijken (klopgeesten, onverklaarbare aandoeningen, miskramen, verschijningen, vreemde ongelukjes) wordt de levenden om aandacht gevraagd voor de nood van de geest van een overledene.

Voor Winti-hulp moet eerst aan alle goden naar behoren geofferd worden. Een kaas voor de ene, vijf knaken voor de ander, een sigaar, bloemen, een fles wijn. Een tas vol. Dan krijgt mevrouw Pleisner in trance, na veel gezamenlijk bidden en zingen, van een Gids te horen wat de oorzaak van het probleem is. Niet altijd gaat het daarbij om geesten van overledenen. Fjofjo kan ook een oorzaak zijn van tegenslag. Je zou fjofjo kunnen vertalen als 'vloek', maar het is niet alleen magie. Een voorbeeld: 'Een meisje loopt met ruzie weg van huis en ze maakt het nooit meer goed met haar moeder. Zo maken ze fjofjo. Dan krijgt ze zelf een kind. De goden gaan zich ermee bemoeien en maken het kind ziek, zodat de moeder bij haar in huis moet komen om te zorgen en dan moeten ze het wel weer goed maken.' Geen pure pesterij dus, de ziekte van het kind, maar een weg van de goden om fjofjo op te lossen.

Rosita offert en bidt ook om rampen te voorkomen die haar voorspeld zijn. Vaak met succes. De watersnood van afgelopen jaar was aan haar aandacht ontsnapt totdat ze er telefonisch op gewezen werd. 'Gauw bidden, bidden, bidden, en offeren aan de watergoden. Binnen drie dagen was het water aan het zakken. Er zijn veel dingen in Nederland waar wij achter zitten, maar we praten daar niet over, omdat de goede dingen niet van de mens maar van God komen.'

De angst voor Winti lijkt onder de Surinaamse gemeenschap groter dan het vertrouwen in de positieve krachten ervan. Toch maken veel mensen er wel gebruik van bij ziekte of andere problemen, al was het maar omdat westerse artsen nu eenmaal niets weten van fjofjo, bakru's, verschijningen en stemmen horen. Bij Rosita Pleisner zijn net zo goed witte Nederlanders en andere bevolkingsgroepen welkom voor een consult. En omdat ze daarvoor geen geld mag vragen, wordt er ook een huidzalf verkocht voor *f* 22,50.

De eigen spiritualiteit verwatert

Als RIAGG-psycholoog wordt Hartjosusono vanuit het hele land geconsulteerd bij psychische problemen van allochtonen. Vooral de tweede en derde generaties komen vaak in de problemen, merkt hij. En de oorzaak ligt volgens hem vooral in het verwateren van spiritualiteit, geloofsbeleving. De eerste generatie in Nederland is vaak juist extra fanatiek in religieuze zaken. 'Dat geeft houvast, veiligheid, zekerheid en warmte. Dat is nodig, omdat de rest van hun nieuwe woonsituatie volkomen anders en vreemd is. Latere generaties zijn, door school en vrienden, veel meer gaan meedoen met de Nederlandse cultuur en hebben daarvoor de eigen religieuze basis losgelaten. Het is nu eenmaal niet zo praktisch om vijf keer per dag te bidden als je op school zit of in een fabriek werkt. Maar na een tijd voelen ze zich leeg, ze lijden aan gevoelsarmoede, onzekerheid en angst. Dat is het moment waarop de maatschappij zegt: "Ze hebben zich helemaal aangepast." Ja, ze zijn net zo gevoelsarm geworden als de Nederlandse jongeren.

Ik denk dat heel veel problemen in het Westen voortkomen uit een gebrek aan spiritualiteit, gebrek aan contact met het goddelijke. Wie contact heeft met de natuur, dieren en planten en gelooft in de goddelijke krachten, die leeft gezonder en langer. Spiritualiteit geeft veiligheid, warmte. Je moet dat niet opleggen, dat moet je exploreren, het moet uit jezelf komen, de kans krijgen om te groeien. Je kunt daarbij een leer zoeken die je aanspreekt en het doet er eigenlijk niet toe welke dat is. Je kunt ook van verschillende richtingen onderdelen overnemen. Ik heb respect voor alle verschillende soorten spiritualiteit, als het maar niet show-achtig is. Spiritualiteit is een intense beleving, een verdieping van je leven, een vriend. En daarbij hoort meditatie, reflecteren op wat, wie, en hoe ik ben, je eigen leven beoordelen, je geweten laten spreken. Je geweten, dat is alles wat je weet, niet in je hoofd, maar in je hart. Ik maak me er werkelijk zorgen over dat dat hier nog maar zo weinig gebeurt.'

ONKRUID

Onkruid nr. 109, maart/april 1996

Het dobbelsteen-orakel

PETER DEN HARING

Een doodsaaie dag gehad en zin in wat geestelijk avontuur? Of smacht je naar wat inzicht en troost? Hier volgt een snel spiritueel testje: het dobbelsteen-orakel. Met één, of oud-Germaans met drie dobbelstenen.

'Wat is het beste om te doen?'

Terwijl je je op die vraag concentreert, gooi je een dobbelsteen. Je mag het antwoord volgens de onderstaande code interpreteren.

1. Fout. Niet beginnen, niet doorzetten. Ophouden. Terugtrekken.
2. Situatie afhankelijk van de ander. Verlangen. Passief moeten blijven. Ongelijkheid.
3. Alert onderhandelen. Beter afstemmen. Risico's afwegen. Eventuele doorbraak.
4. Verbintenis. Wederzijdse toenadering. Openingen. Afwijzing, juist als je te bang bent.
5. Sprongen voorwaarts. Goede kansen. Durven te investeren. Goed nieuws.
6. Beëindiging. Vrede. Voltooiing. Maar ook: in een leegte terechtkomen.

Binnen de oude Germaanse cultuur werd traditioneel meestal bij ingewikkelder problemen met drie dobbelstenen gegooid. Niet zelden hield men tevens rekening met het veld waarop de stenen terechtkwamen. De wijze, de heks of de rondtrekkende waarzegger trok dan een cirkel of vierkant waarbinnen de dobbelstenen gegooid moesten worden. Mocht de werper per ongeluk stenen buiten het magische veld gooien, dan had de orakelduider de navolgende verklaring bij de hand. Eén steen erbuiten veroorzaakt vertraging of afstel en oplosbare problemen. Twee stenen erbuiten zou op relationele en financiële conflicten kunnen wijzen. Als ze alle drie buiten het veld kwamen, kon

Aan goede leermeesters is nooit gebrek maar wel is er steeds een tekort aan goede leerlingen.

Sri Ramana Maharshi *(Onkruid-boekje 'Affirmaties' bij nr. 100)*

men weer opgelucht ademhalen, want dat kondigde juist veel geluk en de vervulling van wensen aan. Met drie dobbelstenen betekenen de uitslagen:

Een (voor dobbelstenen als tegelijkertijd de andere stenen op hun kant blijven liggen of van je veld of tafel wegrolt): Overgave. 'Ja' zeggen. Een bevestigend antwoord.
Twee (als er een steen uitvalt): Ophouden. Dit is de foute dag voor een orakel, de foute vraag of een verloochening van diepere elementen in je innerlijk. Een ondubbelzinnig 'nee'.
Drie: Mysterie. Geheimen. Onverwachte en verrassende gebeurtenissen. Alles is in principe in orde, maar men dient zeer oplettend te blijven om het geluk te grijpen als het voorbijvliegt.
Vier: Conflicten. Onevenwichtigheid. Tegenslag in nabije toekomst. Sluimerende boosheid. Men kan niet doorgaan op de oude wijze. Het is belangrijk om veel aandacht te schenken aan de persoonlijke achterliggende oorzaken, mogelijk met (beroepsmatige) hulp van een deskundige.
Vijf: Hulp, wensvervulling of goed nieuws uit onverwachte bron. Onbekende weldoeners en vreemdelingen die mee willen werken aan een verbetering. Praktisch kan het even duren voor het geluk zich openbaart.
Zes: Verlies. Afgunst. Teleurstelling. Tekortkomingen. Druk van derden, die mogelijk hebzuchtig zijn. Als er met twee dobbelstenen gegooid is, is de situatie gunstiger en een signaal om toch maar door te zetten. Een gewaarschuwd mens telt dan immers voor twee.
Zeven: Vertraging, oponthoud, achterklap en gestook. Schandalen. Hindernissen, die overwonnen moeten worden en zo bevorderend zijn voor de groei. Vertrouwen op de eigen integriteit en de goede afloop.
Acht: Onachtzaamheid, onbenul. Geen oog of oor voor anderen. Kan problemen creëren of juist omzeilen. Afwachten en geduld oefenen. Oude schuldenaars kunnen om vereffening komen vragen. Vroegere fouten komen nu uit.

Negen: Nieuwe verbintenissen of contracten. Jawoord. Verzoening. Veranderingen in de omgeving, waar men zich eerst goed op bezinnen moet. Einde van een slepende ruzie.
Tien: Kansen op gunstige promoties, oplossingen van oude problemen. Verbetering op relationeel gebied. Soms geboorte of verhuizing. Als er met twee stenen gegooid is, kan het eindresultaat toch twijfelachtig zijn.
Elf: Afscheid nemen, vaak gedwongen of verdriet veroorzakend. Dingen buiten je controle. Zelfgezochte problemen. Slecht inzicht in de werkelijke kern van de zaak. Soms ziekte of dood.
Twaalf: Sudderende situaties ontvangen dynamische impulsen. Antwoorden op vragen. Belangrijke kracht. Soms een andere uitkomst dan gewenst of verwacht werd. Noodzaak om definitieve beslissing te toetsen aan een deskundige.
Dertien: Niet op verstand of afspraken vertrouwen. Egoïstisch handelen zal later spijten. Traditioneel ongeluksgetal. Leed en zorgen.
Veertien: Welgezinde steun van buitenaf of uit familiekring, die goed uitkomt. Bemiddeling bij contacten of ontmoetingen, die langdurige vriendschap kunnen inleiden.
Vijftien: Handelen op het scherp van de snede. Terugtrekken of uiterst voorzichtig vooruit gaan. Onwettige manoeuvres. Onbedoelde of ongewilde betrokkenheid bij gevaarlijke of dubieuze zaken.
Zestien: In het algemeen geluk brengend. Profijtelijke ondernemingen of reizen, die vreugde of winst opleveren. Aangename geestelijke contacten.
Zeventien: Omkering. Transformatie. Groot voordeel als men van mening kan veranderen en zich beter inleeft in de zienswijze van een eventuele tegenpartij, die waarschijnlijk uit een andere (denk)cultuur komt.
Achttien: Voorspoed. Beloning. Grote stap voorwaarts. Spoedige ontwarring van moeilijke situaties. Succes in zaken en werksituatie.

> *Hoe meer de slinger uitslaat naar de ene kant, hoe groter de tegenbeweging is. Als de dreiging en angst groot zijn, zoals nu, zullen saamhorigheid en verbondenheid in liefde ook groter zijn. Die twee zijn onlosmakelijk met elkaar verbonden.*
>
> AMMA, KNUFFELGURIN *(Diane Broeckhoven, 146)*

ONKRUID

Onkruid nr. 112, september/oktober 1996

Kus de heks in je wakker
Intuïtie, natuur en een snufje magie geven je innerlijke kracht

YOEKE NAGEL

Diep van binnen ben je een intuïtieve, krachtige natuurvrouw (m/v). Je voorvoelt soms dingen, je kunt je opeens in een bijzondere relatie tot een plant of dier weten... De heks in je staat klaar om aan de slag te gaan. Maar je moet haar eerst nog even wakker kussen

Heel lang geleden, toen de dieren nog spreken konden, leefden er eens heksen. Maar toen kwamen Hans en Grietje en vanaf die tijd ligt hun goede naam te grabbel.

En dat is triest. Want veel vrouwen (en mannen) zijn daardoor de heks in zichzelf kwijtgeraakt. Ze slaapt, de heks in ons. Het intuïtieve, het natuurlijke contact met onze omgeving, het vrouwelijke, de lessen die we leren door de natuur te bekijken, de bewondering en de magie, het is weg.

Maar als we haar wakker kussen, die heks in onszelf, dan verrijken we ons leven enorm. Want door je intuïtie te ontwikkelen, je 'voorgevoelens' op waarde te schatten en je te verbinden met de natuur waar je deel van uitmaakt, kun je een innerlijke kracht losmaken in jezelf die je sterker maakt in alle situaties.

Met een aantal praktische oefeningen kun je werken aan het ontwikkelen van verschillende aspecten van de heks in jezelf: je intuïtie, het contact met de natuur en je omgeving, het leren voelen en ten slotte ook gebruiken van de onzichtbare krachten die ons omgeven. Dat laatste, wat je ook 'magie' kunt noemen, is een hulpmiddel om je doel te bereiken, gericht en zonder afleiding, en om ondersteuning te vragen van andere krachten om je heen.

Hmmmm. Klinkt aantrekkelijk. Maar gratis krijg je het niet. En omdat alles met alles verbonden is, moet je ook nog eens heel goed weten wat je doet, omdat je niemand schade mag berokkenen. Al was het alleen maar omdat wat je een ander aandoet, zich immers uiteindelijk ook tegen jezelf richt.

'Doe wat je wilt, mits je er niemand mee schaadt' – heksenleefregel –

Een intuïtief mens is een goede buur

De essentie van het vrijmaken van je innerlijke kracht is dat je kunt leren van de natuur: alle inzichten die je moet hebben, kun je krijgen door je verbinding ermee te herstellen. Niet een halfuurtje op je zolderkamer, maar als manier van leven, als spiritueel pad. Het is een kwestie van karakter. Je moet nieuwsgierig zijn, praktisch ingesteld, risico's willen lopen, geduldig en liefdevol zijn ten opzichte van jezelf en van anderen. Het ontwikkelen van je intuïtie is buitengewoon belangrijk. Het kontakt met de natuur, het jezelf zien als onderdeel daarvan evengoed. En dat zijn twee zaken die eigenlijk iedereen, in beginsel, al in zich heeft. Door onze manier van leven, onze uitvindingen 'tijd' en 'geld' hebben we veel van onze oorspronkelijke kennis en mogelijkheden verloren. We zijn een deel van de Eenheid, maar we vergeten het wel eens, per ongeluk. Een intuïtief mens is een goede buur, zorgt voor zichzelf maar ook voor anderen en de omgeving omdat je weet dat de mens, aarde, maan, dieren en gewassen van elkaar afhankelijk zijn. Wie de heks in zich heeft wakker gekust, is wat de Indianen zouden noemen iemand *who walks in balance*. Zoals een (gediplomeerd) heks uit Engeland zegt: 'Een christen kan drie keer op een zondag naar de kerk gaan. Dat is de gemakkelijke manier. Ik kan mijn kerk nooit uit.'

Hoe je reageert op de elementen aarde, vuur, water en lucht...

Een heel belangrijke manier om je intuïtie en je verbondenheid met de Eenheid te ontwikkelen, is om goed met je voeten op de aarde te blijven. Dat wil zeggen: je gaat naar het bos en door goed te kijken, leer je hoe een bos is opgebouwd en waarom, welke krachten daar allemaal

> *Kennis van natuur is essentieel voor elke heks. Je moet weten wat er was, anders weet je ook niet wat weg is of verloren dreigt te gaan.*
>
> STARHAWK, CALIFORNISCHE HEKS *(Yoeke Nagel, 148)*

werkzaam bij zijn en zelfs hoe die voelen en eruitzien. Zelf maak je ook deel uit van de natuur. Door te onderzoeken hoe je eigen lichaam in elkaar zit, hoe je reageert op je menstruatiecyclus, op de maancyclus, op de elementen aarde, vuur, water en lucht vergroot je ook je mogelijkheden. Let op wat er met je energievoorraad gebeurt als je eet, slaapt, vrijt, vergadert. Door te kijken naar de levensfasen waar mensen mee te maken hebben, leer je situaties te herkennen: overgangsperioden als geboorte, puberteit en menopauze zijn belangrijke momenten in een leven. Als je ze niet beschouwt als puur en alleen gekoppeld aan een bepaalde leeftijd, dan kun je de functie ervan, de kracht die het losmaakt, herkennen in andere gebeurtenissen. Bij een nieuwe baan of een nieuwe relatie zou je bijvoorbeeld ook kunnen ontdekken dat je na een tijdje aan het 'puberen' slaat; je gaat verzetten tegen de gevestigde orde, de vanzelfsprekendheid en de autoriteit. Als je dat kunt herkennen, zal het je makkelijker vallen om je eigen houding te vinden in die situatie.

Deel uitmaken van de natuur betekent ook letten op de planeten en hun invloed. Begin eens met de maan. Je zult merken dat de volle maan meer energie geeft dan nieuwe maan. Maar het is wel een bepaald soort energie die niet voor alle aktiviteiten even praktisch is. Je kunt gebruikmaken van die kracht door te ontdekken welke klusjes je het beste bij welke maan kunt doen. Er bestaan 'heksenmaankalenders' die daar gebruik van maken: elke maan wordt genoemd naar de overheersende kracht in de natuur van dat moment. Neem nou de Oogst-maan. Op het moment dat die vol is, wordt de oogst binnengehaald op het land. Dat kun je ook in jezelf doen. Je kunt de Oogst-maan gebruiken om te kijken naar wat je de afgelopen tijd aan kwaliteiten hebt ontwikkeld bij jezelf. Je kunt vervolgens, zoals dat met de oogst van het land vroeger ook gebeurde, kiezen welk deel je daarvan opnieuw wilt zaaien, zodat je dat de komende tijd meer gaat ontwikkelen en een volgende periode kunt oogsten.

Als je geen energie over hebt, heb je ook geen tijd om aan je gevoelsleven te werken. Als je veel te verduren hebt in je gevoelsleven, kun je niet aan je spirituele lichaam werken.

INGE MAASSEN, MANTAK CHIA-THERAPEUTE (*Lisette Thooft, 125*)

Je kunt niemand de schuld geven van wat er mis loopt

Een van de eerste verkeersdrempels op het spirituele pad: realiseer je dat alles wat je onderneemt en zegt volkomen je eigen verantwoordelijkheid is. Je kunt niemand de schuld geven van wat er mis loopt, maar ook niet verantwoordelijk houden voor wat er 'toevallig' goed gaat. Die volstrekt eigen verantwoordelijkheid is belangrijk, want daardoor kun je ook leren van je eigen fouten. En daar zul je zeker op gewezen worden, want een oud heksenspreekwoord zegt: 'Wat je geeft krijg je driemaal terug.' Dat geldt voor je goede daden maar ook voor je pesterijtjes en per ongelukke fouten.

'Wat je geeft krijg je driemaal terug'
– heksenspreekwoord –

Zolang je nog iemand of iets anders de schuld kunt geven van alles wat niet lekker loopt in je leven, kun je er ook niet zelf iets aan veranderen. Niet met aardse aktiviteiten en inzichten en zeker niet met magie. Vaak loopt vooral het begin van een spiritueel pad over een aantal flinke mesthopen waar eerst een hoop 'oud zeer' moet worden opgeruimd. Morgana, een Nederlandse heks, zegt: 'De heks in jezelf vraagt om confrontatie.' Het is dus echt niet alleen lollig en vrolijk wat je te doen hebt om je innerlijke kracht vrij te maken.

Wie dat aandurft, zal na verloop van tijd merken dat er 'toevallig' net op 't goede moment allerlei dingen gebeuren: ontmoetingen, vergissingen die opeens heel goed uit blijken te vallen, inzichten, boeken, nieuwe kansen voor je ontwikkeling.

Dat is een proces van jaren, waarin je je telkens meer gaat thuisvoelen op de aarde, in de wereld, in de natuur. En in die tijd zul je telkens meer begrijpen van hoe de natuurkrachten werken. Uiteindelijk kun je er dan zelfs voor kiezen om die natuurkrachten in te schakelen ter ondersteuning van het bereiken van je doelen, zolang die in overeenstemming zijn met het grotere doel waar je deel van uitmaakt.

> *Ik denk dat je het leven in zijn volle breedte en diepte moet beleven en daar hoort dus ook de confrontatie met het kwaad erg bij.*
>
> *Renate Dorrestein, auteur van o.a. 'Heden ik' (Lisette Thooft, 94)*

Magie moet sporadisch worden toegepast

Voor 'echte' heksen is deze vorm van magie een werkvorm die met de grootste zorgvuldigheid, en alleen op verzoek van de betrokkenen (!) sporadisch wordt toegepast. Met een goede reden. Niet alleen het goddelijke manifesteert zich als toeval, ook magie doet dat. Een Nederlandse heks, Merlin, zegt: 'Magie is de kunst om het toeval te beïnvloeden.' Je zult nooit weten of je die baan 'toevallig' kreeg, of doordat je van tevoren een magisch ritueel hebt uitgevoerd om 'm te krijgen. En je weet nooit of je vriendin van haar chronische verkoudheid af is door jouw magie, of door de penicillinekuur die ze plotseling besloot toch maar te nemen. Wie weet was dat besluit wel het effect van je magie!

'Magie is de kunst om het toeval te beïnvloeden'
– Merlin –

Je hoeft geen ingewijde heks te zijn en magie te gebruiken om anderen te kunnen helpen: aandacht geven, een pannetje soep brengen, praten, luisteren, hulp aanbieden. Vaak is het probleem daarmee al opgelost. Maar soms is het handig om een ritueel uit te voeren en daarmee 'het toeval een handje te helpen', de werkzame energie wat bij te buigen. Merlin geeft de vergelijking met een spinneweb, om uit te leggen hoe je met magie een mens kunt helpen. Als er voeldraden in het web stuk zijn, weet de spin niet wat er om hem heen gebeurt. Met magie herstel je die voeldraden weer. Je gaat niet de spin te eten geven. Het herstellen van de voeldraden doet iedereen op haar of zijn eigen manier, alleen of met anderen samen, met gebruik van hele oude liedjes en handelingen of spontaan bedachte rituelen. Iedereen is immers gezegend met puur persoonlijke kwaliteiten en gaven: de een zal geweldig goed zijn met de Tarotkaarten terwijl de ander het liefst met kruiden werkt.

Hoe meer we onze angsten en verdrieten doorzien kunnen, accepteren en vergeven, hoe meer we in het reine kunnen komen met onszelf, des te meer ruimte komt er voor dat licht in jezelf en de ontvankelijkheid ervoor om je heen.

Irene van Lippe-Biesterfeld, oprichter en voorzitter van de Stichting Lippe-Biesterfeld NatuurCollege, moeder van vier kinderen, agoog, leraar intuïtieve ontwikkeling, auteur van o.a. 'Dialoog met de Natuur'
(Column, 144)

'Doe wat je wilt, zolang je er niemand mee schaadt' is de enige algemene regel waar alle heksen zich aan te houden hebben.

Dat lijkt vrijblijvend, maar dat valt nog vies tegen. Een voorbeeld: je zorgt met magie dat een zwerver een flink gevulde portemonee vindt en vervolgens blijkt dat een bijstandsmoeder hem verloren heeft nadat ze haar maandtoelage had opgehaald. Dat is dus de foute manier om te werken. Of: je helpt je buurvrouw genezen van haar griep en ontneemt daarmee haar man de opgedrongen kans om eindelijk eens te leren koken.

Wees voorzichtig met wat je vraagt, je zou het kunnen krijgen

Magische rituelen zijn grotendeels gebaseerd op het principe van visualisatie. Je maakt je een voorstelling van een situatie hoe die moet zijn en dat beeld 'vul' je met energie, waardoor het werkelijkheid kan worden. Dat principe is heel bruikbaar om erachter te komen wat je nu eigenlijk echt wilt en om naar dat doel toe te werken, geconcentreerd en vastbesloten. Maar het vereist wel enorm veel oefening, intuïtie, oprechtheid, bescheidenheid en liefde om het goed toe te passen. Daarom is magie niet geschikt om mee te experimenteren, zeker niet als je het 'voor' anderen wilt gebruiken, al bedoel je het nog zo goed.

Het probleem is namelijk altijd dat magie wel werkt, maar niemand weet hoe. Je kunt magie bedrijven om een vervelende bezoeker weg te houden bij je. Maar je magie kan vervuld worden doordat die persoon een dodelijk ongeval krijgt. Je kunt magie bedrijven om meer of ander werk te krijgen, maar als je niet duidelijk genoeg bent, kan 't zijn dat dan je computer gewoon kapot gaat. Vandaar het heksenspreekwoord: 'Wees voorzichtig met wat je vraagt, je zou het kunnen krijgen.' Er zijn altijd 112 oplossingen mogelijk en je zult nooit voldoende weten om de juiste te vragen. Daarom kun je niet meer doen dan je energie richten op het eindresultaat, niet op de oplossing. Daarna is het niet meer in jouw handen, moet je het loslaten.

> *Als de overlevenden stille verwijten en dergelijke uitspreken, dan worden die getransformeerd en kunnen zowel de levenden als de doden ze loslaten.*
>
> HANS STOLP, PASTOR EN AUTEUR (*Corien Unger, 138*)

'In perfect love, in perfect trust'
– heksengezegde –

Je moet een idee hebben van wat je wel en niet moet, kan en mag doen, omdat je anders een groter plan in de war schopt. Je moet weten wanneer je niet aan een web moet zitten omdat jij het niet kunt repareren of omdat het niet stuk is, of omdat er al vier andere mensen aan zitten te klooien. Om over dit soort informatie te beschikken, moet je intuïtie al behoorlijk ontwikkeld zijn voordat je je aan magie waagt. Daarom is het van belang om een methode te beheersen die je open stelt voor dieper inzicht in gebeurtenissen. Dat kan van alles zijn. Zoals in de gewone mensenwereld ook de een vooral gericht is op gehoor, de ander op zicht of gevoel en de vierde op een combinatie daarvan, zo zal ook de ene heks spreken van eenvoudig 'aanvoelen' of van 'stemmen', de ander van 'innerlijk oog', de derde van 'intuïtief weten' wat het Hogere voor plan heeft. Het ontwikkelen daarvan kan iedereen en is een verrijking voor je leven zolang je het doet 'vanuit onvoorwaardelijke liefde en volmaakt vertrouwen'.

38 inzichten voor ontwakende heksen

Het opruimen van oud zeer

1. Zorg voor jezelf. Eet goed en gevarieerd. Zo kan je lichaam je dienen en ondersteunen.
2. Leef er naar dat je je alleen kunt ontwikkelen in een gezonde omgeving. Zet je in voor groen in de buurt, een zebrapad bij school, geld voor een kindertehuis in Joegoslavië.
3. Neem de volledige verantwoordelijkheid voor je eigen leven.
4. Neem 's morgens rustig de tijd om je je dromen te herinneren. Schrijf ze op en bestudeer ze later nog eens. Het onderbewuste is het duidelijkst zichtbaar als het bewuste is uitgeschakeld in de slaap.
5. Zie jezelf als het goddelijk wezen dat je bent, zowel geestelijk als lichamelijk. Als je jezelf prachtig vindt in mooi ondergoed, koop dat dan. Als je geniet van je eigen stem, zing dan. Als je nog wijzer wilt worden, lees dan, luister, kijk, studeer.
6. Ga in de tuin werken, oogst worteltjes, voel de aarde.
7. Onderzoek gevoelens als 'wrok', 'verdriet', 'beledigd zijn' tegenover anderen. Ruim negatieve gevoelens over anderen op door hen te vergeven, met hart, ziel, en als dat kan, met daad.

8. Los schuld direct in, op elk niveau.
9. Zoek een goede therapeut als je merkt dat er in je verleden wonden zijn gemaakt die je niet zelf kunt helen.
10. Lach, relativeer, geniet.
11. Word stil, mediteer, adem volledig. Neem rust en tijd voor jezelf.

Het ontwikkelen van je intuïtie

12. Leer wat intuïtie is door op twee manieren een voorwerp te bekijken: eerst puur intellectueel, beschrijvend, daarna met gebruikmaking van je emoties. Dat laatste is het intuïtieve stuk.
13. Luister naar anderen in de wetenschap dat iedereen je iets anders kan leren, hoe lelijk verpakt de les ook is.
14. Stel je voor hoe een bijeenkomst waar je naartoe gaat zal verlopen. Controleer dat.
15. Verdiep je in de bijzondere eigenschappen van verschillende planten en leer ze te herkennen.
16. Loop het bos in en probeer je te oriënteren door te kijken, de bomen te onthouden waar je van richting verandert, of je te laten leiden door ingevingen. Verlaat het rechte pad.
17. Probeer te raden hoe laat het is voordat je op je horloge kijkt.
18. Schrijf je eerste indruk op van iemand of iets en controleer na 3, 6 en 12 maanden of het klopte.
19. Raad eerst wie je aan de telefoon krijgt voordat je opneemt.
20. Let op irrationele 'ingevingen' en controleer zoveel mogelijk of ze kloppen.
21. Houd ten minste een jaar lang bij wat er eigenlijk in de natuur verandert per seizoen en probeer belangrijke feestdagen in dat kader te begrijpen.

Verbind je met de natuurkrachten

22. Let op je lichaam en de cyclus ervan. Hoe reageer je op de maanstanden, op je menstruatiecyclus, op het weer? Wanneer is de beste tijd voor jou om te vergaderen, te schrijven, te vrijen?

> *Hoe je spiritueel bewustzijn bereikt maakt niet uit. Maar test het daarna wel uit op de camping van het bestaan.*
>
> Bram Vermeulen, cabaretier, schilder, auteur (*Column*, 131)

23. Waardeer toevalligheden als nieuwe kansen waar je iets mee kunt ondernemen.
24. Zet je raam open tijdens een belangrijke voetbalwedstrijd en voel (zonder zelf te kijken) de energie die vrijkomt bij een doelpunt. Nog beter: loop door het bos na een plensbui in een droge tijd.
25. Loop op blote voeten in je tuin, voel aarde en water (en lekker modder tussen je tenen).
26. Wen je aan om altijd de windrichtingen te kunnen bepalen.
27. Probeer de stemming in een groep mensen te peilen als je de ruimte binnenkomt en controleer later of het klopte.
28. Experimenteer nooit met krachten die groter zijn dan jezelf. Oefen alleen met je eigen kracht.

Oefen in het gebruik van natuurkrachten

29. Ontwikkel je zintuigen door zo concreet mogelijk je waarnemingen te benoemen: een plek voelt koud of warm aan, een verdrietig gevoel is helder of dof, energie is licht en snel of zuigend en donker.
30. Probeer verschillende methoden van intuïtie-ondersteunende technieken uit: pendelen, kaarten, I Tjing, kruiden, rijstzakjes, astrologie, intuïtief schilderen, schouwen, helder zien, helder horen of voelen, dromen, iedereen heeft zijn eigen manier om toegang te vinden tot het onzichtbare.
31. Zoek van alles wat 'toevallig' gebeurt een zin in zichzelf of in het resultaat van de gebeurtenis, ook als die in eerste instantie lijkt te ontbreken. Neem er jaren de tijd voor.
32. Speel met je kinderen of huisdieren raadspelletjes: jij neemt een kleur of eten in je gedachten en probeert dat over te brengen op de ander.
33. Oefen jezelf door een wolk in twee delen te snijden. Je hoeft niet te begrijpen hoe je het doet, als je maar oplet wat werkt bij jou.
34. Bestudeer de kracht en de betekenis van de elementen aarde, water, vuur en lucht. Zie hoe ze op zich en in combinatie uitwerken.

> *Als iemand zegt: mijn traditie is het begin, het einde en alles wat ertussen zit, dan is het verstandiger om er eens een tijdje uit te stappen.*
>
> *Kees Waaijman, professor KUN (Lisette Thooft, 143)*

35. Stel je voor hoe een gebeurtenis zal verlopen, visualiseer de meest positieve uitkomst ervan en vul dit beeld met licht en liefde zodat het werkelijkheid kan worden.
36. Toon je respect voor de goddelijke Eenheid in alles wat je doet, door ieder wezen onvoorwaardelijk te waarderen als onderdeel ervan en altijd te bedanken voor wat je gebruikt.
37. Word stil. Mediteer. Geef het Hogere de kans om zich te manifesteren door jou.

En dan...

Wie op deze manier aan het oefenen slaat, vestigt de aandacht op zich van de goden. 'Dan heb je twee mogelijkheden,' stelt Dusty Miller, een Engelse heks. 'Je krijgt een klap voor je kop omdat dat niks voor jou is op dit moment, of je krijgt hulp.' Verwacht niet dat je direkt resultaat zult zien. Je mag al blij zijn als je merkt dat je af en toe een ingeving hebt, die je tot nu toe over het hoofd zou hebben gezien. Neem de tijd voor jezelf, oefen, studeer, leef ernaar dat je weet dat je een onderdeel bent van de Eenheid. Een ding is zeker: jezelf behangen met pentakels en kristallen, Tarotkaarten en een zwarte spiegel kopen, helpt niet. Eenvoudige belangstelling en een open oog voor wat er kan komen, is ruim voldoende. Je zult na een tijdje merken dat het goddelijke zich gaat manifesteren in toevalligheden, onverwachte meevallers of tegenvallers waar je juist net dat van kunt leren wat je op dat moment moest leren. Bang hoef je nooit te zijn voor het goddelijke omdat je het zoekt uit liefde, respect, vertrouwen en enige bescheidenheid. Laat de heks in jezelf zich eens rustig uitrekken, geef haar de tijd om te ontwaken door een heerlijk ontbijtje voor haar te maken en de deur voor haar open te zetten naar je leven. Zing, dans en vrij met haar. Vier haar thuiskomst uitbundig. Je voelt vanzelf wanneer ze met haar werk begonnen is en ze je leven completer maakt. Dan is het tijd om haar echt te ontmoeten: '*Merry ye meet, and merry ye part, and merry ye meet again,*' zoals heksen elkaar groeten. Geniet ervan!

> *De belangrijkste kracht van het ego is angst. De belangrijkste kracht van je goddelijke zelf is liefde.*
> WAYNE DYER, AUTEUR VAN 'NIET MORGEN MAAR NU' E.V.A. *(Yoeke Nagel, 108)*

Wie angstig wordt

Wie angstig wordt, demonen denkt te zien, het gevoel krijgt zelf 'behekst' te worden door iemand anders, of andere griezelige dingen, doet er goed aan onmiddellijk te stoppen met deze weg. Kan het zijn dat je liever een 'zwarte magiër' de schuld geeft van wat er fout gaat in je leven, dan dat je zelf je verantwoordelijkheden neemt om het te verbeteren? Waarschijnlijk moet er eerst een hoop oud verdriet en vergeten angst en pijn worden opgeruimd, die zichtbaar is geworden. Dat zichtbaar worden gebeurt soms heel letterlijk: door het ontwikkelen van een grotere gevoeligheid voor je omgeving in al haar aspecten zie je je angsten als op zich staande vormen, geesten, demonen, dat soort dingen. Zoek iemand om mee te praten, kijk naar jezelf, onderzoek je littekens en pas als je je genezen en heel voelt, weet wie jij zelf bent, zoek dan opnieuw naar een pad dat bij jou past. Kijk ook eens naar je dieet: krijg je voldoende vitamines? Eet je niet te veel witte suiker? Ook dat kan je geestelijk verzwakken en overgevoelig maken.

Blijf in je eigen kracht... ook als de omgeving even niet meewerkt.

Zeven manieren om uit je eigen krachtbronnen te blijven putten

In tranen om het verhaal dat een volslagen onbekende je in de bus vertelt. Helemaal over je toeren omdat je moet solliciteren, bloedzenuwachtig voor een feestje waar je niemand kent, plotseling in paniek omdat je het gevoel hebt dat iemand je beslist niet mag... Soms lijkt het alsof alle kracht uit je weggolft en je leeg en ellendig achterlaat. Dan is het handig om jezelf af te schermen en je energie bij je te houden. Zeven simpele manieren om je eigen krachtbronnen te kunnen blijven gebruiken. Wat er ook om je heen gebeurt.

1. Kamer verven met gekleurd licht

Ga even rustig zitten. Sluit je ogen. Adem diep in naar je buik en blaas door je mond de adem weer uit. Stel je nu voor hoe vanuit de aarde

> *Mijn bezwaar tegen 'de andere kant' is alleen dat ze zo keurig zijn, zo clean.*
>
> MARIJN WESTERBEKE, MEDIUM *(Kees Beentjes, 73)*

krachtige energie als gekleurde lichtstralen of warmte je lichaam in stroomt en je oplaadt. Stel je nu voor dat een tweede gekleurde energiestraal via je kruin je lichaam oplaadt. Laat de twee kleuren samenkomen ter hoogte van je navel en speel ermee tot je een mooie tint hebt. Sluit de toegangen van deze stralen af als je genoeg hebt (je kunt er ook even voor bedanken). Stel de kleur regelmatig bij.

Neem een moment de tijd om de ruimte waar je moet zijn te overzien. Verf nu in gedachten de muren, het plafond, de vloer, in je krachtkleur. Je kunt ook mooie combinaties maken met andere kleuren die je helpen. Zo staat tenminste de ruimte gegarandeerd aan je kant.

2. Aardwortel die je stevig verankert

Zorg dat je goed zit, op een stoel of op de grond. Rug los van de leuning, benen en armen niet gekruist. Adem goed door. Voel waar je de aarde of de stoel raakt met je voeten en met je achterste en maak die zwaar en breed, als een omhelzing met de aarde. Stel je nu voor dat je stuitje groeit en groeit, als een wortel die de grond zoekt. De wortel groeit door de stoel, de vloer, de benedenverdieping, de autosnelweg of waar je ook bent heen, en boort zich diep in de aarde, totdat je je aardwortel kunt bevestigen aan het binnenste van de aarde. Kijk goed hoe de wortel eruitziet, materiaal, kleur, dikte, om hem later weer op te kunnen roepen. Via deze aardwortel kun je aardenergie naar je toe halen. Als je hem hol maakt, kun je er ook je akelige gedachten en gevoelens mee afvoeren. In de aarde wordt het allemaal vercomposteerd...

3. Lichtnet en polsen kruisen

Je kunt je afschermen voor een ongewenste sfeer of stemming door je enkels te kruisen en je polsen op elkaar te leggen. Blijf goed doorademen. Nog sterker is een lichtnet om je heen. Stel je je hart voor als een lichtende bal. Van daaruit schieten lichtdraadjes naar je aura, en zo wordt net buiten je lijf een soort sinaasappelnetje gemaakt van beschermend licht. Maak het van biologisch afbreekbaar materiaal, dan lost het binnen een paar dagen weer op als je was vergeten om het netje weer uit te trekken.

> *Ik weet niks, maar dat weet ik wel verdomd zeker.*
>
> JAN VAN DELDEN, VERLICHT MEESTER *(Bob Snoijink, 133)*

Ik heb ervaren dat het zoeken naar een meester bij veel mensen ontstaat vanuit een groot gevoel van onveiligheid.

ZOHRA NOACH, MEDIUM *(Yoeke Nagel en Marjolein Wolf, 134)*

4. Een zucht van opluchting

Merk je dat je je gedachten niet kunt losmaken van iemand in je omgeving? Slaak een diepe zucht terwijl je je voorstelt dat je daarmee energie als een lichtstraal terugstuurt naar de rechtmatige eigenaar, eventueel verrijkt met je liefde. Bij je inademing neem je je eigen aandacht terug. Wat ook kan werken: stel je een koord voor tussen jullie en knip dat door, zodat het naar twee kanten terug kan rollen.

5. Amulet of... thee ervan

Neem een voorwerp dat voor je de eigenschap symboliseert die je nodig hebt in moeilijke situaties. Wees zo specifiek mogelijk. Voor 'kracht' kun je bijvoorbeeld een perzikpit nemen, maar een steen is weer op een andere manier krachtig. Draag het voorwerp bij je zodat het die eigenschap bij jezelf kan versterken. Houd het vast als je dat nodig hebt. Je kunt er ook thee van zetten (ja hoor, ook van een steen). Drink elke slok bewust.

6. Wensing en je schaduwkant

Iemand die je het liefst ver weg zou wensen? Pas op! Die kan je iets belangrijks leren over een kant van jezelf die jij zelf niet accepteert. Probeer deze wensing eens (liefst zingend): 'Licht op je pad / je eigen pad / licht op je pad van hier. / Toon mij de rand van mijn schaduwkant / en licht op je pad van hier.'

7. Even bomen en spuug erop

Zoek een mooie stevige boom op. Stel je voor aan hem en vraag of je er wat energie van mag gebruiken. Omhels hem stevig of, als dat te veel opvalt, leun er lekker tegenaan en voel hoe de boomkracht ook jou sterker maakt. Bedank de boom door even op z'n wortels te spugen, waarmee je hem goede voeding toewenst.

ONKRUID

Onkruid nr. 117, juli/augustus 1997

Vaccinatie

Is het middel erger dan de kwaaltjes?

DIANE BROECKHOVEN

Nauwelijks gewend aan het levenslicht, worden baby's opgeroepen, om niet te zeggen gesommeerd, om zich massaal naar het consultatiebureau te begeven voor steeds vroeger toegediende, steeds meervoudiger samengestelde cocktails – DKTP, BMR – die hen tegen ziekte en ongemak moeten beschermen. Maar doen al die prikken dat? Heiligen de (paarden)middelen het bedenkelijke doel?

Het pakketje inentingskaarten dat drie maanden na de geboorte van iedere nieuwe wereldburger in de brievenbus valt, heeft veel weg van een oproep voor militaire dienst. 'Uw kind is binnenkort toe aan de DKTP en Hib-inenting,' luidt de aankondiging. Er wordt op die en die leeftijd ingeënt en wie daar van af wil wijken om wat voor reden dan ook, krijgt straf in de vorm van een rekening. Terwijl iedereen die zich aan de regels van het spel houdt, op een gratis rondje van het Rijk mag rekenen.

'Dat er na het vaccineren acute en chronische klachten kunnen ontstaan, is in de homeopatische wereld al vanaf de eerste pokkenvaccinatie in de vorige eeuw bekend,' schrijft de arts Tinus Smits in zijn boekje 'het Post-Vaccinaal Syndroom'. Dat is vrij aannemelijk. De vaccins, die steeds gretiger en in steeds meervoudiger cocktails aan steeds jongere kinderen worden toegediend, zijn samengesteld uit verzwakte, gesplitste of gedode ziektekiemen of toxinen (gifstoffen met hun toevoegingen), waaraan altijd verontreinigingen kleven in de vorm van metalen en kwikverbindingen.

Het RIVM, het instituut dat de vaccinaties produceert in opdracht van het Rijk, heeft uitgerekend dat het economisch gezien voordeliger is om alle kinderen tegen kinderziekten als bof, mazelen en rode hond te laten inenten, dan om ze deze natuurlijke groeiperikelen te laten doormaken. Denk maar aan al die ouders die moeten thuisblijven van hun werk om bij hun vlekkerige, koortsige kleuters te waken. Homeopatische en antropofische artsen hebben echter hun bedenkingen: de nadelige gevolgen op lange termijn van het vaccineren op grote schaal zou de staat uiteindelijk veel meer geld kosten. Allergische, astmatische en chronisch zieke kinderen dwingen hun moeders en vaders immers ook om de haverklap om snipperdagen op te nemen. Om niet te spreken van (jong-)volwassenen die alsnog de onuitroeibare kinderziekten doormaken en daar zeer kwalijke gevolgen van kunnen ondervinden.

Kinkhoest en mazelen steken nu en dan toch de kop weer op

De Maastrichtse homeopaat Peter Guinée is ervan overtuigd dat de vaccins waarmee kinderen in hun kwetsbare kinderjaren worden volgespoten, chaos creëren. Hij is docent aan de Opleiding Klassieke Homeopathie van de Academie voor Natuurgeneeskunde in Eindhoven en heeft sinds 1981 een eigen praktijk. In 1994 richtte hij samen met een aantal anderen, door praktijkervaring wijs geworden, de NVKP (Nederlandse Vereniging voor Kritisch Prikken) op, waarvan hij voorzitter is.

Guinée vindt dat de basis van de homeopathie door het veelvuldig vaccineren wordt ondermijnd. Want van homeopaten wordt verwacht dat ze het immuumsysteem van kinderen helpen versterken, terwijl dat door het inenten steeds meer wordt verzwakt.

'Ik denk dat kinderziekten een positieve rol spelen in de ontwikkeling van een kind,' zegt hij. 'Door het vaccineren ontneem je het tijdelijk de mogelijkheid zich door middel van een ziekte te ontwikkelen. Maar op lange termijn komen die ziekten toch terug. Kijk maar naar de kinkhoestepidemieën die af en toe weer de kop opsteken. Of de mazelen. Deze ziekten zijn zo sterk dat ze zich niet laten wegvaccineren of uitroeien. Door de bezwaren tegen en de bijwerkingen van vaccinaties worden we juist gedwongen om te kijken naar de betekenis van al die ziekten.'

De patiënten moeten de artsen opvoeden.

DR. HOUTSMULLER, DIABETOLOOG EN ONTDEKKER VAN HET HOUTSMULLERDIEET BIJ KANKER (*Lisette Thooft, 122*)

Na die eerste prik begint het gedonder: eczeem, hoest, antibioticum, oorontstekingen

De Vereniging voor Kritisch Prikken is niet per definitie tegen inenten. 'We willen de zaak positief benaderen, goede alternatieven en een betere begeleiding bieden,' stelt Guinée. 'Wat je nu meestal ziet gebeuren, is het volgende: een baby is gezond, krijgt op drie maanden zijn eerste prik, en daarna begint het gedonder. Hij begint slecht te slapen, krijgt eczeem of een vastzittende hoest. De huisarts geeft hem zijn eerste antibioticumkuur, en daarna begint een eindeloze reeks oorontstekingen. Het is een bijna voorspelbaar standaardverhaal waar ik in mijn praktijk heel veel mee te maken heb. We gaan dan werken aan de versterking van de weerstand van zo'n kind, maar door de nieuwe prikken wordt die weerstand weer ondermijnd.'

Dat reguliere artsen het verband niet (willen) zien is hoogst eigenaardig. Peter Guinée: 'Je zou bijna van het laatste taboe in de geneeskunde kunnen spreken. Het hele vaccinatieprogramma is één van de pijlers die in de gewone geneeskunde niet ter discussie staat. Men is er trots op. Het systeem ontleent zijn succes aan de hoge deelnamecijfers: als zoveel mensen het doen, dan moet het wel goed zijn. Ouders krijgen de illusie dat men door de vaccinaties geen zieke kinderen meer heeft. Het hoort bij deze tijd, waarin we alles wat lastig is, denken te kunnen uitroeien. Het lijkt gezond om nooit ziek te zijn. Maar het leven houdt nu eenmaal altijd risico's in. Iedere kritiek op het vaccineren wordt door de reguliere circuit onmiddellijk de kop ingedrukt, omdat kritische uitlatingen het hoge inentingspercentage kunnen doen dalen.'

Is er diabetes, zijn er zware allergieën in de familie?

Voorzichtig vanwege het beladen onderwerp, vraag ik of het veelvuldig vaccineren tegen kinderziekten de eigentijdse druk-druk-drukmoeders niet heel welgevallig is, omdat ze geen tijd hebben om drie weken aan het bed van hun door mazelen geplaagd kind te zitten.

> *Kinderen die jong sterven, zijn hier alleen om les te geven.*
> ELISABETH KÜBLER-ROSS, STERVENSBEGELEIDSTER *(Lisette Thooft, 99)*

Peter Guinée haalt, bij wijze van veelzeggend antwoord, al even voorzichtig een geval uit zijn praktijk aan. 'Ik heb een kindje behandeld,' vertelt hij, 'dat heel gezond was. De dag voor de eerste vaccinatie huilde het nogal veel en had spruw in de mond. Dat is een duidelijke contra-indicatie: alleen perfect gezonde kinderen mogen worden ingeënt. De moeder gaf echter het kind aan de oppas mee voor de DKTP-prik omdat ze naar haar werk moest. De spruw is de consultatiearts ontgaan en de moeder was er niet om hem erop attent te maken. Na de inenting kreeg het kind hoge koorts en stuipen. Het heeft het er gelukkig levend vanaf gebracht, maar het hele daaropvolgende jaar sukkelde het met zijn darmen, luchtwegen en een salmonella-infectie. Het kind werd ook zeer agressief, iets wat je vaker ziet na vaccinaties.'

Volgens Guinée spelen bij al dan niet vaccineren de risicofactoren in de voorgeschiedenis van een kind een belangrijke rol, maar wordt daar op het consultatiebureau nauwelijks aandacht aan geschonken. Komt er diabetes voor in de familie, zijn er zware allergieën, hoe zijn zwangerschap en bevalling verlopen? 'Vaccinaties openen als het ware een doos van Pandorra,' vindt hij. 'Alles wat er aan zwaktes en erfelijke belasting in een kind zit, komt tegelijk naar buiten. Er wordt niet uitsluitend een vaccin ingespoten, maar ook alle mentale en psychische aspecten die de ziekte vertegenwoordigen. Polio is daar een toppunt van: het is een ziekte die met – verlammende – angst te maken heeft. Die angst laait ook in de discussie hoog op, terwijl er jaarlijks veel meer kinderen aan hersenvliesontsteking overlijden dan aan polio.'

Uiteindelijk ligt de verantwoordelijkheid voor het vaccineren van kinderen bij de ouders.

Soms kan een kinderziekte het incarneren vergemakkelijken

Mena Kiene, antroposofisch arts, is dezelfde mening toegedaan. Ze werkt als schoolarts op de Vrije School in Nijmegen en was daarvoor vijf jaar verbonden aan de Vrije School in Amsterdam.

> *Ik heb het gevoel dat mijn hele leven is uitgestippeld en dat ik gewoon langs die weg loop.*
>
> Dr. Simon Speyer, grondlegger Speyertherapie *(Kees Beentjes, 96)*

'Ouders moeten zich inderdaad heel goed laten informeren over vaccinaties, maar ook over de kinderziekten zelf,' zegt ze. 'Je kunt rustig stellen dat de doorsnee ouder niets van kinderziekten afweet en ook niet wil weten. Men klampt zich vast aan geruchten dat bijvoorbeeld één op de honderd kinderen als complicatie van mazelen een hersenvliesontsteking zou krijgen. In werkelijkheid is dat er misschien één op duizend.'

Mena Kienes aandeel in de voorlichting was een uitgebreid onderzoek naar complicaties van mazelen, dat ze tussen 1 november '87 en 1 november '88 hield, samen met de antroposofische kinderarts Edmond Schoorel. Aanleiding om juist dit onderwerp te kiezen voor haar doctoraalscriptie was de mazelenepidemie in de winter '87-'88. Twee kinderen overleden aan de complicaties, en er kwam een storm van publiciteit op gang. Hoogleraar epidemiologie J. Huisman hield toen, gesteund door belangrijke vertegenwoordigers van de Volksgezondheid, een pleidooi voor het verplicht stellen van de mazelenvaccinatie.

Centraal in het antroposofische denken over kinderziekten staat de opvatting over erfelijkheid. De erfelijkheidskenmerken van een kind worden in het antroposische mensbeeld gezien als een eigen keuze van de zich incarnerende individualiteit. 'Een kind zet zich in zijn eerste zeven levensjaren uiteen met wat het heeft meegekregen aan erfelijke factoren. Het wil incarneren in zijn lichaam. Dat kan heel soepel verlopen, maar soms is het moeilijker en dan kan onder andere een kinderziekte helpen,' legt Mena Kiene uit. Dat dat per definitie zou betekenen dat antroposofen tegen de vaccinaties zijn die kinderen hun natuurlijke ontwikkelingskansen ontnemen, wordt door haar bestreden. 'Het gaat niet alleen om de kinderen, maar ook om de ouders. Een brede informatie vind ik heel belangrijk, vooral om de grote angst weg te nemen die bij ouders heerst. Mazelen bijvoorbeeld is een ernstige ziekte, maar je overlijdt daar niet zomaar aan. Het oogt heel ernstig en alle ouders zullen het bevestigen: er is altijd een moment tijdens het ziekteproces waarin je het gevoel hebt dat het kind je ontglipt. Maar als je weet dat dat kan gebeuren, heb je als ouder meer vertrouwen. Voor mazelen is vooral tijd nodig. Het is in feite een ziekte voor thuisblijvende moeders.'

Slimme mensen manipuleren hun lot.
Lama Ohle Nydahl *(Peter den Haring, 129)*

Na de kinderziekte is het kind niet alleen weer 'de oude', maar werkelijk 'beter'

Mena Kiene heeft haar eigen zoon laten inenten, tegen DTP, en zoals de meeste antroposofen niet in de derde, maar in de zesde levensmaand. Dan is het zenuwstelsel van het kind meer gerijpt. De K (van Kinkhoest) heeft ze weggelaten, omdat dat de vaccinatie met de meeste complicaties is gebleken. 'Ik weet dat je op een gewoon consultatiebureau op je strepen moet staan om de vaccinatie tegen kinkhoest te mogen weglaten. Er wordt soms zelfs tegen de ouders gezegd dat het niet mogelijk is. Wij geven overigens nooit het advies om een kind helemaal niet te laten inenten, om de goede reden dat ieder kind verschillend is. We nemen altijd een besluit in overleg met de ouders.'

Worden Vrije Scholen geen brandhaarden van kinderziekten-epidemieën met een overwegend on(volledig)-ingeënte populatie?

'De Vrije scholen zijn geen gesloten bolwerken,' aldus Mena Kiene. 'Er zitten veel kinderen waarvan de ouders om verschillende redenen voor dit onderwijs hebben gekozen, maar die geen banden met de antroposofie hebben. Ik schat dat ongeveer de helft van de kinderen de gangbare vaccinaties krijgen. En zoals blijkt, laten kinderziekten en hun complicaties zich niet zomaar uitbannen, ook niet met een grootscheeps vaccinatieprogramma. Er vinden hoogstens verschuivingen plaats. Het verband tussen vaccinaties en bijna epidemische uitbarstingen van astma, eczeem en allergieën bij kinderen kan ik niet hard maken of bewijzen,' zegt ze. 'Het zijn eveneens uitingen van de tijdgeest, zoals aids en anorexia dat zijn. Inentingen kunnen wel bescherming bieden op lichamelijk niveau, maar ontnemen een kind een ervaring op ontwikkelingsniveau. De meeste ouders en leerkrachten zullen bevestigen dat het kind na het doormaken van een kinderziekte niet alleen weer "de oude", maar werkelijk "beter geworden" is.'

> *Voor Steiner was het überhaupt geen probleem. Maar voor de antroposofen nu in Dornach is het een geweldig probleem. Heel wat antroposofische homoseksuelen leven in het geheim.*
>
> Robert Gorter, antroposofisch arts (*Lisette Thooft, 136*)

50% minder zuigelingensterfte bij vaccinatie vanaf twee jaar

Waar de homeopaat en de antroposoof hun mening voortdurend op een goudschaaltje afwegen, neemt de Australische arts Viera Scheibner geen blad voor de mond. Ze is doctor in de natuurwetenschappen en heeft jarenlang als wetenschappelijk onderzoekster in Australië gewerkt. Na haar pensionering heeft ze zich toegelegd op het ontkrachten van de mythe rond vaccinaties en geeft wereldwijd lezingen en interviews.

Hoewel ze in verband met een staking dertig uur op het vliegveld van Singapore heeft vastgezeten, wacht ze me monter op achter grote stapels onderzoeksrapporten, krantenknipsels en correspondentie. Stuk voor stuk moeten die het bewijs leveren dat vaccinatie meer kwaad dan goed doet voor de mensheid. 'En schrijf vooral op dat ik voor de 60.000 pagina's medische literatuur die ik over het onderwerp verzameld heb, uitsluitend gebruik heb gemaakt van orthodoxe medische publicaties. Dat ik me voor mijn conclusies op feiten, niet op opinies baseer,' vermaant ze. Die conclusies liegen er niet om. Vera Scheibner zegt onomwonden dat wiegedood een rechtstreeks gevolg van de DKTP-vaccinaties is, en kan dat bewijzen.

'Samen met mijn inmiddels overleden man heb ik een monitor ontworpen waarmee ik, destijds nog als wetenschappelijk onderzoeker, de ademhalingspatronen van baby's bestudeerde. Bij alle baby's kwam na vaccinatie eenzelfde meervoudig terugkerend stresspatroon terug,' zegt ze en wijst de koortspieken op de curves aan. 'Aanvankelijk legde ik het verband niet, omdat ik in die tijd vertroebeld was door de gedachte dat vaccinatie veilig en effectief zou zijn.'

Ook in Japan is het verband tussen de DKTP-prikken en wiegedood aangetoond: de zuigelingensterfte verminderde er met de helft vanaf het moment dat men de minimumleeftijd voor vaccinatie optrok tot twee jaar.

Een medewerker van het Centraal Bureau voor Statistiek in den Haag lacht me echter hartelijk uit als ik hem over een 'eventueel verband' en cijfers pols. 'De vaccinaties zijn bedoeld om kinderen gezond, en niet ziek te maken en wiegedood is een mooie term voor wanhopige artsen die geen andere doodsoorzaak kunnen vinden,' stelt hij.

‘Ik heb mijn eigen kinderen laten inenten...’

Vera Scheibner is er, evenals homeopatische en antroposofische artsen, van overtuigd dat het doormaken van natuurlijke kinderziekten een weldaad is op lichamelijk, mentaal en psychisch gebied. ‘Het is een soort initiatie,’ zegt ze, ‘en dat wordt kinderen ontnomen door de natuurwetten te onderdrukken. Het vaccineren heeft overigens niet alleen invloed op het kind zelf, maar ook nog op de twee volgende generaties. Er is bewezen dat vrouwen die de bof niet hebben gehad, een aantoonbaar grotere kans hebben op eierstokkanker. Door nooit de mazelen door te maken kan men op latere leeftijd te weinig resistentie hebben tegen degeneratieve ziekten als bot- en huidziekten en kanker.’

Bij iedere vraag of opmerking tovert Viera Scheibner de harde bewijzen van de schadelijkheid van vaccinaties tevoorschijn. Over het kinhoestvaccin zegt ze: ‘Mensen weten niet dat dit vaccin in laboratoria wordt gebruikt om hersenontstekingen bij dieren te veroorzaken. Het kinkhoestbacterietoxine is de meest giftige stof ter wereld. Maar deze facetten wordt altijd verzwegen. Toen het in Zweden toch bekend werd, heeft men de inenting tegen kinkhoest in 1987 afgeschaft. Dat heeft tot gevolg dat kinkhoest weer is teruggekeerd tot de oorspronkelijke (kinder)leeftijd en weer een veel goedaardiger verloop kent dan als het bij volwassenen uitbreekt als gevolg van onderdrukking door vaccinatie.’

Het poliovaccin brengt ze in verband met de aids-epidemie. ‘Bij het vervaardigen van het poliovaccin werden aanvankelijk de fijngemalen nieren van apen gebruikt,’ zegt ze. ‘Via deze weg kwam aids onder de mensen.’ (Noot van de redactie: deze methode wordt nu niet meer gebruikt in Nederland.) ‘Vaccins zijn vaak veel giftiger dan de celdodende middelen die voor chemotherapieën worden gebruikt. Vreemd genoeg staat deze toxiteit nooit ter discussie.’

Heeft ze nog een opwekkend boodschap voor aarzelende ouders na al deze schokkende mededelingen? ‘Maar natuurlijk,’ zegt ze, ‘ik ben alleen maar bezig met een bewustzijnsproces op gang te brengen. Ik heb zelf twee volwassen kinderen die ik heb laten inenten omdat ik niet beter wist, omdat ik niet voorgelicht was. Nu ik van al deze huiveringwekkend feiten op de hoogte ben, zou ik dat nooit meer doen. Ouders moeten goede en brede informatie krijgen over kinderziekten, over vaccins en vaccinaties, over alternatieven om het immuniteitssysteem van kinderen optimaal te ontwikkelen. Maar die krijgen ze niet van de officiële instanties, die economisch belang hebben bij vaccinatieprogramma's op grote schaal. Vandaar dat ik er mijn levenswerk van maak om goed onderbouwde informatie te verzamelen, zodat ouders uiteindelijk zelf een bewuste en verantwoorde keuze kunnen maken.'

Contra-indicaties en risicofactoren bij vaccinatie

- Epilepsie en stuipen.
- Allergieën, met name voor melk.
- Heftige reacties op vorige vaccinaties.
- Darmkrampjes.
- Te vroeg geboren baby's met laag geboortegewicht.
- Recente of aanwezige infectieziekte.

Alternatieven voor het gebruikelijke vaccinatieprogramma

- Later vaccineren.
- Voor en na de vaccinatie een homeopatisch middel inzetten om bijwerkingen te beperken.
- Geen BMR-vaccinatie geven.
- Alleen het poliovaccin geven, bij voorkeur via de mond, zoals in België.

Vaccinatieschema in Nederland

Vaccinatie	*Leeftijd*
DKTP 1 + HIB 1	3 maanden
DKTP 2 + HIB 2	4 maanden
DKTP 3 + HIB 3	5 maanden
DKTP 4 + HIB 4	11 maanden
BMR	14 maanden
DTP	4 jaar
DTP + BMR	9 jaar

DKTP = Difterie, Kinkhoest, Tetanus, Polio
DTP = Difterie, Tetanus, Polio
HIB = Haemophilus Influenza Type B (hersenvliesontsteking)
BMR = Bof, Mazelen, Rode Hond
(Red.: tegenwoordig komt hier ook de meningokokken C-vaccinatie bij)

1998 – 1999 – 2000 – 2001 – 2002

ONKRUID

'We hebben gewonnen, dat heeft ons de das omgedaan,' vat Alex Kuiper de geschiedenis van de alternatieve wereld samen. In zekere zin klopt het. De kleine, experimentele bedrijfjes van destijds bestaan vaak niet meer. Maar een ander gedeelte is onstuimig gegroeid en wordt nu pas goed zichtbaar. Wat ooit alternatief was, is nu een economische en sociale factor van belang geworden. Sommige idealisten vonden een manier om hun ideaal te combineren met zakelijke bedrijfsvoering en 'maakten het helemaal'. Anderen werden uitgekocht door grote bedrijven en zagen hun lieve kleine plannetjes als reuzen terug. Hele woonwijken voorzien van grasdaken, zonnepanelen, grijswatercircuits en een windmolen. Een stadion dat draait op natuurstroom. Biologische voeding in de supermarkt. Yogales in elk buurthuis en Boeddhabeelden bij het tuincentrum en het grote warenhuis... Nee, dat hadden we vijfentwintig jaar geleden niet gedacht. Gehoopt? Misschien, sommigen...

De toon van het tijdschrift Onkruid, als vertegenwoordiger van de bewust levende mens, verandert weer mee. Het opgetogen vrolijke van de vorige periode hebben we nu wel gehad.

Nu wordt er gezocht naar wat werkelijk bruikbaar is. Nieuwe inzichten? Uitstekend, maar die kunnen ook uit onverwacht 'reguliere' hoek komen.

Er is een markt voor spiritualiteit. Reguliere architecten gaan hun ontwerpen baseren op principes van de Feng Shui. Managers krijgen gezamenlijke regressiesessies om erachter te komen hoe de afdelingshoofden zich in hun vorige leven tot elkaar verhielden. Christenen grijpen naar de *Course in Miracles* en op elke rommelmarkt zijn wel vier standjes met edelstenen te vinden, met uitleg over de helende werking ervan. Een boeddhistische meditatieworkshop blijkt voor veel huisvrouwen net zo aantrekkelijk als voor de voormalige gezondheidswinkeliers.

Is dat goed? Ja, want het is zo. De verworvenheden van een open geest zijn gelukkig niet meer voorbehouden aan een kleine groep mensen, maar bereikbaar voor iedereen. Wat vroeger vanzelfsprekend geaccepteerd werd, bijvoorbeeld bio-industrie, wordt nu al bijna vanzelfsprekend niet meer geaccepteerd. Wat vroeger gewoon een lastig kind was, is nu een kind dat rijp is voor de nieuwe tijd en haar ouders daarin kan meeslepen. Wat vroeger blote sportoefeningen leken op de late tv-avond, is nu de verheven kunst van tantra.

Zo blijkt na vijfentwintig jaar de functie van een blad niet alleen meer te zijn kritiek leveren op het bestaande, maar aanwijzen wat er allemaal al is. Buiten de gebaande wegen, soms vlak ernaast, in de berm. Gevarieerd. Kleurrijk. Levendig. Groeiend. Vrolijk. Onkruid. Nu al meer dan honderdvijftig keer.

ONKRUID

Onkruid nr. 120, januari 1998

Toen en nu

Twintig jaar Onkruid

YOEKE NAGEL

Wat deed jij twintig jaar geleden? Waar schreef Onkruid over? En wat doen die mensen die er toen in stonden, nu?

Heel, heel lang geleden begon er eens een tijdschrift en dat heette Onkruid...

Twintig jaar berichten over 'alternatief' heeft het inmiddels voortgebracht. De sentimenten slaan bikkelhard toe bij het doornemen van die eerste nummers, uit 1978. Wat deed je zelf in die tijd? De tijd dat Onkruid nog bouwschema's van pijpsystemen plaatsten voor het opvangen van regen. Van verzuring hadden we toen nog niet gehoord. Wat waren we trots op de verworvenheden van die tijd: 'Arts Paul van Dijk maakte een overzicht van alle twintig alternatieve geneeswijzen in ons landje. Als je dit hebt gelezen, ben je dus weer helemaal bij.' Twintig, jawel. Twintig. In de moderne handboeken voor alternatieve geneeswijzen komen we toch al snel tot meer dan tweehonderd vormen, waarvan een groot gedeelte ook uitvoerig belicht is in Onkruid en pas later algemeen geaccepteerd werd.

Tweemaal kondigden we de komst van de Maytreya aan. Daarna besloten we er geen aandacht meer aan te besteden totdat Hij zelf zou bellen, wat tot nog toe niet gebeurd is. We waren bij de eersten die aandacht besteedden aan de vernieuwende inzichten van Louis le Roy, die zich sterk maakte voor 'wilde' bermen en natuurlijke plantsoenen, met plek voor flora en fauna. 'Dat wordt een chaos,' was toen het algemene oordeel. Tegenwoordig heeft vrijwel elke plantsoenendienst een 'natuurlijk-groenbeleid' en worden bestrijdingsmiddelen steeds minder gebruikt in steden.

We plaatsten een uitgebreid verhaal over 'heksen als handlanger van de duivel', waarin overigens met geen woord gerept werd over de moderne, hulpvaardige heks, die desnoods per computer energetisch bijspringt met een eenvoudig maar doeltreffend maanritueel dat iedereen gerust ook thuis kan uitvoeren. Toch was schrijven over hekserij behoorlijk nieuw. Onkruids achtereen werden broodrecepten uitgewisseld, omdat zelf bakken toen het verrukkelijke gevoel gaf met iets echts en wezenlijks bezig te zijn. En een betrouwbare methode was om aan gezond brood te komen. Mede door het enthousiaste zuurdesem- en eko-broodgebruik van Onkruidlezers is er tegenwoordig zelfs bij sommige supermarkten gezond brood te koop. Opmerkelijk langbebaarde en behaarde vrouwen en mannen zagen we op wat vage foto's druk doende met het plaatsen van zelfgeknutselde zonnepanelen, windmolens en regenpijpen. De pioniers werden aandachtig gadegeslagen door Onkruid. Tegenwoordig vinden we folders in de bus van het energiebedrijf dat ons een rijkssubsidie aanbiedt bij het laten plaatsen van een zonneboiler, en elke windrijke plek wordt ontsierd door lange rijen eendrachtig en professioneel uitgevoerde windmolens, die hun energie regelrecht aan industrie en nieuwbouw leveren.

Een cirkel naakte lieden met bloemen in het haar, op een verder verlaten strand aan het mediteren, staat in schril contrast met de managers van heden die, gehuld in driedelig grijs, wekelijks ten minste één lunchpauze besteden aan heilzame en omzet verhogende meditatie of yoga. Dat het werkt hebben ze kunnen afkijken van het Onkruidpubliek, dat uitvoerig en gedetailleerd beschreef wat het effect van regelmatige meditatie is.

Ja, er is veel veranderd. Het beste is dat nog wel merkbaar aan de persoonlijke verhalen van diegenen die toen, eind jaren zeventig, in Onkruid genoemd werden als trendsetters en -volgers van de alternatieve wereld. We kozen er drie uit om te kijken naar het verschil tussen toen en nu.

> *Als er in een meer een aantal afvoergoten zijn, daalt het niveau van dat meer. Zo daalt, omdat alle mensen met elkaar verbonden zijn via zuiver bewustzijn, in de maatschappij het hele spanningsniveau, doordat duizenden mensen op dat moment uren en uren besteden aan het versneld afvoeren van spanningen. Daardoor zal er minder criminaliteit voorkomen.*
>
> JACQUES UIJEN, TM-LERAAR *(Erik Bruyn, 1)*

Boekverbrandingen kun je toch maar met één ding associëren

Cor van Gaans (51) was Prem Anugraha, 'sannyasin', volgeling van Bhagwan

'Ik was 32 in 1978. Had een bedrijf in ecologische voeding, vrouw, kinderen, woonde in Wapserveen en was op zoek naar begeleiding om verder te komen met meditatie. Zo kwam ik terecht in Uffelte, bij Santos, een Bhagwan-centrum. De sfeer sprak me aan, de mensen hadden mooie ogen in hun hoofd, stralend, minder verkrampt. Ik luisterde samen met hen naar de meditatiebandjes van Bhagwan. Daar verstond ik geen pest van, want ik sprak nog geen Engels. Maar als iedereen lachte, lachte ik mee. Raar eigenlijk. Dat was mijn eerste confrontatie met hoe het mechanisme werkt van "ergens bij willen horen". Ik was op zoek naar broers en zussen, en die vond ik. Ik maakte deel uit van een wij-gevoel, dat ik voor die tijd niet had gekend. Warm, prettig, aangenaam, was het. Dat constant vrijen en huggen was natuurlijk ook geweldig, hoewel het daar niet om ging. Ik wilde leren. Na twee jaar Bhagwan-meditaties ben ik naar Poona, in India, gegaan om mijn Meester te ontmoeten. Met een zak oliebollen bij me, voor de Nederlandse kolonie daar. De armoe in India was zo echt... zo anders dan de opsmuk van het Westen die ik kende. Tijdens een meditatie op het dak van een van de bijgebouwen van de ashram kreeg ik plotseling een inzicht, als een cadeau; het maakt niet meer uit, ik ben thuis, voelde ik. Ik ben geen vader, geen zakenman, ik ben, als ik niks doe dan laat 't zich zien, wordt het me gegeven en ik hoef me alleen open te stellen voor wat ik mag ontvangen. Heel ontroerend. Later ben ik ook naar Oregon, USA, gegaan, waar Bhagwan toen was neergestreken. Tijdens een darshan van Bhagwan danste iedereen uitzinnig. Ik bleef stil zitten en had opeens oogcontact met hem. Ik zat daar en voelde me heel ver meegenomen naar binnen door hem. Daarna veranderde er iets. Die middag liep ik over het terrein en had opeens het gevoel dat achter de heuvels daar wapens verborgen lagen. Er werd een liedje gezongen: "Voor jou ga ik door het vuur..." Ik had het zo vaak meegezongen, maar opeens dacht ik: kom nou... ik zal me daar gek zijn. Ik ga niet door vuren, dan verbrand ik. Wat doe ik hier eigenlijk?'

'Ik ben terug naar huis gegaan. Daar schrok ik van het clangedrag van mijn medesannyasins. Er heerste een sfeer van *Wij sannyasins über*

Alles. Maar ik zag dat de melkboer geen slecht mens hoeft te zijn omdat hij nooit mediteerde. Misschien had hij zelfonderzoek wel niet nodig. Ik moest stoppen met mijn werk omdat mijn rug kapot was gegaan van het sjouwen. Logeerde in verschillende Bhagwan-woon- en werkgemeenschappen. Toen kwam er een bericht dat Sheila, de voormalig secretaresse van Bhagwan, crimineel was geworden. Wij kregen de opdracht alle boeken te verbranden waar zij in voorkwam. En dat gebeurde. Afschuwelijk. Boekverbrandingen, dat kun je toch maar met één ding associëren... Mijn sociaal gevoel was volledig aangetast door dat soort fanatisme.

Ik ging op vakantie naar Frankrijk en besloot in de trein: ik douw m'n mala in mijn koffer en ga experimenteren hoe het is om weer bij mijn oude naam genoemd te worden. Cor. Rond en stevig. Heel anders dan Prem Anugraha, dat dankbaarheid betekent. Mijn mantra was: "Als er dankbaarheid is, wordt een gebed geboren." Die had wel betekenis voor me gekregen. Toch voelde ik me er prima bij om weer Cor te heten. Terug in Nederland kreeg ik van de sannyasins precies dezelfde reacties als indertijd van mijn ouders, toen ik Prem Anugraha werd. "Hé, afvallig geworden," klonk dan wel als grap, maar er zat ook echt verwijt in. Daarna heb ik twee maanden lang heel zuiver voedsel gegeten en veel gemediteerd. Nu zie ik dat als een reiniging van mezelf, toen had ik dat nooit willen toegeven.'

Een levende meester is nooit te vervangen door tapes en boeken

'Ik ontmoette andere leraren, bijvoorbeeld Alexander Smit, waarbij ik via Inana yoga in de Advaita Vedanta onderwezen werd. Ik bleef op zoek naar de diepste, goddelijke kern, die ieder mens in zich heeft. Bhagwan had me daar een eind mee op weg geholpen. Het was een liefdevolle, leerzame periode, waar ik niet meer naar terug zou willen. Het is geweest. Een ademhaling komt ook nooit meer terug. Toen dacht ik dat ik veel moest veranderen en verbeteren aan mezelf, ik zocht het overal. Maar juist het willen verbeteren en veranderen waren de grootste struikelblokken. Nu weet ik dat het goddelijke, het licht,

> *Er bestaat geen Hoger Zelf, er bestaat alleen hogere zelfzucht.*
> BARRY LONG, WESTERS GURU *(Lisette Thooft, 81)*

Alleen vanuit ontspanning word je creatief.
RONALD-JAN HEIJN, INITIATIEFNEMER SPIRITUEEL CENTRUM OIBIBIO (*Lisette Thooft, 98*)

uiteindelijk in jezelf zit. Alles is maya, zinsbegoocheling. Mijn lijf, mijn gedachtes, alles verschijnt en verdwijnt weer. Het enige dat je hoeft te doen is waar te nemen en te ontvangen, te laten zijn van wat er is, zodat het leven de ruimte krijgt om zijn dansje te dansen.

Op dit moment zit ik in een uitkering, al jaren, vanwege mijn rug. Ik geef voetreflexmassage, geef reiki, magnetiseer soms, begeleid meditatiecursussen. De meditaties die ik bij Bhagwan geleerd heb, gebruik ik nog steeds, voor zover ze uit de oude school komen. Ik zou niet onder woorden kunnen brengen wat de maatschappelijke invloed van Bhagwan en de sannyasins is geweest. Je gooit een steen in het water, en er komen kringen, telkens wijder. Het is niet niks wat Bhagwan spiritueel, psychisch en qua liefde-sexualiteit heeft losgemaakt. Maar het duurt altijd lang voordat je kunt zien wat de invloed van de Grote Geesten is geweest. In Poona schijnt het nog steeds goed toeven te zijn, het zal wel een religie worden, die ver af komt te staan van de Bron waaruit we kunnen putten. Een levende meester is nooit te vervangen door tapes, boeken, cd's, hoe goed ze ook zijn. Bij het volgen van een leer waarvan de meester overleden is, bestaat het gevaar van vervorming, verarming. Er is dan niemand die op het juiste moment je een aai over je bol geeft of een gigantische schop onder je kont, om je zo in een nieuwe bewustzijnsfase te krijgen.'

We hebben gewonnen, dat heeft ons de das omgedaan

Alex Kuiper, Memo-verzekeringen

'In 1982 kwam ik in dienst van de stichting Memo, die Mens en Milieuvriendelijke bedrijfjes wilde gaan verzekeren. Ik had te maken met gedreven mensen, met nieuwe ideeën en een hoop idealen, mensen die met niks genoegen namen, de echte freaks, soms tegen wil en dank:

Het zijn de kosmische krachten die het hem doen.
JAAP MIER, BIOLOGISCH VEEHOUDER TE OOSTEREND (*Hans van den Bosch, 33*)

ecologische en BD-boeren, alternatieve genezers, natuurvoedingswinkels, andere kleinschalige bedrijfjes. Veel mensen begonnen maar gewoon een bedrijf om uit hun uitkering te komen, of omdat ze de "gewone" maatschappij maar niks vonden. Soms hielden ze het maar één aardappeloogst vol. Er werden grote fouten gemaakt: de fiscus werd vergeten, de produkten mochten niks kosten en iedereen had het voor het zeggen. In veel bedrijven werden dagenlange discussies gevoerd over bijvoorbeeld een potlood, terwijl het werk niet af kwam. Voor een habbekrats werkten mensen zich kapot. En waren daarnaast nog actief in een basisgroep tegen kernenergie, een kraakpand of de vredesbeweging.'

Weggekocht om expertise en gedrevenheid

'Er wordt wel eens gezegd dat het de "zachte sector" was, maar het was bikkelhard. Vooral onderling ging het er flink aan toe. Alles moest gezegd worden: "Ik vind jou een enorme lul," maar daarna wel weer samen moeten werken. Een enkeling had het inzicht om in te spelen op wat er voor vraag was. Ook eens boerenkool planten bijvoorbeeld. Die bedrijven gingen beter draaien. Zo goed dat ze voor de keuze kwamen te staan om het professioneler aan te gaan pakken. Maar om dat te doen moesten ze een computer kopen, een auto, of iemand in dienst nemen. Niet zelden besloot de Memo-ondernemer op zo'n moment juist om ermee op te houden; te groot en onoverzichtelijk werd het bedrijf dan. Bovendien werd iedereen wat ouder. Er kwamen vriendinnen, een vriend, kinderen, dat vereist structuur. Een baby moet nu eenmaal op een bepaalde tijd drinken, dan kan mama niet nog even op het land zijn, of een sessie doen tussendoor. Een groot aantal Memobedrijfjes verdween op die manier weer. De mensen die het te pakken hadden, werden soms weggekocht door grotere bedrijven die de expertise en gedrevenheid van hen inzagen. Want dat hadden we intus-

> *Alle mensen hebben het innerlijk vermogen en de bekwaamheid om volkomen gezond te zijn, maar in de wereld van vandaag zijn mensen door sociale en economische druk vergeten, dat alle dingen diep binnenin gebeuren alvorens op het fysieke en mentale vlak te verschijnen.*
>
> Swami Sri Rama, directeur Himalaya Institute (*Column, 11*)

sen wel bereikt met ons gesappel: wij waren de motor die in brede maatschappelijke kringen de boodschap door liet sijpelen dat er meer is dan geld verdienen, dat het gaat om de menselijke verhoudingen, om goed en zorgvuldig om te gaan met grondstoffen en het milieu. Albert Heijn heeft nu ook een heel schap ecologische produkten liggen.'

De puinruimers kunnen er niet allemaal meer van genieten

'We hebben gewonnen, en dat heeft ons de das omgedaan. Door niet mee te willen of kunnen gaan in de groene stroom die nu zo algemeen is, hebben we de boot gemist. We hadden een economisch gaatje in ons hoofd. Ik ook. Voor een tientje provisie reed ik met de trein naar Groningen om een polis af te sluiten. De bedrijfjes die het wel gered hebben, worden nu op een heel andere manier gerund dan toen. Er is een hiërarchie gekomen: een directeur die het voor het zeggen heeft. Stroomwerk, in Deventer, levert nu zonnepanelen aan overheden, plaatsen in Amsterdam straatlantarens op zonlicht. Dat kunnen ze omdat ze hun markt breder hebben gemaakt door centrale verwarming en gasfornuizen, het gewone installatiewerk erbij te doen. De natuurvoedingswinkels die het hebben gered, hebben toch maar mooie stellingen neergezet en na een enorme veldslag onder groothandels en tussenhandel is de strijd nu beslecht door een drietal giganten die ook aan de reguliere detailhandel levert. Klassieke homeopathie is nu voor iedereen betaalbaar omdat de klassiek-homeopaten zich hebben verenigd en om de tafel zijn gaan zitten met zorgverzekeraars. Dat was in de jaren tachtig *not done*. In feite kun je stellen dat de hoofdstroom nu alternatief is. Er is zelfs een "groene" geldstroom. Verder is het belangrijkste verschil tussen "regulier" en "groen" vooral belastingtechnisch. Investeren in windmolens of teakhout is gunstiger. Eigenlijk is daarmee het ideaal onderuitgehaald en zou het ons een gruwel moeten zijn. Maar dat wilden we toch? Invoering op grote

> *Wat heeft de caissière van Albert Heijn te zeggen over het assortiment in de winkel? Als je mens- en milieuvriendelijk wilt werken, dan zul je toch voor een kleinschaliger, op de regio gericht eigen kanaal kiezen. EKO-produkten kunnen dus nooit in een supermarkt liggen.*
>
> HENNIE DE BOER, VOORSTANDER EKO-KEURMERK (*Satyo Cornelis, 17*)

schaal van groene energie, alternatieve gezondheidszorg, gezonde voeding, meer werken vanuit betrokkenheid, plezier in het leven, spirituele ontwikkeling, ja zelfs in het management van de grote bedrijven is het doorgedrongen dat je er meer aan hebt om personeel met respect en waardering te benaderen, ontwikkelingsmogelijkheden aan te bieden, al is het dan maar met een lezing van Deepak Chopra. We hebben gewoon gelijk gehad, we zijn de grondleggers van een nieuwe samenleving die vorm heeft gekregen. Het is alleen soms wat zuur om te zien dat de puinruimers, degenen die de rotsblokken van de akker hebben gesleept, niet allemaal meer kunnen genieten van de vruchten die het heeft opgeleverd.'

Kennis is niet altijd een voordeel

Annet van der Berg (38),
hoofddocente Centrum voor Intuïtieve Ontwikkeling

'Als kind had ik al een grote intuïtie. Ik nam aura's waar, wist veel over de mensen die ik ontmoette. Dat was heel lastig. Ik kreeg zelfs wel eens het verwijt dat ik oneerlijk was, dat ik kennelijk gesprekken af had geluisterd omdat ik dingen wist die ik niet kon weten. Na een *reading* bij Carolina Bont viel dat opeens op z'n plek. Het was als thuiskomen. Alsof ik altijd tussen mensen had geleefd die stug volhielden dat alle huizen geel waren, en nu was er eindelijk iemand die bevestigde wat ik zelf had waargenomen: dat er wel degelijk verschillen zijn.

Ik was bij Carolina's workshop één van de jongsten: 23. In die tijd waren het vooral veertigers die zich bezighielden met de vraag hoe ze hun intuïtie meer konden ontwikkelen. Vaak waren dat mensen die al hun leven lang hadden gevoeld dat er meer was, maar zich er hevig voor schaamden om dat in hun omgeving te laten blijken. Het was een enorm taboe in die tijd. Ikzelf maakte dat ook mee als ik vertelde waar ik mee bezig was. Op feestjes werd er erg lacherig over gedaan: "Oh ja? En wat zie je in mijn aura dan?" Alsof het een kermisattractie was om meer waar te nemen. Ik ben daar ook nooit op ingegaan omdat het geen oprechte

Uiteindelijk zal de genezer overlijden aan een van de ziektes die hij heeft weggenomen.

PRISCILLA COGAN, AUTEUR VAN INDIANENROMAN 'WINONA' *(Jim Schilder, 126)*

vragen waren. Toen ik eens naar de zonnebank ging, vroeg iemand me quasi-bezorgd: "Gaat je aura daar niet van stuk dan?" Mensen die echt om me gaven, informeerden of ik wel goed at. Toch een variant op "draaf je niet door, geloof je dat nou allemaal zelf..." Toch was er interesse.'

Er zijn nog steeds mensen die het als 'duivels' zien

'Na een aantal workshops en het volgen van de opleiding voor effectieve intuïtie, werd ik assistente van Carolina en nu ben ik hoofddocente. Wat me opvalt, is dat de cursisten die tegenwoordig komen jonger zijn dan in de begintijd. De vraag is ook anders. Wilden ze vroeger in contact met hun intuïtie komen, nu willen ze "aura's leren zien". Er zijn ook meer leidinggevenden, beter opgeleide mensen die bij ons komen. Steeds vaker wordt dat ook betaald vanuit het bedrijf waar ze werken. Waar vroeger een flinke gêne was om toe te geven dat je je met gevoel, intuïtie en ingevingen bezighield, zien werkgevers maar ook politici – Hillary Clinton doet het ook – er tegenwoordig het belang van in om dat goed te ontwikkelen en bij je besluitvorming te betrekken. Het is veel meer geaccepteerd en normaal om te vertrouwen op je intuïtie, en om een Begeleider te hebben, een Gids. Veel waarnemingen werden weggestopt uit schaamte of onzekerheid; als bonzaiboompjes die niet mogen groeien. Nu staat het intuïtieve in een ruimere pot omdat het er mag zijn. In het boek van Carolina Bont, "Spirituele ervaringen van een kind", beschrijft ze heel mooi hoe die beknelling aanvoelde. Toch hoor ik van veel cursisten over de andere problemen die deze tijd weer met zich meebrengt. Er zijn natuurlijk nog steeds mensen die het als "duivels" zien, of die gewoon niet geloven dat het kan. Daarnaast zijn er mensen die direkt, vanuit de kennis die ze hebben opgedaan uit boeken en lezingen, denken te weten hoe het dan zit, welke vorm je waarnemingen moeten hebben, hoe het hoort. Dat kan een enorme handicap zijn. Intuïtie is immers voor iedereen weer anders.'

Nog drie en een half jaar, dan ben ik verlicht

'In de begintijd stonden mensen veel meer open voor wat ze werkelijk zelf ervaarden. Nu zijn er mensen die al zoveel gelezen hebben over

> *Word niet opnieuw kortzichtig met een nieuw uitzicht!*
> LENETTE VAN DONGEN, CABARETIERE (*Lisette Thooft, 131*)

spirituele stromingen, dat ze minder vrij zijn om te vertrouwen op hoe het voor henzelf is, hoe hun eigen, persoonlijke waarneming het beste functioneert. Zo zijn er cursisten die geen droomwerk willen doen omdat ze gelezen hebben dat veel dromen betekent dat je nog heel wat karma hebt uit te werken. Of die vragen: "Hoe zit dat nou met de hiërarchie van de Lichtwezens?" Of: "Vertel mij over mijn buitenaardse levens." Vaak zijn dat vragen die heel onpraktisch zijn en een grote omweg vormen om te komen waar je wilt: dichter bij je eigen kern, je eigen wezen, vollediger mens te zijn. We leven niet voor niks hier, nu, in deze wereld. Hier moet het gebeuren. Ik ben dan geneigd om te zeggen: "Ga eerst eens boerenkool met worst eten, kijk hoe je je inzichten kunt gebruiken in je dagelijks leven, anders heb je er niks aan. Voel hoe het voor jou is. Houd het praktisch." Datzelfde geldt voor het kennismaken met je Begeleider. Dat kan een enorm tevreden gevoel van herkenning opleveren: "Oh, maar jou kende ik eigenlijk al." Toch zijn er, vooral nu het principe van een Gids bekender is, veel mensen die zo autoriteitsgevoelig zijn dat ze die Begeleider beslissingen voor ze laten nemen. "Van mijn Begeleider moest ik kappen met deze relatie." Maar je bent en blijft altijd zelf verantwoordelijk voor je leven, je keuzes. Zo'n "begeleiding" zou je vrijheid beperken. En dat maakt het moeilijk om juist dat kontakt met het hart te vinden waardoor je het gevoel krijgt dat de deuren open zijn naar je verborgen kanten, dat het licht aan is gegaan. Door te veel kennis van spirituele stromingen kunnen mensen ook vaak heel gefixeerd zijn op het bereiken van een doel. "Nog drie en een half jaar, en dan ben ik verlicht," is dan de opdracht die ze zich, bij wijze van spreken, stellen. Mijn taak is dan om te laten zien dat het niet om een doel gaat, maar dat de weg erheen leuk en fijn moet zijn. Om, als je dan eenmaal een doel bereikt hebt, te merken dat dat helemaal geen doel was, of zelfs dat je daar eigenlijk allang was...'

Hel was voor de komst van het christendom de allerliefste Germaanse godin van de dood, met als speciale taak ervoor te zorgen dat je in de onderwereld je eigen paard terugkreeg.
JAAP LOOHUIS, PAARDENLIEFHEBBER *(Eigen tekst, 12)*

ONKRUID

Onkruid nr. 123, mei/juni 1998

Het voelt gewoon zo...

YOEKE NAGEL

'Heeeeee, dát is lang geleden!' roepen ze tegen elkaar. Zij buigt zich een beetje voorover op haar barkruk, kennelijk van plan om hem te zoenen. Hij deinst bijna onmerkbaar terug. 'Ik voel dat ik je niet kan huggen nu, na al die tijd,' glimlacht hij, maar schuift toch bij en bestelt een appelsap.

Zij probeert haar geschokte reactie te verdoezelen met een opgewekt: 'Hoe is het anders?' Aan mijn onopvallende tafeltje in de hoek van het café spits ik mijn oren.

'Wil je dat echt weten, of is het een beleefdheidsvraag?' glimlacht hij.

Nu iets ernstiger van haar stuk gebracht zegt ze: 'Nee, nee, vertel. Ik wil het echt weten.'

Hij legt een hand op haar arm en glimlacht nadrukkelijk: 'Het gaat *goed* met me.'

Duidelijke opluchting bij haar. Die hij direkt teniet doet door eraan toe te voegen: 'Maar ik ben heel diep gegaan de afgelopen tijd. Echt helemaal terug naar m'n roots, weet je wel? Echt shit.'

'Oh?' antwoordt ze, en ze straalt een bang vermoeden uit van dat wat komen gaat.

'Ik moest gewoon heel erg bezig met mezelf. Dat zag je ook terug in hoe ik omging met jou. Nu weet ik dat dat ook okee was, een fase waar ik toen doorheen ging. Nu ben ik veel meer een geheel met mijn pik. Ik kan veel meer de geilheid toelaten in mijn hele body en ervan genieten.'

'Oh,' zegt ze gegeneerd. Maar hij ontboezemt onverstoorbaar verder. Over zijn mannengroepen, zijn lichaamswerk, zijn ontmoeting met de koning in hemzelf, zijn hernieuwde relatie met zijn geslacht.

Haar weerzin is bijna tastbaar. 'En hoe is het met je werk?' vraagt ze dan hard.

Seks is niet de oorzaak van alle ellende; de ontkenning van seks en de kritiek erop is de boosdoener.

Ton van der Kroon, auteur van 'De Terugkeer van de Koning' *(Voorpublicatie, 113)*

Tssssjakkkk. In een flits mikt mijn luistervinkerij me terug in de felle ruzies met mijn vriendje van toen. Feiten wilde hij. Niet mijn opwindende ontdekkingen in de vrouwengroepen. Hij was ook altijd bang voor mijn emoties en mijn Nu Geheel Vernieuwde Vrouw-zijn. De koele, afwijzende blik in de ogen van de vrouw aan de bar herken ik onmiddellijk. Zo keek, jaren geleden, dat ene vriendje ook naar mij, vlak voordat ik ons volledige servies naar z'n bezitterige, sexistische machokop smeet.

'Je doet me echt pijn met zo'n vraag, terwijl ik je zoveel bloot geef van mezelf,' huivert de Vernieuwde Man aan de bar, staat op en verdwijnt. Zij bestelt met een vingerknip nog een biertje. Cool. Waarschijnlijk was haar reactie een letterlijk citaat van hem, jaren geleden, toen zij hem haar Vernieuwde Gevoelsleven wilde onthullen. Eindelijk genoegdoening.

Nu pas snap ik wat m'n machovriendje van toen zo stoorde aan mijn onstuitbare ontwikkelingsproces. En ik snap ook hoe heerlijk het voor de Vernieuwde Man is om z'n mannelijkheid te her-ontdekken. Maar dat hemeltergende wazige gelul erbij... Bah! Troost is vooral dat het bij die mannen ook wel weer over zal gaan. Nog even volhouden meiden, dan worden ze pas echt leuk...

Als je gemakkelijk van de negatieve kant van je ervaringen naar de positieve kant kunt springen, zul je merken dat je ze alletwee bijna tegelijkertijd kunt voelen – zoiets als in de spiegel kijken en je op hetzelfde moment bewust zijn van zowel je lichaam als de weerspiegeling ervan.

Tarthang Tulku, wijze *(Column, 37)*

ONKRUID

Onkruid nr. 124, juli/augustus 1998

Welke therapie past bij jou?

Door het woud van alternatieve geneeswijzen

JACQUELINE SINNIGE

Wie kiest voor een alternatieve geneeswijze, stuit op een schier oneindig aantal therapieën, waarvan je vaak niet eens precies weet wat het is. Hoe vind je dan toch de therapie die bij je past? En hoe weet je of de therapeut wel bij je past?

Om werkelijk beter te worden van een (lichamelijke) aandoening kiezen steeds meer mensen voor een alternatieve geneeswijze. Zo'n therapie kiezen ze met zorg uit het enorme aanbod. Moeilijk, want van de meeste therapieën weet je niet eens precies hoe het werkt. Sommige therapievormen vereisen weinig zelfwerkzaamheid: een homeopathisch middeltje, acupunctuur of reflexzonemassage kun je min of meer 'ondergaan'. Een aantal therapievormen werkt subtiel energetisch, zodat je maar moeilijk resultaat ziet, zoals klankschalen, reiki, bachbloesem. Methodes als Postural Integration of reïncarnatietherapie kunnen zowel lichamelijk als psychisch diep voelbaar zijn, en daar moet je dan wel open voor staan. Enorme inzet, vertrouwdheid met het principe 'eenheid van lichaam en geest' en bereidheid tot diepgravend zelfonderzoek zijn vereist voor bijvoorbeeld sjamanistische *healings* en Neo-Reichiaans lichaamswerk. Hoe vind je binnen al die stromingen de therapie die op dit moment het beste bij jou past? En bestaan er sowieso wel uitgesproken richtlijnen om vast te stellen welke therapie voor welk 'type' mens geschikt is?

Gedeeltelijk valt dat niet te bepalen, want zo simpel is het niet. Immers, iedereen is uniek en verschillend, evenals al die therapieën. Toch is het in het woud van therapeutische stromingen mogelijk een bepaalde richting voor jezelf te ontdekken.

Een aantal ervaren therapeuten geeft tips om zelf uit te vinden welke therapievorm bij jou past.

Is intimiteit lastig voor je?

Openheid, nieuwsgierigheid, de bereidheid om jezelf werkelijk onder ogen te komen, en vertrouwen. Dat zijn volgens Ben Verheijden belangrijke eigenschappen om baat te hebben bij een therapie. Ben Verheijden is werkzaam als bewustzijnstrainer en Reiki Master. Samen met collega Liesbeth de Groot schreef hij het boek 'Just for today... de essentie van reiki'.

'Reiki is het via de handen toevoegen van levensenergie, daar waar het ontbreekt. Het spreekt je aan op de natuurlijke geneeskracht in je eigen lichaam,' zegt Verheijden. Een reikibehandeling werkt lichamelijk en geestelijk ontgiftend en bevrijdend. Het neemt pijn weg en ondersteunt het genezingsproces. Reiki kan worden toegepast bij (ernstige) chronische ziekten, maar ook bij griep, ontstekingen en als eerste hulp bij verwondingen. Krachtig spul dus, maar toch is het niet voor iedereen geschikt. 'Aanraking kan heel confronterend zijn. Er zijn mensen die het lastig vinden om een uur lang rustig op een behandeltafel te liggen en zacht te worden aangeraakt. Het levert vaak een schrikreactie op: je komt in contact met jezelf! Voor iemand die weinig wordt aangeraakt, is het bovendien een heel intieme en intense ervaring,' benadrukt hij.

Voor mensen die zelfonderzoek uit de weg gaan is reiki niets, weet Verheijden. 'Een confrontatie met jezelf heeft twee kanten. Eerst is er de schrik dat je in één keer van je kwalen af kunt zijn. Da's natuurlijk fijn, maar aan de andere kant ga je denken: heb ik me al die tijd dan aan lopen stellen? Is de pijn dan simpelweg een kwestie van loslaten? En mag die pijn van mij ook weg zijn? Of win ik soms wat bij pijn? Ook is het mogelijk dat je allerlei dingen onder ogen komen, waarvan je je niet bewust was. Zoals het verdriet om de gemiste aanraking, wellicht steken allerlei latente ontstekingen of virusinfecties de kop op, die je jarenlang onderdrukt hebt. Om die confrontaties aan te gaan moet je dus wel open, nieuwsgierig en bereid zijn, ja.'

Voor een hulpzoekende kan zo'n basishouding best moeilijk zijn, want je zoekt immers een therapie als je een acuut letsel hebt, extreem

Vorige week was ik ziek. Toen moest ik de deur op de knip doen om alleen te zijn, zoveel hulp was er.

EMMY BIERMAN, INWOONSTER TM-SIDDHA-DORP IN LELYSTAD *(Diane Broeckhoven, 62)*

kwetsbaar bent door een chronische aandoening of door pijn en verdriet zelf je denken en je gevoel niet meer op orde kunt krijgen. Hoe weet je dan toch of een bepaalde therapievorm bij je past? 'Enkel door te ervaren,' zegt Ben. 'Je kunt jezelf afvragen of je bereid bent een genezende ervaring te accepteren die je niet begrijpt. De therapeut kan je helpen zoeken naar de antwoorden. Helpende vragen kunnen zijn: is intimiteit lastig voor je? Kun je jezelf accepteren zoals je bent? Kan het zijn dat je je lichaam voedsel geeft dat niet bij je past? Kan het zijn dat je lichaam ontevreden is met hoe je het behandelt? Of zit je écht niet op de juiste plek bij deze vorm van therapie?'

Je hoeft na een sessie niet direct een nieuwe afspraak te maken. Ben: 'Ga eerst eens naar huis en voel wat het met je doet. Daarna kun je altijd een nieuwe afspraak maken. Of het écht iets voor je is, weet je na zo'n vier behandelingen.'

Niet bereid om aan zichzelf te werken? Dan sturen we 'm toch naar de homeopaat...

Mieke van Vuuren werkte jaren geleden in Amsterdam bij De Witte Jas. Een initiatief van diverse alternatieve hulpverleners, die als doel hadden hulp te bieden bij het vinden van een goede therapie. Aan haar de vraag of er sowieso uitgesproken richtlijnen zijn om vast te stellen welke therapie bij een archetype aansluit? 'Ja, bepaalde types voelen zich tot een bepaalde therapie aangetrokken. Het moet in ieder geval aansluiten bij je eigen levensovertuiging, omdat je ook geloven moet in de therapie,' zegt ze.

De bereidheid aan jezelf te werken en zelfonderzoek is eigenlijk voor elke therapie een duidelijke voorwaarde. Wat nu als iemand daar totaal nog geen kaas van gegeten heeft, of die bereidheid mist?

'Dan sturen we 'm toch naar de homeopaat,' zeiden we vroeger bij de Witte Jas. Dat klinkt misschien cru, maar dat is beslist niet als zodanig bedoeld. Integendeel: homeopathie is wellicht een ingang voor zo iemand. Want het brengt in ieder geval iets op gang. Veranderingen die je in het lichaam aanbrengt, brengen geestelijk namelijk ook iets op gang en andersom. Iemand die moeite heeft met lichaamswerk is bij de homeopaat goed op z'n plek, of bij een voetreflexoloog. Want als je eenmaal merkt dat het werkt, word je automatisch over een drempel heen geholpen.'

Trouw aan je gevoel

Uit onderzoek is gebleken dat het persoonlijk contact één van de belangrijkste factoren is voor het slagen van een therapie. *It's the singer of the song*... Of het klikt of niet tussen jou en de therapeut voel je direct, en moet een belangrijk criterium zijn voor het wel of niet doorgaan met deze therapeut. Dat is ook de mening van Mieke van Vuuren. Zij is natuurgeneeskundig therapeut en docente aan de Hogeschool voor Natuurgeneeswijzen in Arnhem. Natuurgeneeskunde gaat uit van het zelfgenezend vermogen en maakt gebruik van een breed scala behandelingsmethoden, zoals voeding (vasten, diëten, reinigingskuren), kruiden, hydrotherapie, en overige therapieën die het lichaam reinigen. 'Voor het slagen van de therapie is het essentieel of je vertrouwen hebt in de therapeut en de therapie die hij of zij geeft. Daarbij is het belangrijk dat je de uitgangspunten van de therapievorm ondersteunt en er vertrouwen in hebt. Natuurgeneeskunde vereist bijvoorbeeld nogal wat inzet van jezelf. Als je je erdoor aangesproken voelt, kun je je informeren door bij een gevestigde therapeut – die aangesloten is bij een beroepsvereniging – te praten over wat het nu exact inhoudt. Je doet er verstandig aan daarbij ook te praten over jouw specifieke klachten en te kijken wat de therapie voor jou kan doen. Na zo'n oriënterend gesprek kun je bepalen of de therapeut en de behandeling je aanspreken.'

Ook volgens Mieke van Vuuren is het belangrijk tijdens zo'n eerste gesprek heel goed op jezelf te letten en trouw te zijn aan je gevoel. 'Let op je eerste indruk en voel of je je daar prettig of onprettig voelt. Bekijk of je de kans krijgt je wezenlijke vragen te stellen en of het antwoord voor jou bevredigend is en of je er iets in herkent.'

Geen enkele therapeut kan je beloven dat de therapie voor je werkt. 'Maar na een aantal consulten zul je wel merken of het aanslaat of niet. Bij sommige therapieën, zoals bij een reinigingskuur, treedt eerst verergering van de klachten op. Het is aan de therapeut om dit goed te begeleiden en uit te leggen wat er gebeurt.'

> *Wat mij opvalt is dat de meeste mensen niet van zichzelf houden, vooral degenen die zich hebben overgegeven aan een egotrip, uit zijn op macht en aanzien, houden niet van zichzelf.*
>
> LINDA KEEN, MEDIUM *(Hans van den Bosch, 10)*

Naast vertrouwen is enige discipline belangrijk voor het slagen van de therapie. Therapietrouw, noemt Van Vuuren dit wel. 'Je moet je huiswerk goed doen: bijvoorbeeld je tabletten met regelmaat innemen, elke avond de voetbaden nemen. Als je dat niet kunt volhouden, moet je dat doorspreken met je therapeut. Samen kunnen jullie dan naar een andere therapie zoeken.

Uiteindelijk mag je van de therapie verwachten dat je je simpelweg beter voelt, dat er voortgang is in je persoonlijke ontwikkeling. Immers, je klachten zeggen je dat je bent vastgelopen in je ontwikkeling. De therapie moet je dus helpen om meer inzicht in je leven te krijgen en meer zelfkennis.'

Welke vragen stellen?

Zoek je een geschikte therapie die bij je past? Bepaal dan eerst voor jezelf je hulpvraag, maar ook wanneer jij tevreden bent en de behandeling kunt afsluiten of opnieuw overweegt of je wel of niet wilt doorgaan. Hiermee voorkom je 'gewoontetherapie'. Bij een eerste telefoongesprek kun je dan de volgende vragen stellen aan de therapeut:

- Waar is uw praktijk?
- Wat kost het?
- Behandelt u problemen zoals die van mij?
- Heeft u daar ervaring in? (Pas op voor therapeuten die roepen: 'O, ja, maar mijn therapie helpt altijd.')
- Hoe lang duurt de behandeling?
- Wat moet ik zelf doen en hoeveel tijd kost dat?
- Hoe vaak moet ik terugkomen?

Tip

Hoe weet je of iets niet bij je past? Simpel: als er geen enkele verandering optreedt.

> *Het wachten op de dokter is in de plaats gekomen van zorg die andere mensen voor je zouden kunnen hebben.*
> PAUL VAN DIJK, ARTS *(Tini Visser, 31)*

ONKRUID

Onkruid nr. 126, november/december 1998

Hoe vind je de steen die bij je past?

YOEKE NAGEL

Ze hangen je gezellig om de hals, ze voelen heerlijk aan, ze steunen je onvoorwaardelijk in moeilijke tijden en ze verlaten je als het genoeg is geweest. Een relatie aangaan met een steen geeft een helende sensatie. Maar hoe vind je de steen die bij je past? En hoe maak je de oeroude kracht vrij die erin schuilt? Edelstenenspecialiste Tosca Tetteroo vertelt.

Waar je op moet letten bij het uitzoeken van een steen

Voor een steuntje in de rug bij een moeilijke relatie, ziekte, baanwisseling of andere ingrijpende zaken, kun je gerust zelf een mooie steen uitzoeken om een tijdje te dragen. Om de hals of in de broekzak is het effect van de juiste steen vaak snel merkbaar.

Bij het uitzoeken van een steen zul je in de meeste gevallen afgaan op je persoonlijke voorkeur van dat moment. Vaak is een intuïtieve keuze een bevestiging van de kant van jezelf die op dat moment overheerst: wie gemakkelijk communiceert en daar plezier in heeft zal naar een blauwige steen grijpen die bij de vijfde, de keelchakra hoort.

Door een steen te laten uittesten met bijvoorbeeld kinesiologie (spiertest) kun je op verrassende andere keuzes uitkomen, die juist je wat zwakkere kanten stimuleren. Omdat een spiertest moeilijk zelf is uit te voeren, kan het handig zijn om op een wat rationelere manier tot je steenkeuze te komen.

Daarvoor is het van belang om rustig bij jezelf te rade te gaan over de ontwikkelingen die je op dit moment in je leven doormaakt. Kom je vooral uitdagingen tegen op het gebied van identiteit? Dan zou je terecht kunnen komen op een rode of zwarte steen, die aansluit bij de eerste chakra, waarbij het accent ligt op 'weten wie ik ben'. Ontdek je nieuwe spirituele lagen? Dan zou een paarse amethist of een helder bergkristal prettig kunnen zijn ter stimulatie van de zevende chakra, die het gebied van de spiritualiteit beheerst. En dan nog blijft gelden dat stenen eigenwijze dingen zijn. Het is net als met mensen: al zien ze er prachtig uit, je weet nooit zeker of ze ook hun werk doen in combinatie met jou. 'Hij is mooi, maar kan-ie typen,' blijft ook bij edelstenen een kwestie van uitproberen.

In een schemaatje ziet het er zo uit

Heldere steen: geest
Doorschijnende steen: gevoel
Dichte steen: stoffelijk lichaam

CHAKRA – De betekenis van de chakra	**Kleur steen**	**Bijvoorbeeld**
1e Als ik weet wie ik ben en wat ik wil	rood/zwart	robijn/ obsidiaan
2e kan ik delen met wie en wat ik wil	oranje	carneool, oranje calsiet
3e straal ik dat uit naar mijn omgeving	geel	citrien, barnsteen
4e heb en krijg ik genoeg liefde	groen/roze	aventurijn, rozenkwarts
4+ om in vertrouwen	groen-blauw	turkoois, chrysocolla
5e te kunnen uiten	blauw	aquamarijn, bl. calciet
6e mijn intuïtie te gebruiken	donkerblauw	lapis, donkerbl. safier
7e en in spiritualiteit te groeien	paars/helder	amethist, bergkristal

Luisteren naar muziek is luisteren naar God die jou iets te vertellen heeft.
JOHN EYLERS, RAGA-MUSICUS *(Alexandra Gabrielli, 22)*

De veertien belangrijkste stenen

Band-onyx
Tegen ongevallen, doofheid en oorsuizing, bevordert de concentratie, maakt ernstig en sterkt de realiteitszin. Sterk aardende steen.

Champagnecalciet
Sterkt de realiteitszin op een rustige manier, helpt bij het jezelf durven zijn, geeft zelfvertrouwen, goed voor onrustige, overactieve mensen, geeft gevoel weer een kans.

Chrysocolla
Bevordert vriendelijkheid en tolerantie, goed tegen rugpijn, krampen en depressies, geeft vertrouwen, helpt ervaringen verwerken en uiten, brengt emoties in evenwicht.

Labradoriet
Geeft zelfvertrouwen en realiteitszin, heelt na ziekte, beschermt tegen invloeden van buitenaf, auraheler en -afsluiter, brengt verborgen talenten aan het licht, goed voor gevoelige mensen.

Aquamarijn
Tegen voorhoofdsholteontsteking, tranende ogen en allerlei allergieën, goed voor de slijmvliezen, voor kaak, kiezen en mond, helpt bij problemen met de schildklier, bevordert het uiten van gevoelens.

Lapis Lazuli
Geeft zelfvertrouwen, is een vriendschapssteen, versterkt de liefde, helpt tegen depressie, epilepsie, te hoge bloeddruk, eczeem, nervositeit en nagelbijten, sterkt de intuïtie, goed voor het haar.

> *Mijn werk is uit de hand gelopen. Ik heb een monster geschapen: een buitengewoon lange, complexe, nogal vrij wrange en angstaanjagende geschiedenis, volkomen ongeschikt voor kinderen.*
>
> J.R.R. Tolkien, auteur van 'In de ban van de ring' *(George Hulskramer, 4)*

We willen mensen bewust maken van hun verantwoordelijkheid zodat ze hun incarnatie niet ongebruikt voorbij laten gaan.
RONALD BEESLEY, KLEURENTHERAPEUT *(Surya green, 8)*

Lichte Amethist
Geeft kalmte en innerlijke rust, de beste steen tegen spanningshoofdpijn en maagpijn, bevordert de bloedsomloop, ontspant de nekspieren en de schouderbladen, sterkt de lever en de ogen, is een uitstekende meditatiesteen en stimuleert spirituele groei.

Aventurijn
Bevordert de groei zowel lichamelijk als geestelijk, geeft rust en zelfbeheersing, helpt tegen huidaandoeningen, eczeem en jeuk; brengt evenwicht in het eigen centrum en is goed voor onrustige kinderen.

Carneool
Goed tegen krampen, bij koorts, infectie, suikerziekte, zenuwpijn, bloedvergiftiging, te lage bloeddruk en koppigheid, verdrijft nachtmerries en bevordert fijne dromen, geeft warmte en positiviteit.

Rode Jaspis
Aktiveert, stimuleert, geeft kracht, geeft sterke binding met de aarde, helpt individueler te worden, beter voor jezelf op te komen en makkelijker contact te maken met anderen.

Bergkristal
Geeft zelfvertrouwen, stelpt bloeding en diarree, helpt tegen rugpijn, menstruatiestoornis, depressie en overgangsklachten, werkt reinigend na ziekte, geeft nieuwe energie, helpt bij wagen- en zeeziekte, bevordert een evenwichtige balans, concentratie en helder denken.

Wie zich goed weet te voeden, merkt dat het haar weer gaat meedoen met de seizoenen: in de lente en herfst zul je 'in de rui' zijn, waarna de groei weelderiger is dan ooit.
JOHANNA BIJLSMA, COLUMNISTE *(Column, 23)*

> *Dingen wegstoppen, de confrontatie met je diepste innerlijk ontlopen, dat lukt niet met kristal om je heen.*
> LYNN BUESS, EDELSTEENTHERAPEUT (*Eva Jansen, 32*)

Tijgeroog
Ontkrampt, verwarmt, geeft zelfvertrouwen, bevordert verantwoordelijkheidsgevoel, helpt tegen astma en verkoudheid, beschermt tegen jaloezie en negativiteit van anderen.

Oranje calciet
Maakt zonnig en positief, geeft levensmoed en warmte, helpt bij genezing van lichaam, geest en gevoel, steunt bij eenzaamheid en verdriet, verdrijft depressieve gedachten, helpt emotionele wonden genezen.

Rozenkwarts
Bevordert liefde en kunst, maakt creatief, helpt bij heimwee, bevordert de geestelijke groei, verzacht het gevoelsleven, helpt tegen verbittering. Een uitstekende steen voor kinderen.

Op de schotel: verschillende kleuren calciet die Tosca gebruikt bij een edelsteenhealing.

Tips

- Alle stenen moeten ten minste eens per maand schoongemaakt worden. Leg ze minimaal 24 uur in een kopje met puur water.
- Als een steen verkleurt, barst, of van het hangertje loslaat, is het tijd om te testen of ze nog bij je passen, en ze eventueel te vernieuwen.
- Draag de steen op de huid. Stenen die op de vier onderste chakra's werken (rood, oranje en geel) het beste onder het hart dragen aan een langere ketting of met een veiligheidsspeld aan de kleren vast.

> *De blanke man praat met Kerstmis over vrede op aarde, maar ze laten Hem al tweeduizend jaar aan een kruis hangen. Als ik in een kerk kom, dan vraag ik de priester weleens: Wanneer halen jullie Hem er eens af?*
> HEHAKA SAPA, INDIAAN (*Bram Gieter, 34*)

ONKRUID

Onkruid nr. 127, januari/februari 1999

Is er nog toekomst voor de macrobiotiek?

Na negatieve radio- en tv-uitzendingen, publicaties in alle kranten

LISETTE THOOFT

Herfst 1998: Roel van Duijn publiceert een vlammende aanklacht in Trouw en het gevolg is een gerechtelijk onderzoek tegen het Kushi Instituut van macrobiotisch consulent Adelbert Nelissen. Koren op de molen van de orthodoxe medici: natúúrlijk kun je met voeding nooit een mens genezen, schrijven zij triomfantelijk in de media. Vormen alle macrobioten een enge sekte? Of: wat blijft er over van de macrobiotiek, na de mediastorm?

'Met die mensen daar had ik niet veel,' zegt Ivy Heffelaar, kooklerares, die jaren geleden de Kushi I-opleiding volgde aan het instituut voor macrobiotiek van Adelbert Nelissen. 'Ze hadden vaak een slechte adem, waren geel of te mager. Een teveel aan granen brengt de spijsvertering op hol en daardoor verzuurt het lichaam. Maar ze hadden "het licht" gezien en macrobiotiek was heilig. Er stonden dikwijls bijzondere uitspraken op het bord geschreven als: "Trouw nooit met een vrouw met haar op haar benen." Met als achtergrond dat vrouwen mannelijker worden en mannen vrouwelijker. Ik begreep wel wat er bedoeld werd, maar letterlijk genomen was het natuurlijk stuitend. Toch zit er veel goeds in de macrobiotische leer; ik denk zelfs dat het de beste koksopleiding is die er bestaat. Er wordt zeer zorgvuldig met voedsel omgegaan en de groenten- en graanbereidingen zijn heel uitgebreid en creatief. Ik denk dat ik er nooit helemaal los van zal komen; het blijft ondanks alles toch boeien. En als je het ruim opvat, kook ik nog steeds macrobiotisch. Maar wel met zuivel, want dat hoort bij Nederland, vind ik.'

De macrobiotiek in Nederland is in opspraak. Voormalig provo, wethouder, thans Amsterdams raadslid Roel van Duijn schreef een woedend artikel in Trouw, waarin hij Adelbert Nelissen van het Kushi

Instituut ervan beschuldigde zijn ex-vrouw José, die hij in het stuk Flora noemde, de dood in te hebben gedreven. José had baarmoederhalskanker en zou met een eenvoudige chirurgische ingreep gered zijn geweest, maar Nelissen zou haar hebben overtuigd dat ze haar ziekte met voeding kon genezen en dat mislukte. Na Van Duijns artikel barstte er een lawine van aantijgingen tegen het Kushi Instituut los. Ook Wally Tax bijvoorbeeld zei dat zijn vrouw, de journaliste Laurie Langenbach, in 1985 waarschijnlijk door Nelissens adviezen was overleden. De Gezondheidsinspectie drong aan op een gerechtelijk onderzoek. Voor- maar vooral tegenstanders van de macrobiotiek wedijverden om hun verhaal in de media te doen. Macrobiotiek stond ineens gelijk aan de meest bizarre voorschriften en uitspraken: eet nooit aardappelen, tomaten, vlees of zuivelproducten. Als je ziek wordt, is dat helemaal je eigen schuld want dan heb je fout gegeten. Sterker nog: dan ben je een slecht mens geweest. Kanker bijvoorbeeld is een uiting van egoïsme.

Macrobioten moeten wel een stelletje wereldvreemde fanatici zijn, was het beeld dat uit alle publiciteit naar voren kwam. Maar is dat het hele verhaal over deze voedings- en leefwijze? Of zijn er ook nuchtere, helderdenkende macrobioten die de zin van het systeem zien en de onzin weglaten?

Macrobiotiek moet meegroeien

'Het model van de vijf elementen, dat een uitwerking is van het yin-yang-denken, werkt fantastisch in de praktijk,' zegt Janpaul Mossink, arts voor voedingstherapie en acupunctuur in Amersfoort. 'Wij hebben regelmatig zeer goede resultaten met voedingstherapie. Genezing is een veranderingsproces dat je kunt richten en sturen.'

Mossink noemt zich geen macrobioot, maar hij heeft in Zwitserland een macrobiotische opleiding gevolgd en hij werkt nog altijd met de principes daaruit. 'Ik denk dat de mogelijkheden van voeding veel groter zijn dan de reguliere geneeskunde inziet. Maar alle alternatieve geneeswijzen hebben hun beperkingen en daarmee moet je rekening

> *Met goede informatie kun je anderen beïnvloeden. Te weinig kennis kost alleen maar tijd en geld.*
>
> *Jan Juffermans, De Kleine Aarde (Satyo Cornelis, 13)*

houden. Ik zou operaties niet bij voorbaat afwijzen; er zijn wel degelijk situaties waarbij een reguliere behandeling meer kans van slagen heeft dan voeding alleen. Wetenschap en traditie moeten elkaar aanvull'en en zich samen ontwikkelen. We weten nu dat veganistische voeding en de oorspronkelijke richtlijnen van de macrobiotiek kunnen leiden tot bepaalde vitaminetekorten. Daarin moet je gewoon meegroeien met de ontwikkelingen. Maar aan de andere kant: het belang van volle granen, groenten en peulvruchten om degeneratieziekten zoals hart- en vaatziekten en kanker te voorkomen, wordt nu algemeen erkend.'

'De macrobiotische geneeskunde grijpt in op het zelfhelend vermogen van de mens, net als alle andere natuurgeneeswijzen,' zegt Jes Schalkwijk, natuurgeneeskundig therapeut en zesdejaars student medicijnen. 'De natuurgeneeskunde bevordert de gezondheid en de reguliere geneeskunde bestrijdt ziekten. Daarom bijten ze elkaar niet: ze zijn complementair.' Jes noemt zich allang niet meer macrobiotisch consulent. 'Maar,' zegt ze, 'de macrobiotiek heeft zeer goede gezond verstand-ideeën. De voeding komt neer op: eet volkoren producten, zoveel mogelijk biologisch en plantaardig en weinig dierlijk voedsel, wees matig met genotmiddelen.'

Is dat alles? Dan eet tachtig procent van de Onkruidlezers macrobiotisch. Er is toch meer aan de hand in de macrobiotische leer?

Nooit diepvries, driemaal daags warm?

Jes Schalkwijk: 'Je eigen individuele voedingspatroon kun je evenwichtig maken als je inzicht hebt in yin en yang. Daarmee zijn in de macrobiotiek veel fouten gemaakt, het wordt vaak te dogmatisch toegepast. Een standaarddieet met zoveel procent granen, zoveel groenten enzovoort, reflecteert niet de echte macrobiotiek, juist omdat het standaard is. Oorspronkelijk kent het systeem een grote individuele

> *De mensen zijn niet arrogant, ze zijn met een innerlijk spiritueel proces bezig en ze staan niet zo erg open voor een ander.*
>
> Imelda de Smet-Kessels, zakelijk leider van spiritueel reisburo New Spirit Travel *(Lisette Thooft, 123)*

vrijheid. Je moet jezelf leren kennen, erachter komen wat bij jou past, met als doel dat je lekker in je vel gaat zitten. Als je er geel en mager gaat uitzien en je vitaliteit verliest, doe je het fout. Regels en diëten zijn zinvol, omdat iedereen handvaten nodig heeft. Maar als je ze uit hun verband gaat trekken, gaat het mis. Het is niet te doen en niet nodig om je te houden aan allerlei oorspronkelijke macrobiotische regels, bijvoorbeeld dat je nooit diepvries zou mogen eten en dat je drie keer per dag warm moet eten.'

Gelooft zij dat je van zuiver macrobiotisch eten ook een geestelijk gezond mens wordt? 'Nee. "Je bent wat je eet" klopt alleen als je onder eten alle invloeden verstaat die je binnenkrijgt, ook overdrachtelijk – en hoe je die verteert, wat je ermee doet. Je kunt niet altijd alles met voeding in evenwicht krijgen. Ernstige emotionele problemen los je er niet mee op. Zeker, als iemand met een algemene malaise en emotionele labiliteit gezond gaat eten, wordt hij rustiger. En als je gezond bent, kun je traumatische ervaringen beter verwerken. Maar zowel de natuurgeneeswijzen als de oosterse filosofie stellen dat lichaam en ziel en geest een geheel zijn. Het is banaal om te zeggen dat je met alleen voeding je geest zou kunnen veranderen. Daarmee haal je het leven onderuit.'

Maken we alles zelf?

Waar komen die starre en soms krankzinnig aandoende regels en ideeën in de macrobiotiek vandaan? Cor de Vrieze, tot eind december 1998 nog voorzitter van de Nederlandse Vereniging voor Macrobiotiek, legt het graag uit.

'De macrobiotiek is naar mijn idee helemaal geen duizenden jaren oud. Het is begonnen bij de Japanse arts Sagen Ishizuka die in 1897 zijn bevindingen publiceerde over voeding. Volgens hem draait alles om de verhouding kalium-natrium, die 7:3 moet zijn in de voeding om optimale opname mogelijk te maken door de mens. Daaruit komt het idee dat granen het ideale voedsel vormen voor de mens, want in granen is

> *Het ministerie van landbouw ziet onze kinderen kennelijk als vuilopruimers van de overschotten die de agrarische industrie produceert. Daarom krijgen ze schoolmelk.*
>
> Greet Büchner, columniste *(Eigen tekst, 6)*

die verhouding zo, stelde hij. Het zou interessant zijn als de wetenschap zich daarin zou verdiepen. Klopt het verhaal? Is die verhouding goed? Bij Ishizuka's opvolger, Georges Ohsawa, is die verhouding namelijk gewijzigd in 5:1. Ohsawa was er voorts van overtuigd dat ons lichaam alles wat het nodig heeft uit voeding met die verhouding kan produceren, net zoals een koe die alleen maar gras eet, toch calcium produceert voor haar botten. Als je stoffen van buiten toedient, zei hij, verliest het lichaam die transmutatiecapaciteit. "Wij zijn het prachtige landschap van de transmutatie, laten we zorgen dat dit niet door onwetendheid in een moeras verandert," schreef hij. Dat klinkt mooi, maar is het ook waar? Hier komt in elk geval het verhaal vandaan dat je geen vlees, vis of melkproducten nodig hebt omdat je alles zelf zou kunnen produceren. Het Kushi Instituut houdt dat vol. Maar Ohsawa's boekje "Zen Macrobiotiek" alleen al bevatte 24 visrecepten. Bovendien was een van zijn regels: geen inactiviteit. Voor die transmutatie is lichamelijke activiteit nodig. In een agrarische samenleving waren mensen veel actiever dan wij nu. En zieke mensen zijn dikwijls helemaal niet actief, noodgedwongen. Dus zelfs als het waar is in het laboratorium, dan nog is het de vraag of zieken alles wat ze nodig hebben zelf kunnen transmuteren.'

Ik lust wel een tomaatje

'Ohsawa plakte de begrippen yin en yang op respectievelijk kalium en natrium,' vertelt De Vrieze. Het idee was dat voedingsmiddelen die extreem rijk aan het een of het ander zijn, minder geschikt zouden zijn voor menselijke consumptie. Aardappelen en tomaten zijn zeer rijk aan kalium, dus veel te yin. Vlees is veel te yang. De Vrieze noemt zichzelf nog wel ronduit macrobioot. Eet hij dit soort dingen dan ook niet?

'Ik lust wel een tomaatje hoor!' lacht hij. 'Er is niets verboden in de macrobiotiek, het is zelfs niet vegetarisch, maar alles is gericht op de ideale verhoudingen. Wat te yin is, kun je yangiseren en wat te yang is, kun je yinner maken door de manier waarop je het bereidt.'

> *Nederlanders is aangepraat dat vlees er rood uit moet zien. Zonder nitriet is dat niet zo.*
>
> SJEK FLOOR, BIOLOGISCH SLAGER (*Elisabeth Cools, 14*)

Voor Eskimo's is de natuurlijke voeding vis. Pas toen zij op Groenland suiker van de Amerikanen kregen, begonnen de degeneratieziekten zich bij hen te ontwikkelen.

ADELBERT NELISSEN, LERAAR MACROBIOTIEK *(Eigen tekst, 2)*

Harde man met zachte kanten

Georges Ohsawa moet een merkwaardige man geweest zijn. Hij stamde uit een Samoeraigeslacht waar men niet zachtzinnig met elkaar omging. Zijn moeder had hem bijvoorbeeld leren zwemmen door hem telkens opnieuw in de rivier te gooien en hem pas te redden als hij bijna verdronk. Een van Ohsawa's adviezen was om leerlingen en cliënten nooit complimenten te geven, alleen maar hoon, zodat zij zich leren schamen over hun onwetendheid.

'Adelbert Nelissen denkt misschien dat hij in de beste traditie van Ohsawa werkt als hij dit soort gedrag imiteert,' vermoedt De Vrieze. 'Maar dan begrijpt hij niet dat het bij ons zo niet werkt. Trouwens, Ohsawa had ook een andere kant. Als een leerling niet goed zijn best deed, smeet hij diens koffer door het raam naar buiten om de persoon in kwestie duidelijk te maken dat hij kon gaan. Maar een uur later zwierf hij door de straten om de verloren zoon te zoeken en als hij hem niet vond, was hij in tranen. Als de leerling terugkwam, ontving hij hem met open armen.'

De illustere macrobiotische voorganger was dus een vat vol tegenstrijdigheden en niet alleen in dat opzicht. De ene keer fulmineerde hij tegen de westerse medische wetenschap, de andere keer noemde hij die fantastisch. 'Bij sommige macrobioten is alleen het idee blijven hangen dat onze westerse geneeskunde niet deugt,' oppert Cor de Vrieze.

Een van Ohsawa's opmerkelijke ideeën was dat iedereen zijn eigen geneesheer moet zijn; als je een dieet volgt dat iemand anders voor je heeft opgesteld en je wordt daar beter van, dan is het toch geen echte genezing. Als je dat letterlijk neemt, valt de bodem onder het macro-

De blanke man heeft op de rand van zijn geld geschreven: 'In God we trust'. Maar hij vertrouwt de gele mensen niet, de zwarte, ons rode mensen en elkaar niet.

NAH AH SINOH, INDIAAN *(Bram Gieter, 34)*

> *Kassiers innen de hele dag bankbiljetten, en alle invloeden van de handen waar die doorheen zijn gegaan, komen bij hen terecht. Zij zouden zeven keer per dag hun handen in een kruidenbad moeten stoppen.*
>
> JELLE VEEMAN, AURALOOG-ALCHEMIST *(Hans van den Bosch en Satyo Cornelis, 98)*

biotisch consulentschap uit. Want dan moet iedereen helemaal zelf bepalen wat hij zou moeten eten en drinken om beter te worden. De Vrieze is er voorstander van, zegt hij, om het macrobiotische devies *non credo* (ik geloof niet) in ere te herstellen.

'We zouden alles ter discussie moeten stellen,' vindt hij. 'Zelfs het idee dat granen de basis moeten zijn van onze voeding. Laten we het maar onbevangen uitzoeken.'

De macrobiotiek staat eigenlijk nog in de kinderschoenen?

'Ja, en waarom niet. Wat is nou honderd jaar op die twintig miljoen dat de mensheid bestaat! Trouwens, een van Ohsawa's adviezen was: maak veel fouten. Want dan leer je snel.'

Alles verandert

Zou de macrobiotiek nu leren van de gemaakte fouten? Ivy Heffelaar is optimistisch. 'Het is nu het jaar van de Tijger,' zegt ze, 'dan laaien er allerlei controverses op. Maar volgend jaar is het jaar van het Konijn, dat betekent bezinning, dan komt men wel weer bij elkaar. Door de problemen komt de macrobiotiek opnieuw in de belangstelling en dat is goed.'

Ook Janpaul Mossink ziet het niet somber in. 'Nu staat de voedingstherapie weer in een kwalijk daglicht,' zegt hij, 'maar volgens de wet van de verandering in de Chinese geneeskunde verandert een extreem altijd in zijn tegenovergestelde en wordt de balans weer hersteld. In de toekomst verwacht ik dat reguliere en alternatieve geneeswijzen zullen samenwerken. Er zal een open geest zijn voor de andere deskundigheid.'

> *Al één zijn: daarvoor is het alleen kunnen zijn een belangrijke voorwaarde.*
>
> TON DE NOOY, ORTHODOX-CHRISTELIJK MONNIK *(Kees Beentjes, 83)*

ONKRUID

Onkruid nr. 131, september/oktober 1999

De komst van het boeddhisme in de lage landen

FRANK FLIPPO

Terwijl de westerse kerken vol spinrag komen te hangen door gebrek aan belangstelling, mag het boeddhisme zich verblijden in een explosieve groei. Managers leren mediteren, de Dalai Lama trekt volle zalen en ook Richard Gere en Madonna zijn helemaal om. Hoe ziet nederboeddhisme eruit?

> *Als de ijzeren arend vliegt en de paarden op wielen rijden, zal het Tibetaanse volk verstrooid raken over de aarde en zal de Dhamma naar het land van de rode mensen gaan.*
> *(Padmasambhava, achtste eeuw)*

Zo'n 1200 jaar later vloog-ie. In 1951 bezette het Chinese leger Tibet, met lange colonnes paarden op wielen. Acht jaar later vluchtten de Dalai Lama en vele andere vooraanstaande Tibetaanse monniken naar India. Van daaruit zwermden ze wereldwijd uit, vliegend in ijzeren arenden, en kroop de Dhamma (Boeddhaleer) ook onder onze voor Aziaten rozerode huid.

Het hedendaagse nederboeddhisme is geen brede rivier, wel een sprankelend stroompje. Steeds meer mensen ontdekken de waarde van meditatie om tot rust te komen in de jachtige westerse wereld. Vaak is het gezamenlijk mediteren een fascinerende eerste kennismaking met boeddhisme, de filosofie, de levenshouding. De filmindustrie koestert intussen de mythe van het mystieke land Tibet met 'Seven Years in Tibet', 'The Little Buddha' en 'The Golden Child', mooie familiefilms met hier en daar een vleugje echte boeddhistische wijsheden erin verwerkt. Dat begon al in de jaren zeventig met 'Kung Fu', met David Carradine, over een noviet die wordt ingewijd in de mysteriën. Showbizzsterren als Madonna en Richard Gere bekenden zich in de laatste jaren al publiekelijk tot Zen.

Waar de traditioneel westerse kerken invloed en aanhang verliezen, blijkt het boeddhisme, met haar diepgang, praktische inslag en rituelen voor wie daar behoefte aan heeft, snel en gemakkelijk aan te slaan bij de westerse mens. Maar ook voor wie niet uitgekeken is op de kerk of zelfs helemaal niks moet hebben van godsdienst, kan boeddhisme waardevol zijn doordat het uiterst sober is en eerder een houding dan een religie. Je kunt het dus los zien van de (al of niet) religieuze overtuiging die je hebt. 'Kan een hond ook Boeddha zijn?' 'Woef!' antwoordt de meester (Zen-koan).

Het boeddhisme als geheel is anno 1999 een veelkleurig, bijna wereldwijd landschap waarin Theravada, lamaïsme, Zen, tantrisme en vele andere boeddhistische stromingen gebroederlijk en op bescheiden schaal bloeien. Bij al deze stromingen vestigt zich een meester die na verloop van tijd door het uitdragen van de Dhamma (de lessen van de Boeddha) een Sangha (gemeenschap van adepten) om zich heen verzamelt. De laatste jaren worden dat er eerder meer dan minder, ook in Nederland en België. Kortom, de geest van de Boeddha is onder ons, rustig en bescheiden als altijd, voor wie er in onze jachtige tijd oren en ogen naar heeft. Maar hoe kwam Boeddha nu naar de lage landen?

De Boeddha van de toekomst

De eerste druppels welden rond 1881 op, met de Nederlandse vertaling van 'Light of Asia' van Sir Edwin Arnold. Kolonialisme vierde nog hoogtij in die dagen, maar met haar slaven, koelies en overzeese onderdanen verspreidde het allerlei niet-christelijke ideeën over de aardbol. Grootheden als Schopenhauer, Nietzsche en Wagner lazen ze graag. Nederland bleef tot na de Tweede Wereldoorlog zo goed als onbekend met boeddhisme. Op de theosofen na. Die kwamen in 1911 met de grote Maytreya-verrassing. Toen richtte Annie Besant, theosofisch leidsvrouwe, in Ommen de Orde van de Ster op. Doel: de wereld voorbereiden op de komst van de Maytreya, de Boeddha van de toe-

Winst is geen doel op zichzelf; het is een noodzakelijk kwaad, zolang er belastingen, sociale premies en andere grootschalige zaken betaald moeten worden.

George Saladin, auteur (*Eigen tekst, 5*)

komst. Als wereldleraar werd Krishnamurti uitverkoren. Hij zag er toen uit als een beeldschone, in het wit geklede jonge Indiër met een heldere oogopslag en een fraaie stem. Krishnamurti bleek een intelligente, begenadigde spreker.

Krishnamurti zelf bleek allerminst ingenomen met een opgedrongen leidersrol. In 1929 hield hij een toespraak waarin hij alle bindingen met de theosofen verbrak onder het motto: 'De waarheid is een land zonder wegen.' Ieder moest zijn eigen weg vinden, los van dogma's. Bijna Boeddha's eigen woorden, durven wij nog net te zeggen.

De Maytreya-hype dook in de jaren tachtig opnieuw op met Benjamin Creme, een Brit die de spoedige komst verkondigt van Maytreya, die dan tegelijkertijd onder meer Jezus Christus is.

Zen-soldaten

In Europa kregen vanaf de jaren vijftig jezuïeten belangstelling voor Zen. In Nederland kwam een jezuïtisch uitwisselingsprogramma met Zen-meesters van de grond, via Instituut De Tiltenberg. De directeur had in Japan Zen bestudeerd. De jezuïeten waren een orthodox katholiek genootschap, vooral bekend vanwege fervente missieactiviteiten. Maar ook bij hen wekten de Japanse Zen-meesters veel indruk.

Na de oorlog keerden de Amerikaanse bezetters uit Japan terug. Ook zij hadden kennis gemaakt met Zen-meesters en boeddhistische tempels. Vele Japanners emigreerden mee. De Zen-ideeën van die twee groepen inspireerden de eerste beatniks, voorlopers van de hippies. Zo kon in 1950 de eerste American Buddhist School ontstaan. De spontane lol, losheid en openhartigheid van de hippies straalt overal door de teksten heen die in die tijd het daglicht zagen, zoals 'The way of Zen', van Allan Watts.

Beatnikschrijver Jack Kerouac vestigde met zijn 'Dharma Bums' het begrip 'beat-zen'. Het boek wemelt van termen als dharma, samsara en nirwana, maar het staat ook vol lyrische natuurbeschrijvingen en erotiek. Deze mix van Zen, drugs en seks was typerend voor de jaren zestig. De vrijheid, het niet-dogmatische en het a-logische van Zen beviel

> *Om de hemel op aarde te creëren moet je je handen vuil maken.*
> Andrew Cohen, spiritueel leider *(Lisette Thooft, 149)*

> *Wetenschap heeft enorme belangen, die heeft de rol van de kerk overgenomen met de pretentie van waarheid.*
> PROF.DR.ING. ITEKE WEEDA *(Lisette Thooft, 118)*

hen wel. Daaruit brouwden ze hun eigen cocktail en gooiden er snufjes hindoeïsme doorheen. Als eersten winkelden zij in de 'spirituele supermarkt'. Zij vergeleken het hoogste Zen-inzicht, waarin alle beperkingen en rationele scheidslijnen wegvallen, wel met een geslaagde LSD-trip.

Boeddha op de Dam

Scherp contrasterend met het trippen in een nieuwe welvaartsmaatschappij waren de wrede gebeurtenissen in Tibet, onder de voet gelopen door Mao's Rode Leger, dat in 1951 een invasie pleegde.

Het Tibetaanse boeddhisme kreeg er wel een wereldwijde impuls door. De hippe Amerikaanse geest die het boeddhisme omarmde, zou snel overwaaien naar Amsterdam, dat in de jaren zestig veranderde in een 'Magies Sentrum'. In 1969 opende meditatiecentrum De Kosmos haar deuren. De eerste plek waar je onder meer terecht kon voor boeddhistische ademhalingsoefeningen, voor de Zen-zit en voor meditatie. Veel Nederlandse boeddhistische wegbereiders als Nico Tydeman en Maarten Hartman gaven hier les, net als de Japanse Zen-meester Gempo Sensai. Het onder hippies populaire Tibetaans Dodenboek vestigde de Tibetaanse reputatie van mysterieus dak der wereld, tjokvol magie en rituelen. Mandala's, mantra's en verder alles wat mooi, uitheems en mysterieus was, werd in het magische sfeertje van eind jaren zestig enthousiast ontvangen. In de popularisering van het boeddhisme gooiden ook boeken als 'Siddharta' van Hermann Hesse, 'Old Path White Clouds' van Thick Nhat Hanh, en de magische reisverslagen van Alexandra David Neel hoge ogen. De onmiddellijke Verlichting

> *Mensen gaan naar de kerk, een voetbalwedstrijd; ze willen bezig gehouden worden. Ze zeggen zelden: Ik heb ergens van te lijden. Waarvan eigenlijk?*
> KRISHNAMURTI *(Bob Snoijink, 7)*

van Zen en de toversfeer van Tibet vond men in de *sixties* aantrekkelijker dan de lange, ascetische weg van het traditionele boeddhisme.

Eind jaren zestig liftten voor het eerst grote groepen Nederlandse jongeren de wereld over. Het boeddhisme liftte mee terug en vond een geïnteresseerde ontvangst in een klimaat dat door Provo, Kabouter en televisie al aardig was opengebroken.

Na het spelen en pionieren van de jaren zestig, werd in de jaren zeventig de inspiratie in daden omgezet. Jonge boeddhisten gaven cursussen, stichtten tempels en publiceerden een eindeloze reeks boeken. In 1973 verscheen 'Zen en de kunst van het motoronderhoud' van Robert Pirsig. Net als de 'Tao of Physics' en 'De Dansende Woe-Li meesters' probeert het boek westerse filosofie te verzoenen met oosterse mystiek. Voor het boeddhisme deed het boek niet veel, wel wisten voortaan meer mensen wat Zen ongeveer betekent.

Een vlieg in de stofzuigerzak

Dat hij aan Zen doet, schreeuwt een beoefenaar van de stilte niet van de daken. Het Tibetaanse boeddhisme is misschien ook daarom momenteel wel dé grote trekker: het valt meer op. 'Tibet', is veel meer dan andere 'boeddhismen' te lokaliseren. Het *Land of Snows* met zijn machtige kloosters maakt het lekker concreet. Ook inhoudelijk zijn er aantrekkelijke kanten, zoals de sjamanistische gebruiken uit het inheemse geloof Bönpo, en het tantrisme. Tantra wijst seks niet af, maar integreert het als aangename spirituele oefeningen. De schilderachtige ceremonieën en verfijnde kunst van Tibet doen de rest. Bij ons in de buurt kun je de sfeer opsnuiven in Schoten, bij Antwerpen. Daar staat een Tibetaanse tempel, compleet met houtsnijwerk, gebedsmolens en boterlampjes. Ook in Friesland staat een stupa.

De mediagenieke en immer vrolijke Dalai Lama houdt Tibet in het nieuws en onder de aandacht. Hij is wereldberoemd sinds hij in 1989 de Nobelprijs voor de Vrede kreeg. Hoewel zijn land en volk vertrapt worden door de Chinese overheersing, toont de veertiende – en vol-

Wat is ons voornaamste exportartikel? Geweld!

MARIANNE WILLIAMSON, AUTEUR VAN 'TERUGKEER NAAR LIEFDE' EN 'IN VROUWELIJKHEID' *(Lisette Thooft, 100)*

> *Wie niet in staat is de revolutie in zichzelf onder ogen te zien, zal het in een maatschappelijke revolutie zoeken.*
> SAT KARTAR, WOORDVOERDER VAN SIKHS *(Erik Bruyn, 25)*

gens de berichten voorlopig de laatste – lama Tenzin Gyatzo als een ware boeddhist zijn vergevingsgezinde hart en blijft onder alle omstandigheden voor geweldloosheid. Zelfs Nato-vredesmissies bekijkt hij mild maar argwanend. 'De bedoelingen kunnen goed zijn, maar geweld heeft nu eenmaal de neiging om zich tegen je te keren,' waarschuwt hij waar hij kan.

Boeddhisme is in principe zo geweldloos dat er geen vlees gegeten mag worden, om je karma niet te bezoedelen met de schuld van het beëindigen van een leven. Toch wordt er in de boeddhistische kloosters in afgelegen en onvruchtbare berggebieden van Japan gerust eens een geit geslacht. Daar wordt dan wel een buitenlander voor gevraagd, zodat de monniken ervan kunnen eten zonder dat het op hun karma drukt. Anderzijds zijn er boeddhisten die het aspect van geweldloosheid zo serieus nemen dat ze een lastige vlieg in huis opzuigen met de stofzuiger in plaats van dood te meppen. Vervolgens wordt de stofzuigerzak geopend in de tuin geplaatst zodat de vlieg zijn levensweg kan vervolgen.

Zoals overal ligt het er dus ook bij het boeddhisme maar net aan hoe creatief je met je overtuiging om wilt gaan en in hoeverre je het wilt mengen met de cultuur waarin je leeft. Het moet wel leefbaar blijven. Zeker bij een visie die zo gericht is op praktijk als het boeddhisme.

Populaire misverstanden

1. De Chinese Boeddha is een kaal, dik, lachend mannetje. Deze figuur, vaak van plastic, die je vaak ziet in Chinese restaurants is geen Boeddha, maar Pu-tai, de Chinese god van rijkdom en voorspoed die Chinezen graag in hun voorportaal zetten.

> *De geest maakt zonder materie niets mee, dus heeft zij materie geschapen om tegenstand te ontmoeten.*
> MARTEN TOONDER, TEKENAAR EN AUTEUR *(Bob Snoijink, 86)*

> *Als je je kleding aflegt, ga je mensen en elementen anders ervaren, er echt mee leren leven, zonder je ertegen af te zetten.*
>
> THEUN VAN EST, OUD-VOORZITTER NATURISTENVERENIGING ZON EN LEVEN
> *(Monique Martens, 21)*

2. Zen is sober en eenvoudig, je hoeft alleen maar te zitten. Als er iets alleen maar in schijn eenvoudig is, is het Zen.
3. Boeddhisme is naargeestig met zijn leegte-denken en ascese. Leegte en volheid zijn één in het boeddhisme. Lang niet alle stromingen doen aan soberheid.
4. Het Tibetaanse volk is het meest mystieke volk op aarde. Dat elk jaar een groot deel van de mannelijke bevolking opging in kloosters, was ook een vorm van geboortebeperking in dit barre land zonder veel ruimte voor bevolkingsaanwas. En buiten de kloosters vind je veelal straatarme yakboeren die wel wat anders te doen hebben dan tantra beoefenen.
5. Boeddhisme is geen religie, maar een filosofie. In het algemeen klopt dit niet. Het Tibetaans boeddhisme zit tjokvol heiligen, godenbeelden en devotie en Zen is religie noch filosofie.
6. Maytreya en Jezus Christus zijn dezelfde. De verhalen over de levenswandel van beide mannen spelen in een volstrekt andere tijd. Wel zijn het beide wereldleraren met een sterk humanitaire boodschap.
7. Iedereen kan verlicht worden. Lag het maar zo eenvoudig. De potentie is in iedereen aanwezig, maar de praktijk leert dat slechts een kleine groep uiteindelijk verlicht raakt.
8. Er zijn nauwelijks overeenkomsten tussen verschillende vormen van boeddhisme. Wel degelijk. De vier edele waarheden die de Boeddha zelf ooit verkondigde: het lijden, de oorzaak van het lijden, het opheffen van het lijden en het Pad dat leidt tot opheffing van het lijden.

> *De loutering komt pas als je door het lijden heen bent. Dan kom je bij de Bron van Liefde.*
>
> RACHEL VANDERHOVEN, MOEDER VAN EEN SLACHTOFFER VAN DUTROUX
> *(Diane Broeckhoven, 140)*

ONKRUID

Onkruid nr. 138, november/december 2000

Tantra

YOEKE NAGEL

Tempelvertelling

Een perfect gebouwde tempel stond aan de rand van de stad. De muren waren van goud, versierd met de prachtigste bloemmotieven, ingelegd met edelstenen. De vloeren waren zacht en warm door de dikke wollen kleurige tapijten. Er stroomde helder water doorheen en er bloeiden bloemen die nergens anders konden groeien. Vogels met bonte veren woonden er en vulden de ruimte met hun sierlijke vleugelgolven en wonderlijke liederen. Maar het mooiste van alles was het plafond, dat bestond uit een kristallen koepel die de stralen van de zon opving en liefdevol rondstrooide over iedereen die de tempel betrad. Wie zich liet beschijnen door dat stralende licht, voelde hoe alles één is, goed is, God is, werd zachtjes opgetild en gewiegd door de goddelijke kracht die door de lichtkoepel heen wenkte: 'Kom, kom bij Mij... Wees Mij...'

In de loop der eeuwen vergaten de mensen de tempel. Wie er binnenliep legde niet zelden gehaast en achteloos een enkel muntje neer als offer, dreunde een verlanglijstje op en vertrok weer. Steeds vaker ook schraapte een bezoeker met een zakmesje een edelsteen uit de wandversiering, sneed een lap van de kostbare vloerbedekking af of deed zijn behoefte in de schaduw van het altaar. Zo slecht werd de tempel onderhouden, dat de kristallen koepel dichtslibde met stof en spinrag. De vogels verlieten de heilige plek, het water zonk modderig in de bodem weg. Maar de zaden van de afgestorven bloemen liggen er nog altijd te wachten. Geduldig. Tot de koepel met zorg en aandacht zal worden schoongeveegd en het water weer kabbelt door de tempel van de ziel. Dan zal God opnieuw het oog richten op de mens en de tempelbezoeker uitnodigen met stralend licht...

Jouw tempel van je ziel

Wil je die tempel zien met je eigen ogen? Dan volgt hier de routebeschrijving. Loop naar de spiegel. Trek, als het even kan, je kleren rustig uit, of maak je mooi met prachtige kleding. Kijk. Zie jezelf, je lichaam, jouw tempel van je ziel. Wil je dan ook nog ervaren hoe je zelf gevuld bent met het goddelijke, leg dan je hand op je geslacht. Streel jezelf rustig, liefdevol, aandachtig. Voel hoe je lichaam zich oplaadt, verwarmd wordt door deze eenvoudige ceremonie, waarin je je respect voor de tempel tot uitdrukking brengt. Een plek waar het goddelijke voelbaar is, hier en nu. Sluit je ogen eerbiedig, of geniet van het licht dat je spiegelogen uitstralen. Breng jezelf tot vlak onder de kristallen lichtkoepel; het moment dat de sidderende energiebal in je buik bijna uit elkaar zal spatten in een orgasme. Adem nu het licht uit je schoot door je hele lichaam heen, omhoog langs je navel, door je hart, tot het als een fontein van goddelijke energie je kruin uit lijkt te sprankelen...

De lichtstroom bevrijdt je van alle overbodige gedachten en overtuigingen. Littekens van verdriet en pijn worden erdoor geheeld. Laat ze maar gaan. Dit ben jij. In volle glorie. En dit is tantra. Een oeroude, krachtige – en vaak misbruikte – techniek om het goddelijke in jezelf te voelen.

Het goddelijk orgasme

Een vorm van tantra werd zo'n zevenduizend jaar geleden al bedreven in India, in de Indusvallei, in de Dravidische cultuur. Het werd als spiritueel pad beoefend door jarenlang getrainde yogi's en yogini's. Tantrische kennis werd uitsluitend overgebracht van meester op leerling. Seks was een cruciaal onderdeel van het spirituele pad. Terwijl wij in het Westen gewend zijn aan dualistische filosofie en levensvisies – goed/slecht, donker/licht, man/vrouw, dag/nacht als onverenigbare tegendelen – gaat tantra uit van volledigheid in alles. Het beschouwt, zoals in het boeddhisme ook gebeurt, de geest als in beginsel verlicht. De

> *Echte liefde wordt geboren waar mensen zichzelf eens goed in de spiegel hebben bekeken.*
>
> *Hans Stolp, IKON-pastor (Bob Snoijink, 84)*

geest herbergt alle goddelijkheid. In plaats van God buiten onszelf te zoeken, richt de tantrika mystieke energie op het innerlijk, de geest.

Verwerkelijking van de aard van de geest is dan ook het hoogst bereikbare. Het beeld dat daarbij hoort is dat van het onafscheidelijke goddelijke paar Shiva en Shakti. De hindoes geloofden dat Shakti, door spirituele en seksuele vereniging met Shiva, zijn geest vorm gaf en zo het universum creëerde.

De schepping van de wereld is dus, in tantratermen, te danken aan een goddelijk orgasme. Wie ooit gezegend is geweest met de ervaring van hemelse seks, zal dat onmiddellijk aannemen. De mens voelt, bij de beleving van seks, soms diezelfde goddelijke kracht en hoeft daar geen universum mee te creëren. De mens hoeft zich 'slechts' open te stellen voor het goddelijke als hoogste uitdaging.

'Shiva en Shakti zijn de goden van de extatische dans en de scheppers van de yoga die ingewijden toestaat het goddelijke in de kern van hun eigen geest te herontdekken door het hart open te stellen,' zegt Daniel Odier, een Californische tantraleraar.

Tantra biedt de mogelijkheid om, met behulp van ademhalingstechnieken en een intens gerichte aandacht, seksuele energie om te zetten in een helende, goddelijke energie, die tot een diepe spirituele ervaring kan leiden. Het is zelfs mogelijk om de samengebalde seksuele energie direct te gebruiken om bijvoorbeeld een gebed krachtig op te laden. Seksuele energie, als weldadige brug tussen de mens en het goddelijke, kan uiteraard opgewekt worden door seks met een ander te hebben. In de oude tantrische filosofie maakt het zelfs niet uit met wie je seks hebt, omdat het immers geen doel op zich is, niet het contact met de ander centraal staat, maar een manier is om tot je goddelijke staat door te dringen. In onze cultuur zijn veel diepe wonden geslagen door willekeurige, liefdeloze seks, waardoor valt te betwijfelen of het hier wel zo verstandig is om te kiezen voor zo'n technische, nietpersoonsgebonden benadering van seks zonder intimiteit. Seksuele energie is ook prima op te wekken door dans, meditatie, lichamelijke oefeningen of masturbatie.

Er komt vaak verdriet naar boven bij seksualiteit. Als je dat ontkent, ontken je de vuurkracht en de pijn daaronder.

LENNY KUHR, ZANGERES *(Lisette Thooft, 115)*

Westerse tantra

In de afgelopen twintig jaar zijn in het westen steeds meer vormen van tantrische meditaties bekend geworden. De misverstanden over de toepassing en de functie ervan kwamen mee. Zo veroorzaakten rijk geïllustreerde boekenclubaanbiedingen een grote populariteit voor de Kama Sutra, één van de stromingen die uit de tantrische filosofie voortkwam. Maar de essentie van de acht maal acht Kama Sutra-houdingen ging daarmee onmiddellijk verloren. Zonder het energetisch en spiritueel bewustzijn erachter en zonder de juiste begeleiding van een leraar zijn de Sutrische houdingen niet meer dan fysiek vrijwel onuitvoerbare standjes, die niets meer te maken hebben met het helende en transformerende pad die het eigenlijk zijn.

Op de televisie wordt tantra gereduceerd tot een set ingewikkelde blote sportoefeningen, hijgend uitgevoerd door met siliconen gevulde vrouwen en met anabole steroïden opgepompte mannen. Osho, ofwel Bhagwan, was misschien wel de belangrijkste pleitbezorger van tantra in het Westen. Duizenden westerse sannyasins, zijn volgelingen, gaven zich over aan grensverleggende seksuele ontmoetingen. Margot Anand, een in Parijs afgestudeerde psychologe, ontwikkelde, vooral geïnspireerd door Osho de Sky Dancing-tantra, waarbij een hoop oude tradities uit de klassieke tantra bewust overboord werden gezet. Mantra's reciteren, urenlange ingewikkelde yogahoudingen volhouden, mandala's leggen, mediteren en rituele voorschriften voor seks leken haar niet relevant voor het opwekken van een toestand van extase door middel van seks.

Tantra voor de kerk

'Ik ben ervan overtuigd geraakt dat niets zo'n krachtige energie is als seksuele opwinding. De beleving van seks is voor mij de meest directe weg naar God,' stelt een tantrabeoefenaar, die ook veel ervaring heeft met andere vormen van magische energie. In zijn opmerking zou wel eens een verklaring kunnen liggen voor de aversie van kerken tegen

> *We gaan naar een Gouden Tijdperk toe waarin oude krachtvelden hersteld worden.*
>
> JANNY POST, MEDIUM *(Lisette Thooft, 114)*

seks. Wie door middel van orgastische energie zelf gemakkelijk en aangenaam de weg naar het goddelijke ontdekt, heeft immers geen kerkvaders meer nodig als tussenpersoon om de hemel op aarde te beleven. Dat de kerkvaders zich wel degelijk bewust zijn van de kracht van seksuele energie, blijkt ook uit het fenomeen 'celibaat'. De diepere betekenis van het verbod voor priesters om seksuele omgang te hebben met anderen wordt vaak gezocht in het 'sublimeren van seksuele energie'. Door geen orgasmen te beleven, zou seksuele energie aangewend kunnen worden voor een hoger, geestelijk doel. Net tantra, eigenlijk... als dat sublimeren tenminste niet in de weg wordt gezeten door menselijk verlangen naar intimiteit en bevrediging.

Gruis op de huid

Wat betreft zorg, waardering en plezier van ons lichaam, zijn we vrijwel allemaal ooit beschadigd geraakt. We hoorden van onze ouders dat genot slecht is en de handjes boven de dekens moeten blijven. We leerden om ons eigen lichaam vooral als noodzakelijk kwaad te behandelen. Functioneel, maar lastig. We leerden onze gevoelens van opwinding, ons verlangen naar intimiteit met een ander mens, onze behoefte aan genot te verzwijgen, te negeren en te vervormen tot een verkrampte eenzaamheid, afgesneden van onze belangrijkste energiebron die, getsie, toch telkens weer de kop op leek te willen steken. Deze verkramping werd bij veel mensen bevestigd door pijnlijke seksuele ervaringen van dwang en schaamte. Langzaamaan brokkelde het verlangen 'gekend te worden', in de bijbelse zin van het woord, af. Het gruis van dat verlangen bleef schuren op de huid...

Wie besluit tantra te gaan ontdekken, zal zonder twijfel littekens en oud zeer tegenkomen. En kunnen helen, door werkelijk liefdevol te zijn voor je eigen lichaam en dat van je partner. Om zo, met veilig geopend hart, het goddelijke in jezelf en de ander te verwelkomen. Je hart openstellen kan alleen als je opnieuw hebt leren vertrouwen. In de eerste plaats natuurlijk jezelf, met al je tekortkomingen en al je twij-

> *Ik vind het niet meer zo'n ramp dat ik niet weet wie ik ben.*
>
> SIDDHARTA VAN LANGEN, RUNT BODY & SOUL ACADEMIE MARCKHOEVE
> *(Yoeke Nagel, 102)*

fels, je angsten en je eigen lichaam. Daarna kun je je verbinden met je geliefde, hem of haar verwelkomen in je hart, toelaten in je lijf. Je zult er waarschijnlijk behoefte aan hebben om de ander eerst werkelijk intiem te leren kennen. Om je eigen grenzen kenbaar te maken, samen te onderzoeken en misschien wel terzijde te kunnen schuiven omdat ze hun functie hebben verloren. Het kan heel verhelderend zijn om samen bewust op onderzoek uit te gaan naar je overtuigingen over intimiteit en seks, nog voordat je ook maar een enkele tantrische oefening hebt gedaan. Begin je samen met tantra, spreek dan zo goed mogelijk van tevoren uit welke spanningen je voelt, tussen je partner en jou, maar ook in jezelf, je herinneringen en angsten: 'Ik weet niet of ik wel een erectie kan houden en dan vind je me raar.' 'Ik denk dat je me niet op je schoot kunt houden want ik ben toch veel te zwaar.' Neem er de tijd voor om zonder commentaar naar elkaar te luisteren. Als de geest opgeruimd is, kan het lichaam zich beter ontspannen.

Oefeningen

Lijfscrabble

Onze minachting voor ons lichaam is in ons woordgebruik al te merken. Een saaie film is 'kut', een vervelende vent een 'lul'. En hoe zou je trots kunnen zijn op 'schaamhaar'? De Amerikanen, preutser en benepener in hun cultuur, hebben nog meer afstand genomen van hun seksuele beleving. *Fuck you* is de ultieme belediging, in plaats van de verwachtingsvolle liefdesuitnodiging die het letterlijk weergeeft.

De namen voor lichaamsdelen die ons genot schenken, zijn dus lelijk verpest en daarmee onbruikbaar geworden als aanduiding van iets wat ons dierbaar en waardevol is. Daarbij komt dat we voor veel seks-gerelateerde lichaamsdelen en activiteiten niet eens een woord hébben. In de tantratraditie wordt wel gebruikgemaakt van de Sanskriet-benamingen: Yoni voor vagina, Lingam voor penis, Lila voor 'speels genieten van sek-

> *Relaties zijn lokkertjes naar de liefde. Daarom is verliefdheid voor mij ook in een positiever daglicht komen te staan dan in de jaren tachtig.*
>
> PROF.DR.IR. ITEKE WEEDA, HOOGLERAAR EMANCIPATIEVRAAGSTUKKEN EN SOCIOLOGIE *(Lisette Thooft, 118)*

suele liefde'. Tantralerares Margot Anand introduceerde een nieuwe omschrijving van het klinische 'G-plek': de Godinnen-plek.

Een heerlijk speelse manier om het lichaams-taalprobleem aan te pakken – en tegelijkertijd je partner en jezelf nog intiemer te leren kennen – is het spel Lijfscrabble.

Lijfscrabble speel je met een gewoon scrabblebord en een aantekenlijst. In plaats van bestaande woorden, leg je telkens zelfbedachte woorden neer. Laat je inspireren door de klankkleur en het gevoel dat het woord bij je oproept. Vertel je partner dan wat het woord betekent. 'Hobadjo': ontvangend vrouwelijk geslacht. 'Kintai': opspringend mannelijk geslacht. 'Lotuswater' (drie keer woordwaarde): vrouwelijk glijvocht. 'Wellen': neuken. 'Zwolmen': traag en diep wellen. Waardering kan in overleg gebeuren met cijfers, maar ook in zoenen, strelingen of, bij een erg mooi woord, in het vervullen van een verlangen van de legger ervan. Gebruik de woorden ook om elkaar herinneringen, wensen, grenzen of angsten te vertellen.

Men neme een ei...

Een fysiek aspect van tantra is het aanspannen van de PC-pomp, voluit de pubococcygeusspier. Dit is de spier die je aanspant als je je plas moet ophouden. De PC-pomp is zowel voor mannen als voor vrouwen een tovermiddel bij het werken met seksuele energie. Vrouwen kunnen, als de man in hen is, wonderen verrichten voor een ingeslapen lingam. Door het ritmisch aanspannen van de PC-pomp knijpt de yoniwand samen, waardoor de man wakker gekieteld wordt. Voor de vrouw is deze beweging erg aangenaam omdat ze niet alleen zijn lingam in zich opzuigt, maar ook de vrijgekomen seksuele energie omhoog kan sturen, langs haar chakra's naar het hart of zelfs het voorhoofd (de Innerlijke Fluit).

Een man kan met een goed getrainde PC-pomp een stevigere erectie houden, waardoor hij zichzelf en zijn partner langer genot kan schenken en dus meer seksuele energie kan opwekken. Bovendien maakt een krachtige PC-pomp het makkelijker om een ejaculatie langdurig uit te stellen. Dat kan leiden tot een toestand van extase, of tot een goddelijk superorgasme.

> *Alles verandert voortdurend en dat zal altijd wel zo blijven ook.*
> LOESJE, AFFICHEFENOMEEN (*Column*, 135)

Het sterk maken van de PC-pomp gaat net zo als het aankweken van kuitspieren: veel oefenen. Dat is eigenlijk altijd en overal te doen. Niemand ziet het als je tijdens een vergadering, in de auto, op de fiets of wandelend in een museum steeds ritmisch je PC-pomp samentrekt.

Voor vrouwen is er nog een extra krachtig hulpmiddel: het ei. Zoek naar een oefenei van halfedelsteen, bijvoorbeeld rozenkwarts. Houd het ei eerst eens onder je navel om te voelen of de steensoort fijn voor je aanvoelt, want je gaat hem gebruiken in je meest ontvankelijke gevoelsgebied en de energetische lading van de steensoort werkt altijd door op je energiesysteem. Breng het ei in je yoni (eerst even onder de warme kraan houden misschien...) en oefen nu, bij voorkeur staand, in het samentrekken van je PC-pomp. Je zult merken dat je meer kracht kunt zetten nu er weerstand is. Hetzelfde principe: je kunt een stevigere vuist maken met een voorwerp in je hand dan met een lege hand. Je kunt in het begin wat spierpijn voelen, zoals bij elke spier die op krachten moet komen. De bekende vrolijk tinkelende Chinese handmassageballen worden ook gebruikt voor dit doel, maar zijn vaak van onaardig materiaal als metaal gemaakt. Blijf liefdevol en zorgzaam met jezelf; als je het een rotidee vindt om zo'n hard voorwerp in te brengen, begin er dan niet aan! Experimenteer ook eens met het aantrekken van de PC-pomp terwijl je klaarkomt.

De Innerlijke Fluit

Een orgasme voel je weliswaar door je hele lijf, maar meestal ligt het centrum ervan toch in het bekkengebied. Door de 'Innerlijke Fluit' te openen, verspreid je je seksuele energie meer door je hele lichaam. De Innerlijke Fluit is een energiekanaal dat loopt van het perineum tot je kruin. Langs deze buis zitten ook je zeven chakra's, je energiecentra. Margot Anand beschrijft de Innerlijke Fluit als 'het irrigatiesysteem voor je chakra's'. Open de Innerlijke Fluit door eerst seksuele energie op te wekken. Het makkelijkst is dit te oefenen door zelfstreling, omdat je dan niet afgeleid wordt door bewegingen van je partner. Ga met je aandacht naar de plek onder je navel, waar je een uitdijende gouden bol van opwinding visualiseert. Gebruik nu je PC-pomp om deze energie als lichtstralen naar boven te zuigen, tot aan je navel. Met je vrije hand kun je de route aangeven en de energie sturen. Adem in bij het aanspannen van de PC-pomp, alsof je adem de energie verwelkomt en verder naar boven trekt. Voel hoe je seksuele energie je chakra's voedt met gouden licht.

ONKRUID

Onkruid nr. 145, januari/februari 2002

Wetenschap

LISETTE THOOFT

Wetenschap is dor en doods vergeleken met het creatieve gedachtegoed van de New Ager – maar uitersten raken elkaar. Lisette Thooft is gelukkig geen mens van uitersten (besluit ze hierbij).

Laatst zat ik in een radiodebat over geluk, met een professor die er vreselijk voor had doorgeleerd. Op alles wat ik zei, gooide hij prompt een kat. 'De theorie is dat je gelukkig wordt als je actief bent,' zei ik bijvoorbeeld, 'maar mijn meest overweldigende gelukservaring had ik toch toen ik doodstil op een stoel zat, in een meditatiesessie. Ik veranderde in een soort vennetje, alles ritselde en fluisterde maar het geheel was doodstil.'

'Ah, de bekende piekervaringen,' zei de professor. 'Onderzoek wijst uit dat mensen die piekervaringen hebben, over het algemeen minder gelukkig zijn dan gemiddeld.'

Bedremmeld hield ik mijn mond. Was ik ongelukkiger geworden van het mediteren? Ik dacht het niet. Maar tegen de Officiële Cijfers en Feiten van de professor kon ik niet op. Later zei ik dat het zo vreemd was dat we hier in het luilekkerland van het rijke Westen niet totaal gelukkig zijn, dat we op een schaal van een tot tien gemiddeld maar een acht scoren, en dat ik dacht dat het kwam omdat we onbewust toch wel beseffen dat er elders op de wereld zoveel armoe en ellende heerst. 'Als je het voorgetrokken kind bent in een gezin,' zei ik uit ervaring, 'lijd je ook onder de onrechtvaardige behandeling van de anderen.'

De professor keek meewarig. 'Onderzoek wijst uit dat mensen heel goed in staat zijn de ellende van verre landen buiten te sluiten,' zei hij ferm, 'en dat is wel zo verstandig.'

Je zult maar met zo'n man getrouwd zijn, dacht ik. Zeg je tegen hem dat je zoveel van hem houdt, dan antwoordt hij ongetwijfeld: 'Onder-

Iemand die maatschappelijk gezien achteruitgaat maar die zijn gevoelens over sexualiteit leert accepteren, vind ik een geval van vooruitgaan.

PIETER LANGENDIJK, REÏNCARNATIETHERAPEUT *(Kees Beentjes, 71)*

zoek wijst uit dat mensen in relaties gemiddeld een halve punt hoger scoren op de geluksschaal dan alleenstaanden.' Hè wat ben ik blij dat ik niet aan de universiteit ben blijven hangen, zoals mijn vader had gewild, en dat ik in plaats daarvan een eigenwijze New Ager met een grote mond ben geworden. Hoe dor en doods is de wetenschap! Alles wat gloeit en vloeit en boeit wordt er stoffig en saai. Neem Bijna Dood Ervaringen, en het fenomeen dat je leven als een film aan je geest voorbij trekt als de dood nabij is, in een hemels licht van vrede. Voor mij zijn dat luikjes naar een God die Liefde is en evenzovele bewijzen van een hiernamaals, misschien wel met een mild soort Laatste Oordeel. Maar voor de wetenschapper zijn het slechts elektrische impulsen in het brein, dat in acute noodsituaties alle hens aan dek roept en paniek voorkomt met een slim soort afleidingsmanoeuvre. Al die beelden zijn illusies, zegt de wetenschap, om onszelf in slaap te sussen.

Toch klinkt dat wel weer ergens bekend. Goeroes en mystici van de hogere echelons in de spirituele wereld vertellen ons ook dat we in illusies leven die we zelf bij elkaar creëren om ons ego te strelen, en dat er niets van dat gekoesterde egootje overblijft na de dood. Het leven is een schimmenspel en de ultieme waarheid is de leegte. De extremen raken elkaar, lijkt het wel. Ik moet eigenlijk van mezelf ook dat uiterste doel bereiken, die leegte, dat doorprikken van alle illusies. Maar voorlopig heb ik een mooie smoes. Wat klinkt er nou spiritueler dan het middelste pad? Laat mij maar lekker fröbelen op de Gulden Middenweg.

Met Eko kan het twee kanten op: op puur kapitalistische wijze proberen een deel van de markt te veroveren, of de ecologen sluiten de rijen, dichten de lekken en houden het alternatieve geld in het alternatieve circuit.

ARIE VAN GENDEREN, COÖRDINATOR VAN DE ST. ALTERNATIEF WARENONDERZOEK (Satyo Cornelis, 27)

ONKRUID

Onkruid nr. 150, november/december 2002

Indigo-kinderen

Hoe spiritueel mag je zijn op aarde?

LISETTE THOOFT

Indigo-kinderen heten ze, of Nieuwetijdskinderen, Sterrenkinderen, Children of Oz, of Diamond Children. Ze zijn overgevoelig, gericht op liefde, paranormaal begaafd, maar redden het vaak niet op gewone scholen. Ze hebben eigenlijk een nieuwe wereld nodig.

Er staat een klein blond jongetje, ik schat hem op zijn hoogst zeven, voor onze boekenkraam op de beurs. 'Kijk mama,' zegt hij opgetogen en hij wijst op een boek over boeddhisme: 'Een gouden Boeddha!' Zijn moeder luistert niet, ze heeft het te druk met de volwassen vrouwen om haar heen. Het jongetje staart in vervoering naar het boek. 'Kijk dan mama,' dringt hij aan en hij trekt aan haar hand. Geen respons. Niet veel later zie ik ze weer voorbij komen. Het jongetje wordt nu als een lastige kleuter, tegenstribbelend, meegesleurd door zijn moeder. 'Hou je een keer op!' roept ze boos.

Het indigo-kinderendrama in een notendop. Ouders van nu zijn niet altijd goed afgestemd op de gevoelige en spiritueel begaafde kinderen die bij hen worden geboren. Laat staan dat scholen ingericht zijn om de speciale kwaliteiten van deze kinderen tot hun recht te laten komen. Het gevolg: lastige kinderen. Kinderen met leer- en gedragsproblemen. Kinderen met dyslexie, ADHD, faalangst, autisme, allergieën. Ongelukkige kinderen, eenzame kinderen, onhandelbare kinderen. Wanhopige ouders. Drukke klassen. Overbelaste leerkrachten. En het ten hemel schreiende Ritalin-schandaal: honderdduizenden kinderen over de hele wereld die met een morfine-achtige, verslavende drug verdoofd worden, op gezag van de medische wetenschap. Wat de kinderen van de nieuwe tijd in feite nodig hebben, is een nieuwe tijd. Totdat het zover is, kunnen we als ouders en opvoeders alleen maar heel veel aandacht geven, steun, bescherming en begrip.

Ze willen dingen leren die zíj belangrijk vinden

Indigo-kinderen heten zo, omdat de Amerikaanse therapeute Nancy Ann Tappe een donkerblauwe, indigo-aura begon te zien rondom sommige kinderen die geboren werden vanaf de jaren tachtig. Tegenwoordig zijn volgens haar negen van de tien kinderen indigo's. Er zijn vier soorten. Humanisten kunnen goed met mensen omgaan, maar ze zijn vaak onhandig in hun lichaam, hyperactief en snel afgeleid. Conceptuelen zijn slimme technici en hebben de neiging hun omgeving te manipuleren. Indigo-kunstenaars zijn zeer gevoelig en creatief, en de interdimensionelen zijn flinke, zelfbewuste kinderen, die nieuwe filosofieën en religies in de wereld zullen brengen als ze groot zijn. 'Met indigo's moet je vanaf het allereerste begin praten alsof ze al volwassen zijn,' zei Tappe. Ze kunnen slecht tegen van bovenaf opgelegd gezag, ze passen niet in de oude systemen.

'Nieuwetijdskinderen zijn kinderen die een grote openheid hebben voor indrukken,' schrijft het enkele jaren geleden in Nederland opgerichte Platform Nieuwetijdskinderen in haar brochure. 'Ze zijn spiritueel en niet zelden paranormaal begaafd. Sommigen nemen wijsheden en herinneringen uit vorige levens mee in dit leven. Ze zijn zich heel bewust van zichzelf, van wat ze willen en dat botst nogal eens met de wereld van de volwassenen. Ze zijn bijvoorbeeld vatbaarder voor ziektes, hebben voedselallergieën, zijn heel druk of juist teruggetrokken, of hebben moeite met lezen en/of schrijven.'

Carla Muysert, bestuurslid en woordvoerder van het Platform en auteur van het boek 'Nieuwetijdskinderen', wil eigenlijk geen labels plakken. Zij ziet een nieuw soort bewustzijn ontstaan in de wereld. 'De fase van de technologische mens gaat nu over in die van een intuïtief of spiritueel mensbeeld. Daar zijn we allemaal bij betrokken, niet alleen de kinderen. Maar de kinderen van nu staan dichter in contact met zichzelf, met de bron, en dat heeft consequenties voor onderwijs en opvoeding.' Het Platform geeft voorlichting over de problemen die opvoeders tegenkomen. Carla Muysert: 'Dyslexie kan te maken heb-

> *De hele dag op stoeltjes zitten, zoals de meeste kinderen op gewone scholen doen, is zonder meer verkeerd.*
>
> FREDERIKA, KINDERBEGELEIDSTER ALTERNATIEVE SCHOOL *(Surya green, 3)*

ben met een intuïtief bewustzijn, een manier van ervaren en verwerken die niet lineair is, maar associatief. Het leren beheersen van analytische vaardigheden kan dan lastig zijn. Bij autisme en ADHD is er impulsief gedrag, ongeconcentreerdheid, ook dat komt vooral voor bij intuïtieve kinderen. Dat ze niet in school geïnteresseerd zijn, vinden wij heel logisch. Deze kinderen zijn zich bewust van zichzelf en hun eigen kwaliteiten. Op school wordt maar een beperkt aantal kwaliteiten van ze gevraagd, met name de cognitieve.'

Ze vertelt over ervaringen van leerkrachten die versteld staan van uitspraken die sommige kinderen doen. Zo was er een kind dat tegen de lerares zei: 'Juf, gaat het wel goed met u? U hebt allemaal rood om u heen.' Een andere lerares vertelde dat de kinderen in haar groep drie gingen staken, omdat ze de lessen niet boeiend genoeg vonden. 'Ze wilden dingen leren die zij belangrijk vonden, zoals wereldproblematiek.'

Zij zetten de eerste, bepalende stappen

Gaan indigo-kinderen de wereld redden? Voorlopig lijkt het er meer op dat ze zelf redding nodig hebben. 'Nieuwetijdskinderen hebben een specifieke opvoeding nodig,' zegt Pieter Wierenga, therapeut en auteur van 'Nieuwetijdskinderen tussen verwachting en vervulling'. 'Ze hebben een ontzettende behoefte aan een veilig plekje en duidelijke grenzen. Als ze dat niet hebben, gaan ze het zoeken. Dan lijkt zo'n kind onaangepast of krijgt zelfs het etiket ADHD. Maar in wezen zijn ze bang. Ritalin dempt de waarschuwingskreten van het lichaam. Kinderen tussen vier en zeven die ontdekken dat hun slimheid niet gewaardeerd wordt, gaan dommetje spelen. Er zijn heel veel kinderen tegenwoordig die dommetje spelen om te overleven, om erbij te horen.'

Het zijn aparte kinderen, bevestigt hij. 'Ik kreeg een jongetje van zeven jaar in therapie dat niet meer functioneerde. Het ging overal mis, er waren dreigementen van school: als hij geen Ritalin ging slikken, mocht hij niet meer komen. Ik vroeg de jongen een tekening te maken zoals hij zichzelf zag in deze wereld. Aan de hand van die teke-

> *Vrijheid, daar word je niet meteen een beter mens van.*
>
> *Martin Simek, ex-tenniscoach, cartoonist, columnist, cabaretier*
> *(Peter den Haring, 105)*

Wij zijn zelf de tijd, de wereld en de revolutie.
Roel van Duijn, Kabouter, politicus, boer en journalist *(Bram Gieter, 36)*

ning heb ik hem gevraagd: hoe krijg je de verbindingen tussen linker en rechterhersenhelft weer bij elkaar, teken dat eens? Hij tekende het. Voel eens in je hoofd, vroeg ik, kun je dat voelen? Ja, dat kon hij. En kun je die verbinding in je hoofd ook maken? Ja, dat kon. Daarna is die jongen enorm ziek geworden, met hoge koorts. Zijn moeder is met hem naar een homeopaat gegaan, die heeft ontgiftingsmiddelen gegeven, en het was een herboren jongen. Hij stal niet meer, hij deed het weer prima op school.'

Volgens Wierenga is de Aquarius-cultuur die eraan staat te komen al in voorbereiding sinds de Franse revolutie met het idee van de vrijheid, gelijkheid en broederschap. 'Ik denk dat deze kinderen de betovergrootvaders zijn van de werkelijke vernieuwers,' zegt hij. 'Zij zetten de eerste zeer bepalende stappen van de hele ontwikkeling die gaat komen. Ik zie ze nog niet aan voor de vernieuwers zelf, dat is te vroeg. Het duurt misschien nog wel vierhonderd jaar voordat deze omwenteling voltooid is.'

Ruimte voor eigen wijsheid

Erika de Bly is orthopedagoge en had een praktijk voor natuurgeneeskunde. Daar kwamen steeds meer ouders met probleemkinderen. De Bly: 'Ze kunnen niet slapen, het lukt niet op school, ze willen niet meer leven, ze zijn eenzaam. Eén ouder zegt bijvoorbeeld: "Het was zo'n blij kind en opeens merkt hij dat hij niet begrepen wordt door de andere kinderen en volwassenen." Kinderen die heel helder van geest zijn en met ontzettend wijze uitspraken komen. Kinderen die dwars door iemand heen kijken, een enorme eenheid voelen met alles, gek zijn op de natuur of op dieren. Sommigen hebben veel kennis over een bepaald onderwerp, dat kan van alles zijn. Sommigen zijn al op heel jonge leeftijd knetter van de computer, zonder dat ze iets geleerd hebben. Ze zijn echt anders en de ouders vragen: hoe moeten we hiermee omgaan?'

De meesten van ons zijn opgevoed met van bovenaf opgelegde denkpatronen, zegt ze. 'Deze kinderen hebben daar geen zin meer in. Dat begint al op hoe langer hoe jongere leeftijd, merk ik. Ze beleven de

> *Alle beroepen, kunsten en bezigheden zijn alleen maar verschillende manieren om hetzelfde te ontdekken: het loslaten van het ego.*
>
> JOHAN TROOST C.Q. NADEEN, NEW AGE-KOMPONIST *(Wouter Middelkoop, 76)*

wereld anders dan wij gewend zijn en daar moeten we niet meer lacherig over doen, maar serieus op in gaan. Het komt erop neer dat we naar onszelf moeten kijken.' Dat gebeurt ook: 'Hoe langer hoe meer mensen hebben genoeg van dat waarmee ze bezig zijn, en besluiten om alleen nog maar te doen waar hun hart naar uit gaat.'

De Bly nam twee jaar geleden het initiatief voor een kleine particuliere basisschool, de Regenboogbrug in Hillegom, voornamelijk gerund door vrijwilligers, waar zes kinderen die niet meer meekunnen op gewone scholen opgevangen worden op een andere manier, en weer zelfvertrouwen krijgen. 'Wij geven ze ruimte om bij hun eigen wijsheid te komen.'

'Ik vind het fantastische kinderen,' zegt Dorine Frequin. 'Vooral de kinderen die zich niet aanpassen, want zij laten ons een spiegel zien. Als je problemen hebt in je relatie kun je de ander de schuld geven en de problemen ontlopen door te gaan scheiden. Dan heb je niet de wolk opgelost die opgelost moest worden. Maar om je kinderen kun je niet heen. Ze dwingen ons om naar de mooie kant te kijken. Het zijn geen zwakke kinderen, ze zijn juist heel sterk. Ik heb zoveel geleerd van mijn kinderen. Ze laten mij mijn blokkades opruimen, de wolken rond mijn zon. Ik merk dat mijn zon steeds meer gaat schijnen.'

Frequin geeft workshops voor kinderen, ouders, leerkrachten en hulpverleners onder de titel 'De wereld dat ben jij'. 'Wij maken mensen in één dag bewust dat er nog iets anders in ze is dan dat waarmee ze zich hebben geïdentificeerd,' vertelt ze. 'Door inzicht, uitleg en ervaringen en meditatie. Dan hebben ze hun krachtbron ontdekt, dan kun je kiezen hoe je naar de wereld kijkt.'

> *Kennis moet niet alleen met het verstand maar ook door emoties beleefd worden.*
>
> JOSKA SOOS, SJAMAAN *(Robert Hartzema, 41)*

Dieren praten. Je moet alleen maar luisteren.
BELINDA MEULDIJK, ARTIEST *(Column, 133)*

Ook volgens de Duitse kindertherapeut Henning Köhler brengen de kinderen van nu precies datgene in de wereld dat de wereld nodig heeft. De cultus die er in Amerika rond het fenomeen ontstaan is, wijst hij af als onzinnig. Maar hij ziet wel degelijk een verband tussen de kwaliteiten waarmee veel kinderen tegenwoordig op aarde komen, en het belangrijkste wat er ontbreekt in onze maatschappij: de poëzie.

'Die is verdwenen uit de wetenschap, de omgangsvormen, de liefde, zelfs uit de dichtkunst zelf,' zegt hij in een interview in het tijdschrift Info3. 'Een prozaïsche, pragmatische geest heeft alles in een vaste greep. En dan komen er steeds meer kinderen die contactgestoord zijn, achter in hun ontwikkeling, ze praten weinig, ze zijn schuw, trekken zich terug uit het sociale proces, ze krijgen stempels als "aandachtsgestoord" en "hyperactief" op zich gedrukt. Maar kijk je naar de sterke kanten van deze kinderen, dan zie je dat het genieën zijn van de poëzie. Droomreizigers. Ze hebben een grote naar binnen gerichte intelligentie, het zijn geboren psychologen. Ze hebben een enorme empathie en kunnen zich op een ongelooflijke manier in anderen inleven. Het zijn zorgende zielen. En die komen op aarde in een tijd dat de sociale warmte tussen mensen steeds verder verdwijnt. Of neem het thema van de virtualisatie, het verlies van werkelijkheid. Er zijn steeds meer kinderen die alleen maar iets kunnen leren in de praktijk. Ze hebben een hoge intelligentie, zolang ze maar met hun handen en hun zintuigen bezig kunnen zijn.' Het is volgens Köhler niet zo dat ze niet *kunnen* lezen of rekenen – ze *willen* het niet. 'Het is misschien een diepe innerlijke weigering om zich in de woestijn van de abstractie te begeven. We moeten naar ze luisteren om de school van de toekomst te kunnen bouwen.'

En de wereld van de toekomst, zou ik zeggen. Want alleen in een betere wereld kunnen onze nieuwe kinderen gedijen: gezonder, vriendelijker, echter, zachtmoediger en creatiever.

De echte computer zit nog steeds van binnen en werkt met kennis, begrip en wijsheid (en wat liefde) en niet met koude bits.
LUC SALA, COMPUTERFILOSOOF *(Column, 141)*

Je kunt anderen niet helpen door hun problemen tot de jouwe te maken. Dat kan alleen door ze energie en licht te geven.

Geraldine Fijneman, geestelijk leidster Santo Daimekerk
(Annelies de Reus, 150)

Het Ritalin-schandaal

'ADHD? Je kind zal het maar hebben!' roept een advertentie van de Hersenstichting Nederland. Een dapper glimlachend jongetje kijkt ons aan. Het is Bas, die nooit stil kon zitten, en zijn onderwijzers tot vertwijfeling bracht, volgens de tekst – totdat hij 'medicijnen' kreeg. De Hersenstichting beijvert zich om dit soort aangeboren aandoeningen sneller te helpen oplossen.

Ongetwijfeld krijgt Bas Ritalin. In 1999 luidden de apothekers de noodklok: er kwamen elke maand duizend kinderen bij die op Ritalin gezet werden. Ritalin is een zware drug, verwant aan cocaïne. Het is verslavend en blijft jarenlang in het lichaam werkzaam nadat je ermee gestopt bent. In Amerika is Ritalin onvoorstelbaar populair; halve schoolklassen worden ermee gedrogeerd. In het tijdschrift Medisch Dossier eindigt een artikel met de titel 'Kinderen als robots' als volgt: 'Elke keer dat we een kind deze medicijnen geven, verkiezen we ons eigen gemak boven de werkelijke behoeften van het kind.'

Het is niet alleen gemakzucht, geld heeft er helaas ook heel veel mee te maken. De fabrikanten van Ritalin en andere populaire medicijnen voor onrustige kinderen lopen gigantisch binnen op de trend. En niet alleen zij spinnen er garen bij. Zodra een Amerikaans kind officieel de diagnose ADHD (Attention Deficit Hyperactivity Disorder) krijgt van de schoolarts, ontvangt de school doorgaans extra subsidie van de staat voor de opvang van een leerstoornis. Ritalin en amfetamine-achtige drugs kunnen hartvergrotingen tot gevolg hebben en leiden niet zelden tot een vroege dood, als je de alarmerende berichten op de diverse websites moet geloven. Het is te hopen dat Bas op zijn achttiende nog net zo dapper in de camera kan lachen.

Het zijn de gedachten die verslavend werken.

Byron Katie, ontwerpster van The Work *(Corien Unger, 130)*